本书出版得到以下资助：
国家自然科学基金 (71403027)
北京市社会科学基金 (14JGC101)
全国统计科学研究项目 (2014LY064)

服务业结构与城市“塌缩”现象

李建华\著

SERVICE STRUCTURE AND CITY "COLLAPSE" PHENOMENON

经济日报出版社

图书在版编目（CIP）数据

服务业结构与城市“塌缩”现象/李建华著. --北京：经济日报出版社，2018.4

ISBN 978-7-5196-0325-0

Ⅰ. ①服… Ⅱ. ①李… Ⅲ. ①服务业-经济结构-影响-市中心-城市建设-研究 Ⅳ. ①F291

中国版本图书馆 CIP 数据核字（2018）第 070202 号

服务业结构与城市“塌缩”现象

作　者	李建华
责任编辑	张　丹
责任校对	徐建华
出版发行	经济日报出版社
社　址	北京市西城区白纸坊东街2号A座综合楼710
邮政编码	100054
电　话	010-63567691（编辑部）　010-63538621（发行部）
网　址	www.edpbook.com.cn
E-mail	edpbook@126.com
经　销	全国新华书店
印　刷	北京建宏印刷有限公司
开　本	710×1000 mm　1/16
印　张	15
字　数	230千字
版　次	2018年4月第一版
印　次	2018年4月第一次印刷
书　号	ISBN 978-7-5196-0325-0
定　价	48.00元

自　序

经济史学家马克斯·韦伯在《经济与历史——支配的类型》中把城市定义为“市场的聚集”或者“市场的中心”。城市的类型多种多样，例如：“消费者城市”“生产者城市”“商人城市”甚至“卫戍城市”，但是城市的发展一定伴随着服务业发展，因为作为“市场的中心”需要完成人与人之间的交易，交易的完成需要各种类型的服务业来支持。欧洲作为市场经济的发源地，花费数百年的时间完成了城市化的过程。在这个过程中，“工业城市”逐渐被“服务业城市”所替代，今天的欧洲和北美，服务业市场成为城市“市场的中心”，成为一个城市经济的标志。

今天的中国，城市化的速度前所未有，而且逐渐加速。改革开放以来的四十年时间，中国的城市化走过了欧洲和北美国家数百年的过程。正因为我国城市化的速度如此之快，欧洲和北美国家城市化过程中曾经遇到的问题和现在正在出现的问题都集中出现在我国今天的城市中。更重要的是，有些城市问题对于欧洲和北美国家而言，是历史问题和现实问题，不可能存在于同一个时空维度下，而对于今天的中国而言，却交织为同一个时空维度下的问题。城市“塌缩”就是这样一个问题。

城市“塌缩”问题可以比喻为这样一个时空“穿越”的问题：今天中国的一线城市，其城市化水平可以与今天的欧洲和北美相媲美；但是今天中国的三四线城市，其城市化水平还停留在欧洲和北美 100 年前的水平。一线城市与三四线城市相比，优势就像天体物理学中，一颗超大的恒星突然塌缩成为黑洞，周边城市的资本、技术和劳动力无可避免地被黑洞吸引，流向一线城市。

在这个过程中，服务业就是“塌缩”的主要原因。今天的中国被称为“世界工厂”，制造业水平已经站在世界前列，但是服务业却与工业有较大差异。服务业可以分为两大类，第一类服务业与工业非常相似，生产过程与服务产品标准化程度高，一线城市与三四线城市区别不明显，例如移动通信行业。第二类服务业与工业差异大，生产过程与服务产品标准化程度低。一线城市的第二类服务业接近于欧洲和北美国家的水平，三四线城市的第二类服务业却停留在欧洲和北美国家100年前的水平，例如教育和医疗行业。城市规模的发展依赖于城市居民“用脚投票”的结果，所以理性的人会选择向一线城市流动。

本书的主要任务就是分析服务业的结构对城市“塌缩”现象的影响，尝试从服务业结构的视角解释今天中国的城市问题。

目　录

第一章　引　言 ……………………………………………………… 1

第二章　服务业差异，标准化程度及其集聚特征研究 ……………… 27

第一节　服务业差异 ………………………………………………… 28

第二节　服务业结构对生产率影响的理论分析 ………………… 38

第三节　服务业结构对生产率影响的实证研究 ………………… 41

第四节　结论和政策建议 …………………………………………… 46

第三章　服务业集聚的案例——京津冀地区金融业集聚程度的测量 ………………………………………………………… 49

第一节　区位商与空间基尼系数 …………………………………… 50

第二节　京津冀地区金融集聚程度的测量 ……………………… 56

第四章　服务业集聚对城镇化的影响 ……………………………… 71

第一节　城镇化的概念 ……………………………………………… 72

第二节　服务业集聚与城镇化现状 ………………………………… 74

第三节　服务业集聚对城镇化的影响 ……………………………… 77

第五章　服务业标准化程度和行业差异对城市“塌缩”现象的影响 ………………………………………………………… 89

第一节　城市“塌缩”的理论模型 ………………………………… 90

第二节　服务业结构对城市“塌缩”现象影响的理论研究 ……… 95

第三节　服务业结构对城市“塌缩”现象影响的实证研究 ……… 100
第四节　结论和政策建议 …………………………………………… 105

第六章　城市“塌缩”现象的案例 ……………………………… 107
第一节　北京、上海、广州的城市“塌缩”理论模型 …………… 108
第二节　北京、上海、广州的城市“塌缩”现象 ………………… 117
第三节　北京、上海、广州的城市“塌缩”的实证分析 ……… 120
第四节　结论和政策建议 …………………………………………… 134

第七章　小城市的规模锁定现象 ………………………………… 137
第一节　小城市的规模锁定现象 …………………………………… 138
第二节　服务业结构对小城市规模锁定现象影响的理论研究 …… 148
第三节　服务业结构对小城市规模锁定现象影响的实证研究 …… 152
第四节　结论和政策建议 …………………………………………… 161

第八章　城市体系的扁平化趋势 ………………………………… 165
第一节　城市体系扁平化的理论模型 ……………………………… 166
第二节　服务业偏好的多样化对服务业结构的影响 ……………… 167
第三节　服务业偏好多样化对城市体系扁平化的影响 …………… 170
第四节　结论和政策建议 …………………………………………… 180

第九章　服务业差异对城市经济边际影响 ……………………… 183
第一节　引言和文献综述 …………………………………………… 184
第二节　城市之间人均 GDP 的空间相关性 ………………………… 185
第三节　服务业差异对城市经济边际影响的理论模型 …………… 190
第四节　服务业差异对城市经济边际影响的实证分析 …………… 195
第五节　结论和政策建议 …………………………………………… 201

第十章　城市“塌缩”的微观动力：农村居民家庭消费 ……… 205
第一节　引言和文献综述 …………………………………………… 206

第二节　城市“塌缩”中的农村居民消费动力 …………………… 209
第三节　城镇“塌缩”中农村消费动力的实证研究 ……………… 216
第四节　结论和政策建议 ……………………………………………… 222

主要参考文献 …………………………………………………………… 226
后　记 ……………………………………………………………………… 230

第一章　引　言

城镇化是指农业人口转化为城镇人口的过程，技术进步促使社会生产力提高是其源动力，并形成城—镇区域（群）。城镇化释放出这一原动力的能量，表现为区域的单位地理面积和人均产出的提高及地理和经济规模的扩张。然而，城镇化伴随着诸如中心城市交通拥堵、房地产价格非理性飙升，甚至城市中心出行拥堵，以及区域空气污染等诸多“城市病”。这些负面效应阻碍了城镇化能量的释放，一定程度地制约了社会经济的良性发展和城镇化的效能，所以称之为城镇化的“塌缩”效应。

尽管产生这些负面效果的影响因素多种多样，但从世界大都市的发展历程可以看出，除了空气污染之外，“城市病”的根源在于城市中心化。纵观世界各种规模的城市，其城市中心分布的无一例外不是服务业。据此可以推测，是服务业的集聚导致了城市中心化，进而产生了城镇化的“塌缩”效应。

当然，关于城镇化的负面效应，既有许多真相还不为人知（或认知）的谜团（例如气候异常是否真的是人类行为的结果，如果是，占多大成分等），也有许多与服务业相关的、分属各个学科领域的宏观和微观方面的问题（如环渤海经济圈、长江三角洲和珠江三角洲三种截然不同类型的经济区域是否对应着不同的区域中心功能和服务业结构特征）。限于研究能力和申请人以往在服务业（标准化）差异方面的研究基础，本项目拟通过分析服务业的标准化程度和聚集特征对城市中心化的贡献，以及城市中心化对城镇化“塌缩”效应的影响，研究服务业差异对城镇化“塌缩”效应的影响。

尽管目前还没有描述城市中心化程度与城镇化“塌缩”效应的科学模型和方法，但如果将驱动城镇化发展的技术进步比作驱动宇宙膨胀的能量，则上述城市中心化程度和城镇化的“塌缩”效应（即与城镇化伴生的负效应）可以比作宇宙粒子间的吸引力（驱使宇宙收缩）。有鉴于此，本项目拟借鉴 Chandrasekhar 和 Williams 关于恒星“塌缩”效应的研究思路和模型[1,2]，描述城市中心化及其产生的城镇化“塌缩”效应。这种借鉴或直接引用自然科学研究思路和模型来解决管理科学的问题，是管理科学研究的基本创新性方法之一。所以，本项目的设计方案对丰富管理科学的研究思路和研究方法具有一定的科学创新意义。

我国目前正处于工业化后期，依赖于工业化的规模经济效应与经济体制改革的积极因素或已接近用尽，经济转型迫在眉睫。而且在世界少数经济高度发达、城市化趋于饱和的国家已经产生了“逆城市化”和城市中心空洞化效应。所以，本研究的主题，即结合我国人口密度高、经济发展速度快的背景，基于服务业集聚差异分析和探讨我国城镇化的“塌缩”效应，对我国经济转型具有未雨绸缪的现实意义。

其次，我国人口密度高，城镇化导致的城市病等“塌缩”效应已经在诸多大中城市显现，达到了影响正常生产与生活的程度。例如，“定时堵车”已经成为我国大中城市的常态，北京市因之而戏称“首堵”；近几年全国性雾霾天气频发，因雾霾戴口罩出行、航班延迟或取消等，已经成为常见现象。而且，当今“城市病”的严重程度已经成为我国高中地理课本讨论的内容；在“人民网”新近开展的“21 热点问题网上调查”结果中，超过 10% 的网民投票“新型城镇化”，其中 27.33% 的网民认为“过度追求速度”是城镇化推进过程中最突出的问题，“环境恶化”则被网民选为中国目前最为突出的城市病。所以，本项目的研究内容对解决或应对这些问题，是迫在眉睫的实际需求。

再次，服务业的聚集特征是导致城市中心化，并助涨房价高居的根本原因。本项目研究服务业聚集性的行业特征差异对城市中心化的影响，其研究结果对我国城镇化的产业合理布局与城市发展规划，具有决策参考的借鉴作用。

一、国内外研究现状

国内外学者关于服务业对城镇化影响的研究经历了三个阶段。第一个阶段，服务业集聚逐渐成为新经济地理学研究的焦点，其前期研究侧重于分析不同服务行业集聚性差异，后期研究侧重于分析服务业集聚性差异的原因。第二个阶段，服务业集聚对城镇化的“扩张力”成为研究的焦点，服务业企业层面和业务层面的特征成为城镇化进程能量释放的原动力。第三个阶段，服务业集聚对城镇化的“塌缩力”逐渐成为研究的焦点，城市的快速扩张带来了一系列负面效应。以下关于国内外研究现状的介绍，按照这三个阶段展开。

（一）服务业差异、标准化程度及其聚集性特征研究

从20世纪70年代以后，特别是西方国家开始进入后工业化社会以来，服务业在经济中的比重不断提高，服务业研究开始与现实经济相结合，服务业集聚逐渐受到重视。也就是说，服务业集聚的研究时间不像制造业集聚一样有着很长的历史，而是从新经济地理学兴起时期开始的，但近几年产业集聚的研究重点逐渐从制造业向服务业转变。Krugman、Fujita和Venables（1991）在研究制造业集聚时都不同程度地关注过服务业的发展。比如，Rugman在研究汽车制造等行业集聚的同时，认为诸如金融、保险等服务业是高度集聚的产业，而且还指出，目前最突出的地方化现象实际上存在于服务业之中，而不是制造业。另外，Fujita（1999）等人在研究制造业集聚之前，也都注意到了金融服务业。

Desmet和Fafchamps（2005）分析1972～2000年间美国县级层面的就业分布变化情况，研究结果表明，其总体就业表现出日益集聚的趋势，但从分行业来看，非服务业则呈现出扩散的态势，说明美国就业集聚主要由服务业集聚所带动。在考虑空间维度的因素后，服务业在距离集聚中心20公里的范围内拥有高的集聚度，而制造业则在距离集聚中心20～70公里的范围内拥有较高的集聚度。在研究就业动态变化的时候，他们区分了地方化经济和城市化经济的影响。

进入21世纪后，环境和资源的双重压力迫使中国经济不得不过早的进入后工业化时代。同时随着技术的进步新的服务行业不断出现，传统的服务行业也呈现出新的变化，服务业逐渐成为后工业化时代城镇化的主要力量，国内的学者注意到了这种现象。

陈建军、陈国亮和黄洁（2009）从新经济地理学的视角分析了中国生产性服务业集聚及其影响因素。他们认为服务业对城镇化的影响程度越来越大，并且估算不同服务行业空间Gini系数。他们将服务业集聚的影响因素归结为四个方面：要素因素、空间因素、城市和人口因素、制度因素。张军、刘晓峰和谢璐璐（2012）同样从新经济地理学的基本理论出发，分析了市场潜能和城市行业规模对服务行业集聚程度的影响。和陈建军等相似，他们同样用空间Gini系数作为衡量集聚程度的指标，但影响因素的分

析不同。李惠娟（2013）采用E－G指数对中国城市的服务业集聚程度进行了测算，结论是信息计算机服务和软件业、租赁业、商务服务业、房地产业、金融业在东部发达城市的集聚程度最高。任英华、邱碧槐和王耀中（2011）估算了中国服务业集聚的赫芬达尔指数和EG指数，并分析了不同服务行业在近年来集聚程度的变化趋势。任英华和陈雪梅（2011）针对中国现代服务业集聚的演化情况建立一个Logistic模型，分析了服务业集聚演化过程中的不同阶段及其特征。任英华、游万海和徐玲（2011）对现代化服务业集聚的形成机理进行了研究，他们采用了空间计量分析方法，分析了技术差异、交易费用、规模经济、知识溢出和政府行为对现代化服务业集聚的影响。

（二）城镇化进程中服务业数量分布规律

新的服务行业的不断出现和传统服务行业的变化导致服务行业之间的差异越来越大，差异主要体现在两个方面，一方面是生产过程的标准化程度，另一方面是集聚效应。这两个方面的差异影响城镇化的进程。

由于西方发达国家的城市化早已完成，国外学者的研究主要侧重于服务行业的差异对城市的影响。Marius & Nicole（2008）在考察欧洲地区劳动力密集度所带来的集聚经济时，也特别指出金融服务业较少依赖于临近的大型市场，但金融部门集聚会产生强大且积极的生产效应。Berkoz & Eyuboglu（2007）通过对伊斯坦布尔生产者服务业的研究发现，旧的中央商务区的人口和就业率正由于城市结构的变化而逐步下降，而拥有现代化办公楼和民居区的新中央商务区的人口和就业率显示出上升趋势，并且外商直接投资也绝大部分集中在新的中央商务区。这表明伊斯坦布尔CBD的分散是由于这种结构转移的结果，这与过去几十年的人口增长有着密切关系。此外，旧的中央商务区分散的主要原因之一是地区的保护限制，如在某些限制的范围内法律禁止兴建新的办公楼等。Borje和Johan（2011）对欧洲和北美两个地区商业服务业（Business Service）的集聚的动态机制进行了研究。他们将商业服务业分为两种，一种是知识密集型商业服务业，另一种是普通商业服务业。两种商业服务业的集聚差异对城市的发展有着很大的影响。Matthew和Renata（2012）深入分析了服务行业产品的异质性、服务行业集聚程度差异和企业进入该行业之间的关系。他们以旅馆服务业为样本，认为服务行业的异质性差异越小，服务业行业集聚程度越差，企业越不愿意进入同地区相同行业。Wrede（2013）分析了资源的同质性和技术的异质性对服务业集聚的影响。他认为某一地区的区域资源往往具有同质性，而服务行业对工人技术的要求存在差异，这种差异及其在一个区域内的分布导致了服务业在该区域集聚程度的差异。Ahlfeldt 和 Wendland（2013）讨论了服务业在单一中心城市和多中心城市两种城市形成过程中的作用。不同的城市历史差异大，形成过程复杂。而现代城市逐步转向服务业主导经济，不同的城市的服务业分布存在差异，导致一些城市发展为单一中心城市，另外一些城市发展为多中心城市。

近几年，国内学者开始对国外的相关研究进行总结，并借鉴国外的研究方法分析中国城镇化进程中服务业差异对城镇化的影响。王耀中、任英华和姚莉媛（2009）对服务业集聚激励研究进行了系统的文献梳理，将服务业集聚的经济模式分为本地化经济模式和城镇化模式两种。陈立泰和张祖妞（2010）对中国的服务业集聚对区域经济增长的影响进行了实证研究。他们采用赫芬达尔指数衡量服务业集聚程度，认为服务业集聚对中国区域经济增长有负面效应，原因是服务业的较大比重都是集聚效应较低的服务行业。肖挺和刘华（2013）分析了在城镇化进程中，服务业集聚差异对服务业生产效率的影响，服务业生产效率的差异直接影响到了城乡收入差距。

（三）服务业空间分布规律

关于服务业空间分布的研究，国内外学者一般在以服务业的就业人数表示的同时通过构建区位商指标进行分析。早期如 Illeris 和 Sjoholt（1995）研究发现，北欧各国（包括丹麦、芬兰等国）大量的生产性服务业集中在各国的首都。从分区域来看，首都和一些经济较为发达的地区的区位商大于 1，而非都市区的区位商小于 1，特别是人口不稠密的地区，其区位商甚至在 0.5 以下。O'Donoghue 和 Gleave（2004）则运用标准化的区位商指数对英国商务服务业（包括会计业、广告业、计算机服务业、管理咨询服务业和人力资源服务业等）的空间分布情况进行了研究，发现服务业主要集聚在英国东南部等地区。另外，他们使用调整后的区位商指数对英国服务业的空间分布进行了分析，研究结果表明纽伯里地区的指数统计性显著，成为另一个商业服务业集聚地，而伦敦调整后的区位商指数并未表现出统计性显著的特征。Bennett、Graham 和 Bratton（1999）在强调商业服务业作为高集聚产业的同时，通过对英国主要服务业集群的研究表明，这些集群以占据33%的空间范围涵盖了76.45%的商业服务业的从业人员。

随着服务经济的不断发展，单个服务业集群也逐渐兴起，如伦敦的商业服务业集群、金融服务业集群及加利福尼亚的多媒体集群等。Grimes（2007）等人使用区位商指标并同时利用县级层面的数据，对美国1990～1997年间的计算机服务业的集聚状况进行了研究。他们发现，在控制了当地的计算机服务业需求的条件后，合适的劳动力供给、产业之间的联系以及同主要港口的接近对计算机服务业集聚具有重要的解释力，而成本因素则与计算机服务业集聚无关。Meyer以加拿大为例，比较了金融业、保险业和房地产业在城市间和城市内部空间的集聚模式。他发现金融专业化的城市区域拥有较高的人力资本、广泛的商业服务业种类和相对平衡的人口年龄结构，房地产业专业化最有可能发生在高速成长和较为富裕的城市，而这些城市同样拥有多样化的商业服务业种类，虽然在加拿大很多城市都存在保险业的专业化，但Meyer（2007）发现很难用集聚的标准去衡量。Yuan xiao－ling，Fan Yu－xian和Qin Jie（2013）分析了中国文化产业在31个省份的集聚情况。他们利用E－G指数计算文化产业的集聚程度，并利用灰色相关分析方法分析了文化产业的聚集和经济增长的关系。Leyshon（1998）在前两个研究报告的基础上，进一步研究了货币金融的地理问题，并指出伦敦的外国银行数量远远超过了英国的银行，这也从侧面论证了城市特别是大城市作为金融机构集聚的首选地。另外，Bates和Santerre（2005）对美国医疗服务业集聚进行了研究，他们的研究结果证明了美国医疗服务业在都市区存在着地方化经济的状况。

近几年来国外学者开始探索新的分析方法来分析服务业空间结构对城镇化的影响。M. Sokol（2007）采用“流动空间”的概念和相关理论方法分析了爱尔兰金融服务“区位结构”复杂性及其对地区发展不平衡的影响。研究表明，爱尔兰同时并存两种基本类型的金融服务“区位结构”，每种区位结构对区域经济发展有着不同的影响。为进一步深入了解金融服务“区位结构”及其对地区发展不平衡所产生影响的关系，研究还建议通过进一步挖掘办公网络及其地域的细节，建立一个更全面、完整的“区位结构”图和流动空间的动力评估，这会有助于了解具体区域的“区位结构”影响。办公区位结构本身（或其中的信息流动）对区域发展来说并不是最重要的，公司“区位结构”其实是更广泛的空间分布的一部分。在这种分工下的经济活动者会与不同类型的流动连接在一起，价值“流”可能是形成人们和地方经济财富的关键（Lee，2006）。这种研究思想有助于从纯粹的内部“流动空间”分析扩大到企业之间、企业和其他各种经济主体（如家庭、国家等）之间更复杂的流动分析上。这也将研究的注意力从常规的流动研究向追踪“价值流”研究转移。Valter 和 Macello（2011）用两个数学模型分析了产业分布的两种力量，一种力量是产业的本地化力量，另一种力量是集聚力量。两种力量的比较确定了产业分布的最终格局。Koen. Herd. wang 和 Chalux（2013）讨论了城市化进程中，中心城市和周边地区的关系，教育、医疗和其他社会服务行业的集聚程度直接影响到人口在中心城市和周边地区的流动，从而导致不同地区中心城市和周边地区发展度的差异。Marius 和 Federica（2013）对不同国家之间服务业集聚对经济增长的影响进行了分析，他们采用了动态面板数据方法分析，认为服务业集聚对经济增长的影响符合“William 假设”，对经济增长有促进作用。Cuadroda 和 Juan（2013）认为服务业存在两种趋势，第一种趋势是服务行业在不断进化，服务方式越来越多，差异越来越大；另一种趋势是在新的全球化浪潮中，服务业的跨国空间分布影响地区（包括地区内的城市）的发展方式。Garcia 和 Miqual（2013）从城市群的视角分析了西班牙巴塞罗那地区空间结构，服务业集聚和经济增长之间的关系。空间结构差异影响服务业集聚差异，而这两种差异影响巴塞罗那地区的发展趋势。

国内学者借鉴了国外学者的分析方法，并根据中国城镇化的特殊现象进行扩展研究。程大中和黄雯（2005）基于多种指标分析了中国服务业的区位分布与地区专业化水平，将专业化的差异程度归结为服务本身的非贸易性以及各服务部门专业化与分工倾向的差异性，但这仍限于现象性的描述，未能从经验研究的角度解释其变化的原因。胡霞（2008）以熵指数为指标重点研究了中国城市服务业的集聚趋势，并实证检验了影响服务业集聚的特征因素，但未能建立完整的理论分析框架。李文秀、谭力文（2008）通过集聚动力机制的经济学分析发现，传统制造业集聚以追求成本剩余为主，而服务业集聚主要以追求收益剩余为主；而且通过产品特征分析发现，相较于制造产品可存储和远距离传输，服务产品的生产和消费在时空上具有同一性。正是基于这两个方面的不同，他们据此构建了一个服务业集聚的二维评价模型，并以美国服务业为例进行了实证研究。

（四）文献总结

经过以上的文献梳理，我们总结如下：

第一，“塌缩”效应的机理值得深入研究。对服务业集聚的原因讨论的文献很多，但是对服务业集聚程度差异形成原因讨论的文献很少。本课题主要对服务业集聚程度的差异的原因进行深入的研究，实际上课题申请人已经对服务行业之间的形成差异的原因进行了深入的研究（李建华，2013）。对服务业集聚程度差异原因的深入研究是课题申请人已有研究成果的进一步深入。

第二，对城镇化进程中服务业的作用，经济学界已经形成共识，并且有大量的文献讨论。但是目前大家对服务业的认知仍旧停留在20世纪，认为服务业是可以归为一类的单一行业。实际上随着技术进步和需求结构变化，服务行业已经有了翻天覆地的变化，服务行业之间的差异越来越明显。这种差异对城镇化的影响越来越显著，这种差异应该成为理论分析和政策制定的基点。本课题将服务行业差异对城镇化进程差异的影响进行深入的分析。

二、项目的研究内容、研究目标以及拟解决的关键科学问题

（一）研究内容

本项目的目的是研究服务业的各行业对城镇化“塌缩”效应的影响，为城镇化产业布局和城市规划提供决策依据。

如前所述，城镇化“塌缩”效应的根源是城市中心化，而与其标准化程度有关的服务业聚集特性导致了城市中心化，且各行业具体的客观差异决定了其标准化程度和聚集性差异。所以，服务业的行业差异对城镇化“塌缩”效应影响的路径是：

行业差异—标准化程度/聚集性—城市中心化—城镇化“塌缩”效应。

尽管其中三个节点反映的逻辑因果关系比较明确，但关于各个因果之间的影响机制还没有的科学结论或研究成果，且其因果影响的结果也存在较大的不确定性。所以，本项目拟对这三个节点分别展开研究，并构成本项目具体的研究内容。分述如下。

1. 服务业差异、标准化程度及其聚集性特征研究

类似于工业的产品定位，通常意义下区分服务业行业的依据是人群定位，例如医院、教育和商业的人群定位分别是病人、学生和购物者。但是这种行业区分方式既不能识别行业的差异，也不能识别各行业对城市中心化的影响。例如在北京，同样是购物中心，有的在西单、王府井等中心商业区（CBD），有的却分布在北京市居住新区的“卫星城”。如分布在东西长安街的，除了“传统老店”之外，基本上是有外资背景的“客隆”类品牌；而分布在“卫星城”的基本上是如“物美超市”等大众品牌。其中“外资背景”是一个识别因素，所以需要客观的行业差异区分模式。所以，首先需要讨论服务业的行业差异问题。

（1）服务业差异研究

依据科学逻辑，应该基于相同的属性讨论不同客体的差异，并依据研究目标筛选和构造属性指标体系。尽管本部分的研究目标是针对标准化程度和聚集性讨论或分析服务业的行业差异，只要需要相关属性的指标，但作为基础研究，本研究拟首先尽可能地考虑所有可能的属性，构建相对科学、客观的差异性识别指标体系，然后通过具体的数据做聚类、主成分等统计分析，删除次要的关联属性。

如前所述，服务业的差异体现在许多不同的方面，即具有多属性，例如业务、组织，以及产品（服务）质量等多个层面的差异。由于诸如顾客满意度等服务质量牵涉到人的因素，具有明显的不确定性，本部分拟就前两个层面的属性研究服务业的客观差异。

在企业层面判别服务业差异的属性有：基本规模、员工与顾客比例、市场化程度、属性、性质，以及存续时间等。其中“基本规模”是指企业盈亏平衡的员工数、资本和营业额，对事业单位则是实现其服务功能的最小规模；“属性”包括国有、私有或外资三种；“性质”分为事业或企业。由于政府机关和企业集团总部的活动属于服务业务，而且我国各级政府绝大部分坐落于城市中心，或者城市是以政府机关为中心发展的，所以企业层面有国有或私有、事业或企业之分。另外，“传统老店”通常坐落城市中心，与行业标准化程度和集聚性无关，也不是城市中心化的结果，所以用“在当地的连续存续时间”来区分。

在业务层面判别服务业差异的属性有：标准化程度、分工极限、“冰山”成本、信息依赖、技术含量、专业性，以及性质等。其中，“标准化程度”是由多个因素描述的综合属性，且可能与上述某些“属性”具有关联性，拟设计为专门的研究内容。“技术含量”是指业务的对专业技术或能力的要求，例如一般购物中心对员工的受教育程度要求较低，顾客则是普通大众；而律师事务所、会计师事务所等对员工有较高的专业要求。“专业性”指业务的内容是单一的还是综合性的。“性质”是指业务的内容是公共的还是专属的，例如各大国际品牌企业集团总部办公楼基本上设在中心城市，且大部分在城市中心有“标志性建筑”，对城市中心化具有一定的贡献；但其业务是办公，具有专属性，且服务对象单一。其他属性的解释如下。

标准化程度是一个由多个因素描述的综合属性，本质上是定性指标，但对服务业集聚性和城市中心化的影响有一定的规律［39－41］。一般地，创意性越强的业务其标准化程度通常越低，如文化消费、中餐等业务，其品质依赖于服务提供者的个人创意性或技能，以及消费者的创意再造。其次，标准化程度可以由一些具体的指标描述，例如行业标准或法规对业务的覆盖率；但标准和法规是行业的基本要求，执行过程受具体实施人的影响，如同一行业，有些企业的业务质量高于基本要求，有些可能因为民俗或文化等原因而低于基本要求。总之，服务业标准化程度的内容相对比较复杂，并且可能与上述企业和业务层面的某些属性具有关联性，设计为拟研究的内容。

标准化分工使生产专业化而提高生产效率，其效率提高的增量通常与分工的细致程度成正相关关系。当产品生产的分工不能再细分的时候，称该分工达到了“极限”，即“分工极限”。在服务业领域，分工极限的内容相对比较复杂，其对服务业集聚性和城市中心化的影响有一定规律［39－41］。

“冰山”成本，也叫“冰山运输成本”，由萨缪尔森提出用来描述产品中的运输成本占总成本较大比例的经济现象。这种现象对服务产品的消费尤为突出，从而导致其具有集聚特性。在服务业“冰山”成本方面已经有了开创性的研究[3]，但学术界尚未对反映服务业“冰山”成本具体的可计算指标形成共识。

信息依赖即信息依赖程度，有两个方面的含义。一是业务来源，二是业务内容。像商品的销售依赖于市场一样，不同或相同的服务业务具有关联性，它们形成相应的市场，企业在其中相互竞争又相互促进。所以，业务来源的信息依赖程度对服务业集聚性和城市中心化有一定的影响。在业务内容对信息依赖程度方面，很多服务业务的内容本质上是信息的互交，即所谓“无形产品”，其业务过程可以通过电子信息网络实现。例如金融业务完全可以借助网络手段实现，而保险和律师业务除了基本信息之外，有些信息还需要面对面核实或交换。服务业信息依赖程度的测度方面已经有了进展（详见文献［29］），随着信息技术的进步，服务业信息依赖程度已经有了新的变化，例如“嘀嘀打车”等新的服务方式，需要新的研究方法。新的变化可能与上述企业和业务的空间属性具有关联性。

企业规模（scale）是衡量企业生产能力的指标，分为基本规模和最优规模，通常用员工数、资本和或营业额表示。其中“最优规模”对企业是指实现利润最大化时的规模，对事业单位是指最高效率的规模。依据申请人在文献［41］中的研究与思考，认为服务行业“企业规模”对其业务层面有着更深的意义，例如，很多服务的生产过程和消费过程同时发生，对于消费者来说，交易之前服务品质具有不确定性。根据信息经济学的一般理论，在信息不对称的假设下，消费者和服务提供者都希望通过某种“信号（signaling)”机制实现动态博弈的贝叶斯均衡，而“基本规模”是一种较好的“信号”，可以减少信息不对称对消费者造成的不确定性。

（2）基于行业差异的服务业标准化程度研究

如前所述，服务业标准化程度是一个由多个因素描述的定性指标，可以刻画服务业生产过程中生产要素之间的可替代性，并由投资就业弹性、专业职称、可贸易程度和企业规模等四个指标计算。

依据申请人在文献［41］之后对“服务业标准化程度”的研究与思考，描述“服务业标准化程度”的因素不限于这四个指标，可能与前述某些“属性”或其他因素具有关联性，而且这种关联具有相应的不确定性。例如，行业标准或法规对业务的覆盖率是其客观指标之一；但标准和法规是行业的基本要求，执行过程受具体实施人的影响：同一行业，有些企业的业务质量高于基本要求，有些可能因为民俗或文化等原因而低于基本要求。另外，创意性越强的服务活动其标准化程度通常越低，但具有很强的不确定性；如文化消费、中餐等业务，其服务活动的品质依赖于提供者的个人创意（creativity）或技能，及消费者的创意再造（recreation）。

总之，服务业标准化程度的内容相对比较复杂，文献［41］的计算方法仅部分地表现了“服务业标准化程度”的特征。为了客观地描述“服务业标准化程度”，必须在前述关于“服务业客观差异”研究的基础上全面考察其构造成分及模式，和相应的影响程度（即权重）。所以，本部分拟利用上部分对服务业客观差异的研究结果，应用和扩展文献［41］的计算方法，全面分析服务业标准化程度的决定，包括构成因素及计算模型，并利用现实数据估计相关的参数，为后续关于“标准化程度对服务业集聚性与城市中心化的影响”的研究提供基础。

（3）基于行业差异的服务业集聚性研究

本部分拟在上述关于“服务业客观差异”研究的基础上，研究服务业集聚性在其各个属性维度上的变化规律，藉此计算不同服务行业的集聚差异。

事实上，服务行业之间存在的企业层面和业务层面的属性差异，特别是标准化程度、分工极限、“冰山”成本、信息依赖和企业规模等五个属性的差异是构建多维的“差异识别系统”的主要内容。依据申请人在文献［41］之后的研究与思考，猜测企业层面和业务层面的属性差异与服务业集聚性之间可能存在规律性的联系。从现实来看，部分服务业向城市中心的集中降低了交易成本，其与标准化程度、分工极限、“冰山”成本、信息依赖和企业规模等属性可能有一些联系或规律，但目前国内外还没有发现相关的研究成果。所以有必要梳理该领域的成果，对其做理论探索或归纳。

其次，现有文献中基于空间 Gini 系数、赫芬达尔指数和 EG 指数等指标计算服务行业集聚程度的较多，但是几乎没有涉及上述具体属性。随着技术进步，新的服务行业和服务方式不断出现，服务业的内容、产品，及其行业集聚程度的变化较大。本部分拟基于城市层面的最新数据，在申请人关于标准化程度、分工极限和企业规模等属性方面的研究基础上，［39－41］探讨不同服务行业集聚差异的计算方法；综合“冰山”成本和信息依赖测量等方面的开创性成果，[3] 构建实证模型，探讨服务业集聚性在企业层面和业务层面各个属性上的表现。

2. 服务业标准化程度和聚集性对城市中心化的贡献研究

城市中心化是一个抽象的概念，指社会资源向城市一个相对较小区域聚集的过程。这里的社会资源主要是资本和人口（及附着于人口的技能或技术），其中资本主要表现为建筑物的物质形态，人口可以区分为消费功能定位的消费者和建筑物定位的居民和员工。一个区域因其某些方面的功能成为相关活动的中心而被称为“城市中心”（downtown）。此时的活动主体通常是非本区域的居民，具有较高的服务业集聚度，且商业活动占比较大的比例。所以，可以将城市中心理解为服务业聚集的结果、城市中心化是服务业聚集的过程。于是，可以通过服务业的行业聚集特性来研究城市中心化程度的差异。

服务业的聚集总体上产生两个效应，一是因服务产品的“冰山成本效应”而降低了交易成本；二是因服务产品的聚集提高了产品暴露和信息传递而降低了交易成本。但是，服务业的行业聚集性与城市中心化的关系存在不确定性。例如高等教育因教育资源共享而具有较强的集聚性；但全世界的大部分大学通常坐落城市中心之外。另一方面，通过简单的观察可以发现，城市中心的服务业总体上具有较高的标准化程度。[41] 所以，从服务业标准化差异探究城市中心化的规律，或许能够弥补基于聚集性特征的城市中心化路径的不确定性。

目前北京市已经分别形成了以购物（西单、王府井等）、办公（国贸）和技术开发（中关村）为主要功能的“城市中心”。对以上两部分研究内容，拟选定相应的样本，通过调查或其他途径获取数据。首先应用统计归纳做定性分析，得到服务业的行业聚集性和标准化程度与城市中心化的初步定性判断。

另外，由于各种原因，城市中心客观上存在行业聚集度和标准化程度都不高的服务企业，这可能是个例，也可能具有普遍性。为此，本研究拟通过调查收集数据，力图通过数据分析发现规律。

对以上研究内容，拟首先通过统计归纳得到服务业的行业聚集性和标准化程度与城市中心化的定性判断；然后应用收集的数据对“行业聚集性和标准化程度与城市中心化”做统计分析（如简单线性回归分析、判别分析、空间计量经济模型、SEM或面板数据模型等，视数据的品质和实际需要而定），通过参数估计和模型诊断识别影响关系模式并估计影响程度；最后借鉴文献［1，2］的“塌缩”模型探讨城市中心化模型，并做模式识别和参数估计，探索城市中心化的非线性模型及其影响因素与效果。

3. 城市中心化的城镇化“塌缩”效应研究

城市是非农业生产和人口集聚形成的居民点，其核心功能是集中的生产和居住。非农业生产包括产品定位的加工制造业（简称工业）和人群定位的服务业，其中以工业为核心的城市是工业化的产物，没有发生进一步的进化；而大部分则进化成为不单纯依赖于工业的综合性区域。

在综合型城镇区域，由于冰山成本、分工极限和信息依赖等原因，部分集聚度高的服务业向城市较小的区域积聚，形成CBD等部分服务业高度集中的城市中心。另一方面，居民通常以享受购物、教育、医疗、银行、交通和通讯等日常生活服务的便利性作为衡量居住条件的标准，其“便利性”通常以居住地到接受服务的距离衡量。即服务业集聚的同时产生民居趋向城市中心的动力。所以服务业的聚集特征导致了城市的中心化。

由于地理容量限制，在“供求原理”的驱使下，服务业的积聚提高了城市中心的（服务业）生产和居住的货币成本，并将（部分或全部）居住功能挤出城市中心，称为城镇化的“挤出效应”。而且服务业具有“劳动密集型”的特征、绝大部分城镇劳动就职于服务业，从而产生相应规模的工作出行、导致有规律的城市中心人流“高峰”，严重时发生交通堵塞，并形成相应的隐性成本。同时，服务业的高度积聚必然导致城市中心单位地理面积的能源消费（称为能耗密度）及其产生的污染排放（称为排放密度）提高；受大气容量的约束，城市中心的大气质量以及相应的生活质量相对下降，并形成相应的隐性成本。

总之，服务业集聚特征导致的城市中心生产与生活的额外货币成本和隐性成本，阻碍了城市核心功能的有效实现和城镇化的发展。纵观世界各国的城镇化过程可以看出，当城镇区域达到一定规模之后，必然产生诸如交通拥堵造成出行不便、环境（特别是空气）污染造成生活质量下降等城市病，严重时则会限制城镇化的质量，甚至使区域的经济规模和人均产出下降。也就是说，当膨胀力大于收缩力时，城镇化处于成长阶段；反之则处于衰退阶段，借用天体物理学的术语，称其为“城镇化塌缩”。

本部分拟综合恒星塌缩理论模型[1]及其简化计算方法[2]，和基于新经济地理学视角的服务业集聚研究方法[8]，建立城镇化“塌缩”效应模型。通过标准化程度和集聚程度描述的城市中心化差异，研究服务业差异对城市中心化“塌缩”效应的影响。

拟采用城市层面的地租空间分布数据和消费物价指数来测量城市中心生产和居住的货币成本及其差异程度，从而反映城市中心化程度及其“塌缩”效应。

在隐性成本方面，拟采用中国居民收入调查数据库（CHIPS）的数据，从侧面反映交通拥堵带来的隐性成本。CHIPS 数据库包含城镇居民家庭收入和消费支出状况，人口流动状况和家庭幸福感调查资料。同时，拟根据研究进程的需要，以我国大中城市为样本通过问卷调查获得数据作为 CHIPS 数据库的补充。本部分的研究重点（也是难点）是从复杂的因素中分解出城市拥堵等给居民家庭带来的隐形成本，并将其定量化。

其次，拟采用中国家庭健康调查数据库（CHNS）和 CHIPS 数据库的数据测度城市中心大气质量以及相应生活质量下降所形成的隐形成本。尽管大气质量下降，特别是雾霾对人的生理和心理影响有待进一步科学研究，但家庭医疗支出或者家庭医疗保险支出可以一定程度地从侧面反映大气质量下降对人的影响所形成的隐形成本。其研究重点和难点在于如何从家庭医疗支出中分解出大气质量的影响。

预期通过“塌缩”模型的建立和实证，可以得到标准化程度和集聚程度对城镇化“塌缩”效应的影响程度。

（二）研究目标

本项目研究的总体目标是为城镇化进程中的服务产业合理布局、城市发展路径的优化，及减少“塌缩”效应对城镇化的干扰、保障城镇化进程的顺利进行提供决策依据。三个部分研究内容的研究目标分述如下。

（1）构建以“属性”为度量指标的多维度“服务业客观差异识别系统”，为服务业的“标准化程度”和“集聚性”两个特征的量测提供依据。

（2）构建基于服务业标准化和集聚性的城市中心化程度测评方法与模型，为城市中心化的质量评估和城镇化“塌缩”效应研究提供科学方法和依据。

（3）构建基于城市中心化程度的城镇化“塌缩”效应模型，为防止和降低解决城镇化负效应提供决策依据。

（三）拟解决的关键科学问题

根据项目内容和方法的设计和对研究过程的判断，完成项目的研究内容可能遇到的关键科学问题及其预计的解决方案简述如下。

（1）“服务业客观差异识别系统”属性的选择

本项目的第一部分的研究内容之一是在企业和业务两个层面的诸多属性中选取具有代表性的指标，它们决定了“服务业客观差异识别系统”的质量，即对服务业行业差异的识别能力，或表达能力。但关于它们的选取和择弃问题在目前的研究成果中还没有确定的成熟方法和标准，所以属性指标的选取和择弃是本项目可能遇到的第一个关键科学问题。

拟解决的方案是，借用计量经济建模的“排除法”，即，首先囊括业务层面和组织层面的所有可能表现差异的属性，构造区分服务业客观差异的多属性指标体系，然后依据现实的行业状况删除不具识别功能，或分辨率低的属性。可以考虑的基本属性如下，其中有些属性之间可能存在关联性，在实际问题中依据样本数据通过适当的统计分析（如聚类、主成分，或支持向量机等分析法）删除次要的关联属性。

（2）定性、模糊指标的度量化

本项目计划的内容中有许多因果关系的研究对象是定性、复杂的模糊性指标，例如第一部分研究内容的分工极限、标准化程度、冰山成本和企业规模等，其他的如集聚性程度、中心化程度和诸多“城市病”的隐性成本等。它们原本是无量度指标，包括了定性（序数）的、模糊的和“灰色”的管理科学“度量化”的所有类型的指标，但无论采用什么方法或模型，对其分析的前提是，必须将它们转换为适当的、可比较的“尺度”。

这属于管理科学中最基本的“指标度量化”问题，也是本项目研究遇到的最普遍的科学问题。拟针对具体问题选用管理科学研究中合适、成熟的转换方法解决，包括“序数指标基数化”“模糊指标度量化”和“定性指标定量化”等。

（3）Chandrasekhar 模型的比拟转换

本项目拟借鉴描述恒星塌缩的 Chandrasekhar 模型[1]来描述城市中心化和城镇化“塌缩”效应。其出发点是电子气体的简并压公式

$$p=\frac{2}{5}(3\pi^2)^{\frac{2}{3}}\frac{\eta^2}{2m_e}\left(\frac{N}{V}\right)^{\frac{5}{3}}$$

其中的氦元素电子质量、数量和运动速度等变量和相关参数是公认的实验

结果，具有高度的准确性。而描述城市中心化和城镇化“塌缩”效应的模型，其出发点可以相应地为

$$U_h = aS^{\alpha}D^{\beta}T^{\gamma}I^{\theta}E^{\eta}。$$

但其中的参数是未知的，且因城市的特点和规模而变化，只能通过城市层面的样本数据去估计。如何保证以此为理论基础推导出发点的稳健性，是本项目研究拟解决的最重要的关键科学问题。

拟通过两个方法来解决，第一个方法是保证数据的可靠性和样本充足，从国家统计局的中国统计年鉴、中国城市统计年鉴和各省统计年鉴基本可以保证数据的可靠性和样本的充足性。第二个方法是参数估计方法的选择，空间计量经济学方法是近年来很多研究相关问题采用的方法，可以最大程度地避免因区域相关性带来的估计结果的内生性问题。当然我们也要看到，对内生性问题的解决程度仍不能和天体物理学相比。

（4）“塌缩”效应的度量指标体系

城镇化“塌缩”效应是一个复杂的社会现象，不能和天体物理学一样，用一个指标刻画恒星的“塌缩”效应。“塌缩”效应包括了显性的货币成本和隐性成本两个方面。由于地理容量限制，在“供求原理”的驱使下，服务业的积聚提高了城市中心的（服务业）生产和居住的货币成本，货币成本可以用中心区域与周边区域的房地产价格的差异来度量。交通拥堵和大气质量带来的隐形成本是本项目重点研究的关键问题，同时也是本项目的难点之一。交通拥堵和大气质量给居民家庭带来的隐形成本包括交通支出和医疗支出等可见的成本，而且还包括了对家庭生活质量的不可见的成本，例如幸福感的缺失等。

拟采用 CHNS 和 CHIPS 两个数据库的数据，同时通过问卷调查作为补充，力争相对准确地度量“塌缩”效应。

三、拟采取的研究方案和可行性分析

（一）技术路线

本项目的技术路线如下图：

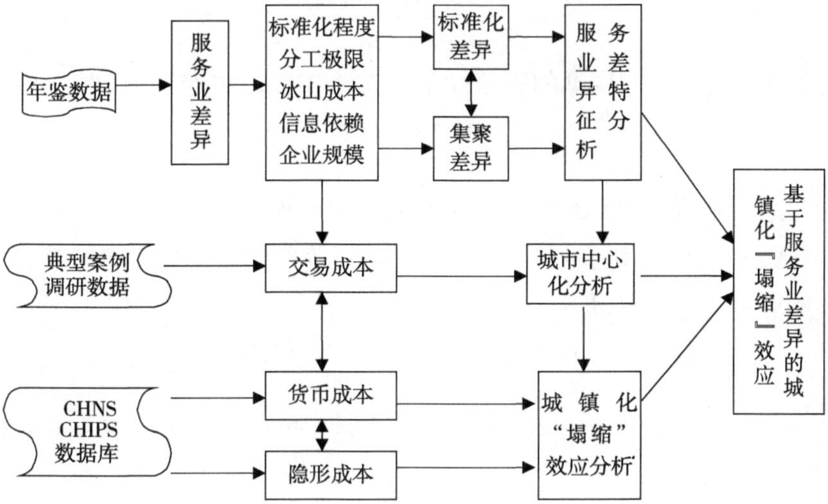

图 3.1 本项目拟采取的技术路线

如图所示，本项目的研究拟从三个方向展开：第一个方向，基于年鉴数据，从标准化程度、分工极限、冰山成本、信息依赖和企业规模五个维度识别服务业标准化差异和集聚差异。第二个方向，基于典型案例（京津冀、长三角和珠三角）和调研数据，从交易成本角度分析城市中心化特征。第三个方向，基于 CHNS 数据和 CHIPS 数据，分析城市中心化给居民带来的货币成本和隐形成本，在此基础上分析城镇化“塌缩”效应。

（二）拟采取的关键技术和方法

（1）天体物理学静态建模方法。我们希望能够综合 Chandrasekhar 的理论模型[1]，M. M. R. Williams 的简化计算方法[2]和张军、刘晓峰和谢露露新经济地理学视角的服务业集聚研究[8]，建立“塌缩”模型。

我们建立如下模型刻画城镇化“塌缩”效应。假设服务业集聚程度由规模收益（S）、分工极限（D）、冰山成本（T）、信息依赖（I）和企业规模（E）等方面决定。根据集聚程度的高低，我们划分为两类：

$$U_h = aS^{\alpha 1} D^{\beta 1} T^{\gamma 1} I^{\theta 1} E^{\eta 1}$$

$$U_l = bS^{\alpha 2} D^{\beta 2} T^{\gamma 2} I^{\theta 2} E^{\eta 2}$$

式中 a 和 b 表示集聚程度高和集聚程度低的服务业在经济中占据的比例。

由于经济增长速度是影响“塌缩”效应的一个因素，我们将集聚程度高的服务行业对城镇化速度的影响表示为：

$$C_{+}=\frac{GS^{\alpha1}D^{\beta1}T^{\gamma1}I^{\theta1}E^{\eta1}}{U_h}$$

同样，我们将集聚程度低的服务行业对城镇化速度的影响表示为：

$$C_{-}=\frac{GS^{\alpha2}D^{\beta2}T^{\gamma2}I^{\theta2}E^{\eta2}}{U_l}$$

如前所述，城镇化“塌缩”就是中心城市吸引周边城市的资源，造成两个地区的明显差异。我们将“塌缩”效应表示为两种服务业也对城镇化速度的影响的对比，可以得出

$$C_{+}/C_{-}=\frac{GS^{\alpha1}D^{\beta1}T^{\gamma1}I^{\theta1}E^{\eta1}}{U_h}/\frac{GS^{\alpha2}D^{\beta2}T^{\gamma2}I^{\theta2}E^{\eta2}}{U_l}=\frac{a}{b}$$

由此可知，“塌缩”效应取决于集聚程度高和集聚程度低的服务业在经济中占据的比例。

借鉴于 Chandrasekhar[1] 和 M. M. R. Williams[2] 的简化计算方法，根据上述模型，我们将“塌缩”效应模型表示为：

$$aGS^{\alpha2}D^{\beta2}T^{\gamma2}I^{\theta2}E^{\eta2}\leqslant P_c\leqslant bGS^{\alpha1}D^{\beta1}T^{\gamma1}I^{\theta1}E^{\eta1}$$

P_c 表示城镇化“塌缩”的 Chandrasekhar limit，根据 Chandrasekhar 的方法[1]，如果我们给定某一个城市的规模作为基准，我们可以计算出的另一个城市规模的 Chandrasekhar limit

$$\left(\frac{C_{+}}{C_{-}}\right)^2U=\lambda\ \left(\frac{1-\beta_*}{\beta_*}\right)^{\rho}U^{\oplus}$$

在天体物理学“塌缩”模型中，模型建立的出发点，恒星简并压力表示为

$$p=\frac{2}{5}(3\pi^2)^{\frac{2}{3}}\frac{\eta^2}{2m_e}\left(\frac{N}{V}\right)^{\frac{5}{3}}$$

式中电子质量 m_e，氦元素电子数量 N 和电子运动速度 V 都是实验观测的变量，且该公式参数已经是物理学公认的结论。

由于我们的模型的出发点

$$U_h=aS^{\alpha1}D^{\beta1}T^{\gamma1}I^{\theta1}E^{\eta1}$$

$$U_l=bS^{\alpha2}D^{\beta2}T^{\gamma2}I^{\theta2}E^{\eta2}$$

是无法通过实验数据来确定相关参数，我们只能通过计量估计相关参数。

从模型的出发点之后的推导过程方法与 Chandrasekhar（1936，1984）的理论模型推导过程相似。

（2）空间计量经济学方法。空间计量经济学是计量经济学的一个分支，研究的是如何在横截面数据和面板数据的回归模型中处理空间相互作用（空间自相关）和空间结构（空间不均匀性）结构分析。空间数据分析和建模技巧与 GIS 的结合，现已广泛应用于经济政策分析中。地理上相邻的区域的各种变量之间存在相关性。在服务业规模收益、分工极限、冰山成本、信息依赖和企业规模差异对城镇化“塌缩”效应的影响的分析中，这种地理上的相关性直接带来计量方程的内生性，导致参数估计值是有偏的。利用空间计量经济学分析方法可以有效改善地理上的内生性对分析的干扰。

第一步：理论模型到计量模型转换。

我们假设服务业集聚程度由规模收益（S）、分工极限（D）、冰山成本（T）、信息依赖（I）和企业规模（E）等方面决定。

$$U_h = aS^{\alpha 1} D^{\beta 1} T^{\gamma 1} I^{\theta 1} E^{\eta 1}$$

$$U_l = bS^{\alpha 2} D^{\beta 2} T^{\gamma 2} I^{\theta 2} E^{\eta 2}$$

我们对公式两边取自然对数得到如下两式

$$\ln U_h = \ln a + \alpha_1 \ln S + \beta_1 \ln D + \gamma_1 \ln T + \theta_1 \ln I + \eta_1 E$$

$$\ln U_l = \ln b + \alpha_2 \ln S + \beta_2 \ln D + \gamma_2 \ln T + \theta_2 \ln I + \eta_2 E$$

第二步：空间计量模型的建立

我们写成矩阵的形式

$$Y = \alpha + \beta X$$

根据两式我们可以建立空间计量模型

$$Y = \alpha + \beta X + u, \quad u = \rho W u + \varepsilon,\ \varepsilon \sim N\left(0,\ \frac{\sigma^2}{n}\right)$$

式中 W 是空间权重矩阵，矩阵中的元素是任意两城市之间距离的倒数。

第三步：模型估计结果检验和模型选择

在对空间计量模型进行估计后，我们还要对估计结果进行 LM - Lag 和 LM - error 检验。如果 LM - Lag 检验显著，就采取 Spatial Lag Model；如果 LM - error 检验显著，就采用 Spatial Error Model。

（3）动态面板数据

在分析服务业规模收益、分工极限、冰山成本、信息依赖和企业规模差异对城镇化“塌缩”效应的影响时，很难分离两种效应：第一，城镇化

“塌缩”效应是由服务业规模收益、分工极限、冰山成本、信息依赖和企业规模差异变化引起的；第二，城镇化“塌缩”效应由于经济总量的差异引起的。横截面数据只提供了第一种效应的信息，时间序列数据只提供了第二种效应的信息，而且没有分离的可能。如果采用行业动态面板数据分析方法，可以同时给出变量变化和经济总量变化的估计值。动态面板数据分析方法大致有三种：随机效应、固定效应和随机参数模型。可以根据对计量结果的检验来鉴别。

第一步：建立计量模型

根据公式 $C_+/C_- = \frac{GS^{\alpha1}D^{\beta1}T^{\gamma1}I^{\theta1}E^{\eta1}}{U_h} / \frac{GS^{\alpha2}D^{\beta2}T^{\gamma2}I^{\theta2}E^{\eta2}}{U_l} = \frac{a}{b}$，我们将规模收益、分工极限、冰山成本、信息依赖和企业规模差异五种变量对塌缩效应影响的计量模型表示为：

$$y = a_0 + a_1 g + a_2 d + a_3 t + a_4 i + a_5 e + AX + \varepsilon$$

式中 X 表示城市的特征变量，例如城市人口数量、自然环境和风俗习惯等从侧面反映城市不可观测特征的变量。

第二步：模型估计结果检验和模型的选择

我们对模型分别用三种方法进行参数估计，分别是随机效应方法、固定效应方法和随机参数模型。然后我们对三种方法估计后的参数值进行 Sagan 检验，以诊断模型的估计结果。

如果三种估计结构都通过了诊断性检验，我们就要对三种方法估计的结果进行 Hausman 检验，如果检验结果显著，就采用随机效应模型；如果检验结果不显著，则采用固定效应模型。

（三）可行性分析

基于以下四个方面，我们可以保证本项目顺利推进并如期完成：

第一，理论上具备研究的可行性。管理科学研究过程中对自然科学分析方法的借鉴是比较普遍的现象，而天体物理学是自然科学中和经济学和管理学相似程度非常高的学科，所以理论上的借鉴和扩展是可行而有效的。空间计量经济学和动态面板数据是发展多年且相对完善的实证分析方法，具备较高的可靠性，可以有效解决由于空间相关性和不可观测的变量造成的计量分析过程的内生性问题。

第二，充分的前期准备和研究成果。项目申请人李建华于北京大学社会经济与文化研究中心获得经济学博士学位。李建华近几年在服务业差异对经济增长方面取得了较好的成果。目前已经在《财经研究》《农业经济问题》和《山西财经大学学报》发表学术论文3篇，并在国际学术会议发表英文学术论文3篇。并准备投稿《管理世界》和《世界经济》等权威学术期刊。近5年项目组成员学术成果较为丰富。

第三，丰富和可靠的数据来源。本项目依托单位北京石油化工学院已经购买中国知网统计年鉴数据库，包含数百种统计数据年鉴。其中《中国统计年鉴》（1981—2012）和《中国城市统计年鉴》（1985—2012）和各省统计年鉴是项目开展的坚实后盾和有力保障。

第四，优势互补的研究团队。本项目的研究成员年龄、职称结构合理，学科背景、研究特色优势互补。项目申请人李建华专长于服务业差异对经济增长影响的研究，不仅有扎实的理论基础，而且也具有相当的实证分析能力，已在国内高级别期刊发表数篇研究成果，得到同行的高度好评。项目成员王振全教授就职于北京石油化工学院经济管理学院，专长于计量经济分析，先后主持过两项国家自然科学基金，熟悉国际前沿理论和方法。将负责本项目的综合研究指导和部分研究成果的英文写作。项目成员于潇讲师就职于中央民族大学环境学院，专长于城市土地制度和经济增长的理论和实证研究，将负责服务业规模收益、分工极限、冰山成本、信息依赖和企业规模差异对城镇化"塌缩"影响的理论研究。

四、本项目的特色和创新之处

（一）本项目特色

本项目的特色可以从以下四个方面总结：

第一，前沿性。本项目基于服务业差异的视角，对城镇化进程中的"塌缩"现象进行研究。随着中国逐步进入后工业化时代，服务业集聚对城镇化的影响成为国内外学术界和决策者高度关注和讨论的热点项目，不断有相关论文最新发表在国际和国内一流经济学刊物，然而国内外少有学者从城镇化进程中"塌缩"现象的角度进行分析，因此本项目处于这一领域研究的前沿。

第二，探索性。尽管大量理论与实证研究探讨了中国城镇化过程中出现的各种模式，或者从实证上分析服务业集聚效应。但缺乏统一的系统模型解释中国城镇化过程中出现的“塌缩”现象，本项目不仅在城镇化“塌缩”效应数理模型构建上具有相当大的挑战性，而且在实证上试图丰富服务业差异对城镇化“塌缩”效应影响的研究，也具有较强的探索性。

第三，基础性。中国的城镇化道路与西方发达国家的城镇化道路存在差异。环境和资源的双重压力迫使中国的城镇化道路过早地进入“后工业化时代”，同时技术进步使得服务业呈现出西方工业化时代不曾出现过的多样化和差异化。本项目试图探究服务行业的差异及其对中国城镇化“塌缩”效应的研究，是对以往研究的延展与补充，也是一项学科融合的基础性项目。

第四，应用性。本项目的研究成果不仅为“中国”的城镇化道路提供理论依据，而且对深入理解中国城镇化过程中出现的问题提供一个参考。考虑到中国城镇化的时代背景，本项目的研究对经济转型和新型城镇化道路的探索具有实质性的价值。

（二）本项目创新之处

第一，扩展与突破了申请人博士学位论文的理论框架

申请人在北京大学攻读博士学位期间的研究工作是基于标准化程度分析服务业差异，包括差异产生的原因、测量及对经济增长的影响，[41]侧重于理论框架的构建。本项目与申请人博士论文的关联是，博士论文的理论框架可以作为本项目的第一部分的研究内容（1）的研究基础和参考；不同点是，本项目突破了博士论文理论框架和内容：除了第一部分的研究内容（1）之外，本项目的其他部分和总体研究框架（即城镇化的负效应）在博士论文中都没有涉及。

第二，深化了对城镇化进程“塌缩力”的理解

关于城镇化进程“扩张力”的研究已经比较充分，但是关于城镇化进程“塌缩力”的研究相对薄弱。原因有两点：首先城镇化进程塌缩现象尚未完全展现，其次缺乏分析“塌缩力”的有力工具。本项目是针对该问题的有益探索。

第三，借鉴和扩展天体物理学“塌缩”效应理论研究方法

借鉴自然科学研究方法来研究社会管理科学问题可能带来两方面的贡献。一方面可能为城镇化进程现实问题的分析和解决提供新的视角；另一方面自然科学严谨的思维可能为城镇化进程现实问题的分析和解决提供高

效率的手段。

五、工作条件

本项目组已具备完成项目计划所需的所有图书和文献资料条件和网络通讯设备条件，以及基本的实验设备条件。

（1）图书资料和信息数据

除了纸质图书和期刊等资料之外，项目依托单位图书馆已经注册了“中国知识资源总库”“中国科学引文数据库”“维普期刊全文数据库”以及其他中文图书资料数据资源，和 Springer link、Emerald、Science Direct (Elsevier)、EBSCOhost、World Scientific Publishing 等外文期刊电子数据库，和国内著名大学电子图书数据库等网络电子版权。作为本校教师可以通过这些资源免费获得项目研究所需的所有数据资料。

（2）统计分析数据处理和仿真实验设备条件

项目组所有成员均配备了个人计算机；项目组主要成员分别受 NSFC 和北京市教委“科研创新平台”的资助，已购买的两台 ThinkStation 工作站可满足本项目研究的数据存储、处理、仿真和分析；项目依托单位已经购买 GAUSS、SPSS 和 Eviews 等统计分析和优化设计软件。本项目计划的实施已具备了充分的实验设备条件。

第二章　服务业差异，标准化程度及其集聚特征研究

第一节　服务业差异

一、引言和文献综述

近年来，中国的大城市发展存在这样一个悖论，城市间的交通运输条件发展越快，大城市的“城市病”问题就越严重。交通运输是城市体系经济发展的动脉，交通运输越发达，越有利于经济从中心城市向周边小城市扩散，从而缓解大城市的“城市病”问题。

一个国家的城市体系遵循着普遍性的 Zipf 定律，即城市从大到小形成一个有规律的城市体系。Carroll（1982）发现美国人口大于 S 的城市的数量和 S^{-a}呈正比，并且在实证中发现 $a \approx 1$。Dobkins and Ioannides（1996）用美国单一管辖权的城市数据重新分析后，认为 $a = 1.044$。Gabaix and Ioannides（2004）将数据样本仅限于大都市群的城市，得到了相同的结论。

当国内外学者将焦点转移到中国高速发展的城市时，发现中国的城市体系和 Zipf 定律存在显著差异。Anderson and Ge（2005）发现中国城市体系的两极分化趋势，大城市和小城市之间存在显著差异，且缺乏中等规模的城市。陈良文、杨开中、吴娇（2007）的研究得出了相似的结论，并将其称为城市体系的“扁平化趋势”，中小城市数量过多，而大型城市数量较少。范剑勇和邵挺（2011）利用 211 个城市的数据证实了中国城市体系的扁平化趋势，大城市数量少并过度拥挤，小城市数量多，发展程度参差不齐。

二、内生性服务消费和外生性服务消费

根据服务业的发展趋势，我们进一步深入分析服务业结构对居民家庭

消费的外生影响和服务业结构对整体经济增长率的内生影响。

（一）外生性服务消费

我们将由收入水平决定的对服务消费数量的影响。由于服务的需求收入弹性大于1，所以随着收入的增加，服务消费将以更高的速度增长。

服务业结构对整体经济生产率的外生影响可以从两个方面进行分析：第一个方面是产品的种类与人均产出增长率之间的关系；第二个方面是分工与人均产出增长率之间的关系。

1. 产品种类与人均产出增长率之间的关系

古典经济学家 Josiah Tucker（1755）最早注意到分工和产品种类之间的关系。他认为分工的程度决定产品的种类的多少，而产品种类的多少和人均产出增长率之间有密切的关系。Dixit 和 Stiglitz（1977）认为规模经济和产品种类之间是相互替代的关系。产品种类越单一，企业的生产越容易实现规模经济；相反产品种类越复杂，企业的生产越难实现规模经济。而规模经济是提高生产率的重要途径。杨小凯和史鹤凌（1992）认为交易费用和多样化消费是相互替代的关系。当交易费用很高时，多样化的产品种类所带来的交易费用会超过多样化消费带来的效用的增加。此时，人们只能选择减少产品种类。相反如果交易费用较低，多样化的产品种类所带来的交易费用小于多样化消费带来的效用的增加。此时，人们可以选择增加产品种类。

Dixit 和 Stiglitz（1977），杨小凯和史鹤凌（1992）的分析假设所有行业是同质的，不存在行业之间的差别。同时，他们分析的着眼点是经济整体中产品种类的数量，而不是某一行业分工的极限。我们将沿着他们的思路研究可标准化服务业和不可标准化服务业的分工极限问题。

我们假设经济社会中存在数量有限的消费者，每一个消费者都有不同的效用函数 $u_i = U_i\ (N,\ V\ (x_1,\ x_2...,\ x_N))$。这里我们忽略消费者对农业产品和工业产品的需求，只考虑消费者对服务业的需求。N 表示市场上提供服务的种类，V 表示不同服务消费带来效用的加总。根据新古典经济学的一般假设，服务消费满足边际效用递减规律，也就是说消费者的边际效用随着某一种服务消费的数量的增加而逐渐减小。根据边际效用递减规律，消费者的效用函数满足性质$\frac{\partial u_i}{\partial N} > 0$。该条件意味着，服务消费种类越多，消费者的效用水平越高；相反服务消费的种类越少，消费者的效用水平越低。

我们假设某一服务行业中只有一家企业。企业可以用来生产服务的资源有限。该企业生产函数为 $Y=f(N, K, L)$，将该生产函数密集化，转变为 $y=f\left(\frac{N}{L}, \frac{K}{L}\right)$。该函数满足条件 $f\left(\lambda\frac{N}{L}, \lambda\frac{K}{L}\right)>\lambda f\left(\frac{N}{L}, \frac{K}{L}\right)$。即生产单一产品时，该企业满足规模经济递增的条件。企业生产函数满足条件 $\frac{\partial y}{\partial N}<0$，该条件意味着企业生产的服务种类越少，越容易实现规模经济，生产率越高；相反企业生产服务种类越多，越难以实现规模经济，生产率越低。

这样消费者的偏好和企业的生产条件之间存在两难选择。对于消费者来说，对于某一服务行业提供服务的消费，具有不同的偏好。企业提供服务的种类越多，消费者效用水平越高。对于企业来说，产品结构越单一，越容易实现规模经济，也就是越容易提高生产率。因此服务种类的数量决定于企业边际生产率和消费者的边际效用的对比。

服务种类的数量取决于增加一个产品种类给企业带来的生产率的下降 $\frac{\partial y}{\partial N}$ 和给消费者带来的效用增加 $\frac{\partial u_i}{\partial N}$ 和两者之间的对比。如果 $\left|\frac{\partial y}{\partial N}\right|<\left|\frac{\partial u_i}{\partial N}\right|$，即增加一个服务种类给企业带来的生产率的下降小于给消费者带来的效用增加，则消费者愿意以更高的保留价格购买该种类服务，则企业在高价格的吸引下，也愿增加服务生产的种类，最终市场上该行业的服务产品种类增加。相反，如果 $\left|\frac{\partial y}{\partial N}\right|>\left|\frac{\partial u_i}{\partial N}\right|$，即增加一个产品种类给企业带来的生产率的下降大于给消费者带来的效用增加，则消费者愿意支付的保留价格不能吸引企业增加服务生产的种类，最终市场上该行业的服务产品种类减少。

如果种类数量 N 在满足 $\left|\frac{\partial y}{\partial N}\right|<\left|\frac{\partial u_i}{\partial N}\right|$ 的条件下持续增加，直至趋近于正无穷，则该服务行业为不可标准化服务业。如果种类数量 N 在满足 $\left|\frac{\partial y}{\partial N}\right|>\left|\frac{\partial u_i}{\partial N}\right|$ 的条件下持续减少，直至趋近于 1，则该服务行业为可标准化

服务业。

医疗卫生服务行业是不可标准化服务业。当一个病人进入医院治疗，无论这个病人患有什么病症，医院要根据病人的诊断情况，安排相应的医生治疗。即使该医院没有治疗病患的条件，也要安排转入上一级的医院治疗。因为在现有的社会道德框架内，人的生命价值是最高的，这决定了人的生命的边际价值也是相对较高的。在技术能够实现的范围内，通过治疗来延长生命的边际（治病救人）的社会偏好要高于考虑医疗成本的社会偏好，任何拒绝病人治疗需求的行为都是违反职业道德和法律的。

电信行业是可标准化服务业。当一个消费者进入电信服务企业的营业厅购买电信服务时，电信服务企业已经准备好若干服务套餐供消费者选择。无论消费者的偏好如何，他只能在电信企业若干少得可怜的服务套餐之间进行选择，不能根据自己的偏好制定个性化的消费方案。消费者对电信服务的偏好是多种多样的，每个消费者对电信服务的需求都略有不同。在这样的条件下，电信企业增加一种服务种类，也许这能满足某一消费者的偏好，提高其效用水平，对其他消费者效用水平影响很小或者没有。同时增加服务的种类会导致电信企业成本的提高和劳动生产率的下降。也就是说电信企业增加一种服务种类所带来的劳动生产率的下降是高于消费者效用水平的提高。因此在电信行业，拒绝消费者个人偏好的行为不违反职业道德和法律。

2. 社会分工方式对整体经济生产率的影响

杨小凯和张永生（2003）认为资本（主要是机器设备）在生产过程中是一种中间产品。经济社会机器设备增加的主要原因是机器设备可以增加最终产品的生产率。他们认为经济社会中的生产者在生产过程中面临两种选择：第一种选择是直接生产最终产品；第二种选择是先生产机器设备，然后用机器设备生产最终产品。如果在生产过程中，先生产机器设备然后用机器设备生产最终产品的生产率高于直接生产最终产品的生产率，经济社会中机器设备就会增加，而且机器设备生产会随着社会分工成为独立的生产部门。如果在生产过程中，直接生产最终产品的生产率高于先生产机器设备再用机器设备生产最终产品的生产率，经济社会中机器设备不会出现。由于机器设备生产中专业化水平很低，即使有生产者尝试生产机器设备，最终产品的生产率也不能提高。Ethier（1982）、Judd（1985）和Romer（1992）采用新古典经济学的一般方法，假设消费者的效用函数是CES函数，研究了中间产品种类（主要是机器）的均衡数量。

我们对可标准化服务业和不可标准化服务业者的界定，两者之间的重要区别主要在于生产要素之间的替代性。那么为什么可标准化服务业比较容易地用资本替代劳动，而不可标准化服务业很难用资本替代劳动?

可标准化服务业和不可标准化服务业之间异质性的原因可以从技术和经济两方面来解释。首先从技术上讲，可标准化服务业的生产过程可以细分为若干标准化的生产工序，每个生产工序仅需要简单劳动，生产出来的服务也是高度相似的，在现有的技术条件下，可标准化服务业很多生产工序都可以用机器设备去替代简单劳动。不可标准化服务行业的生产过程不能细分为标准化的生产工序，目前的科学技术水平无法实现机器对劳动的替代。不可替代存在两种情况：第一种是绝对不可替代，例如在医学诊断环节，需要医生经验积累和对复杂病情的综合分析，目前机器无法实现完全替代医生来诊断病人的病情。第二种是相对不可替代，例如恶性肿瘤靶向治疗，由于每个患者恶性肿瘤都存在差异，靶向治疗的药物只对少数符合条件的患者有效，如果要对恶性肿瘤患者进行靶向治疗，必须针对患者的病情，单独调整和研发靶向药物，其需要的成本和时间是患者无法承担的。

其次从经济上讲，经济社会的生产过程中，社会分工的细致化会导致生产的专业化，生产的专业化会提高生产率。社会分工的细致化也会带来交易成本的提高，因为生产的专业化导致不同行业之间必须通过市场交易来互相提供服务，在交易构成中会形成交易成本。如果在某些行业和市场中交易效率比较低，交易费用比较高，社会分工所产生的总交易费用超过生产专业化带来的生产率的提高，人们必须选择不分工。如果不分工，一个人要从事生产中间产品（机器设备）和从事最终服务两件工作。由于生理机能和时间的限制，这个人可能两件工作的劳动生产率都会很低。经济社会需要的是最终服务，所以这个人只能放弃生产中间产品，而仅从事最终服务的生产。这个服务行业就成为不可标准化服务业。

如果在某些行业和市场中交易效率比较高，交易费用比较低，分工所产生总交易费用低于生产专业化带来的劳动生产率的提高，则人们可以选择分工。如果分工，一部分人从事中间产品的生产，另一部分人从事最终服务的生产。专业生产中间产品的人提高了中间产品的生产效率，专业生产最终服务的人通过市场交易购买中间产品，利用中间产品提高最终服务的生产率。

我们用两个简单的例子来说明刚才描述的过程。银行业是可标准化服务业，银行的很多业务既可以通过柜面服务来操作，也可以通过ATM机来实现。随着电子计算机和信息技术的提高，ATM机的工作效率高于柜面服务的工作效率。由于不同银行之间联网经营的需要，各银行为客户提供的ATM机具有相似的功能，因此ATM机是高度标准化的工业产品。从社会分工的角度来看，银行购买ATM机，然后通过ATM机为客户服务提高了劳动生产率。从交易费用的角度来看，因为ATM机是高度标准化的产品，所以银行和ATM机厂商之间不需要复杂的市场交易过程，交易效率比较高，交易费用比较低。所以在社会分工的过程中，ATM机设计和制造从银行业中分离出来成为独立的行业。银行购买ATM机，然后通过ATM机为客户提供服务。

医疗服务是不可标准化服务。目前，医院的诊断和治疗过程一般采取医生直接对患者的病情进行诊断和治疗的形式，在诊断的过程中部分借助机器设备的检验结果。实际上医学诊断和治疗是一个非常复杂和精细的社会分工过程，不仅医生有专业和科室的分工，而且患者的病症和治疗方案也是个性化的，所以诊断和治疗不是标准化的服务。从社会分工的角度来看，医院购买机器设备来替代医生对患者进行诊断和治疗，未必可以提高生产率。从交易费用的角度来看，因为诊断和治疗不是标准化的服务，所以如果医院尝试购买机器设备来替代医生来诊断和治疗时，需要和机器设备厂商在合约的细节上花费巨大成本，因为诊断和治疗的复杂和精细性质，稍有差错可能导致失败。如果每一种病症的诊断和治疗需要相应的机器设备，医生所需购买诊断治疗机器的数量是非常庞大的。所以在社会分工的过程中，诊断和治疗主要依靠医生对患者病情的直接诊断和治疗，在某些可以标准化的检验过程中，可以借助机器设备。

（二）内生性服务消费。

根据李建华、孙蚌珠（2012）对服务业的分类，我们将Pugno（2006）的假设转化为如下形式：不可标准化服务消费，特别是教育和医疗行业，能够提高人力资本积累水平。当劳动者有意识地提高不可标准化服务消费可以更多地积累人力资本，人力资本的积累有助于消费者长期收入的提高。我们将能够积累人力资本，提高消费者未来长期收入的服务消费成为内生性服务消费。

下面我们来分析近年来居民家庭医疗服务消费和教育服务消费的变化情况。

1. 居民家庭医疗保健消费情况

国家统计局统计数据中，家庭医疗保健支出包括了医疗器具、保健器具、药品费、自助保健品费、医疗费和其他费用。本文将不同收入水平家庭医疗保健支出比例反映在图 2.1 中。从图 2.1 中我们可以看出几个规律：

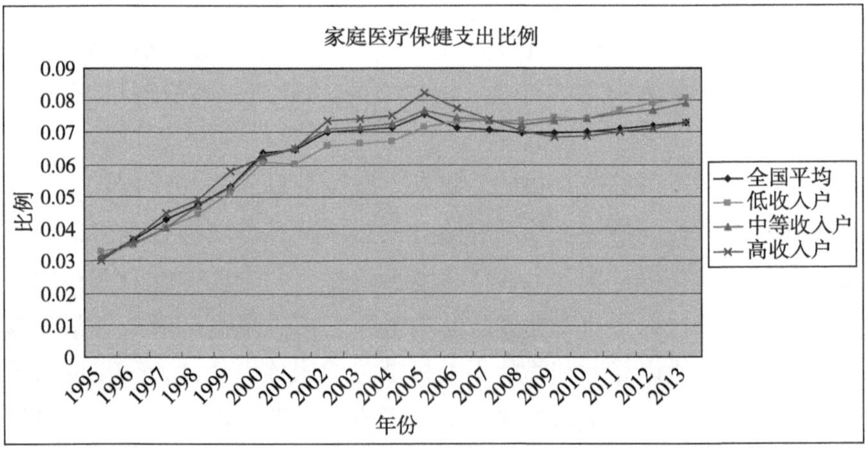

图 2.1　不同收入水平家庭医疗保健支出在消费支出中的比例

第一，2005 年以前，医疗保健支出同家庭收入水平呈正相关关系。以 2005 年为例，高收入家庭医疗保健支出占总消费支出比例 8.2%，中等收入家庭医疗保健支出占总消费支出比例 7.7%，低收入家庭医疗保健支出占总消费比例 7.2%。这个时期的医疗保健在一定程度失去了生活必需品的特征。

第二，2005 年以后医疗保健支出同家庭收入水平的关系发生变化，2007 年以后医疗保健支出同家庭收入呈负相关关系。以 2009 年为例，高收入家庭医疗保健支出占总消费支出比例 6.9%，中等收入家庭医疗保健支出占总消费比例7.4%，低收入家庭医疗保健支出占总消费比例7.5%。这个时期的医疗保健服务具备必需品的特征。

第三，低收入家庭的医疗保健支出占总消费支出的比例一直呈上升趋势。家庭医疗保健支出占总消费比例从1995年3.3%上升至2012年8.0%。中等收入家庭和高收入家庭的医疗保健支出占总消费比例2005年以前呈上升趋势，2005年后基本持平。例如中等收入家庭医疗保健支出占总消费的比例从1995年3.1%上升至2005年7.7%，之后一直徘徊在7.8%附近。高收入家庭医疗保健支出占总消费的比例从1995年3.0%上升至2005年8.2%，之后下降到2009年6.9%。

2. 居民家庭教育消费的变化

国家统计局统计的家庭教育支出包括教材和教育费用两项。本文将不同收入水平家庭的教育支出占总消费支出的比例反映在图2.2中。从图2.2中我们看到几个规律。

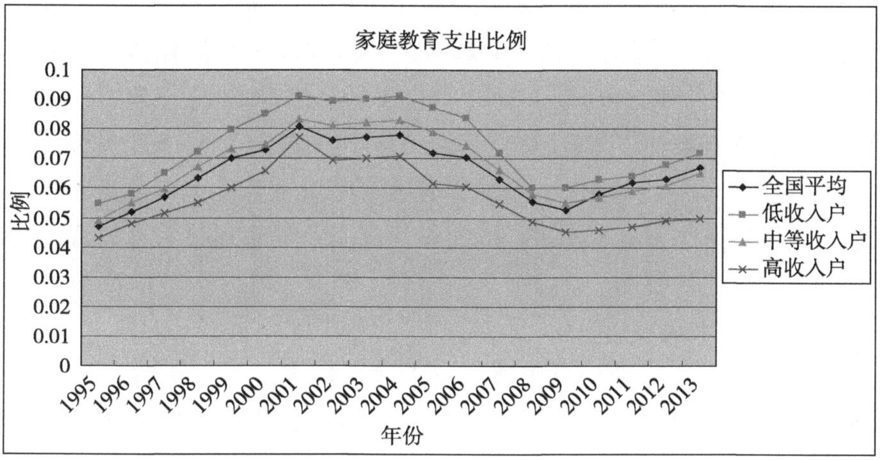

图2.2　不同收入水平家庭教育支出比例

第一，收入水平与教育支出占总消费的比例呈负相关关系，收入越高的家庭，教育支出占总消费中比例越小，收入越低的家庭，教育支出占总消费比例越大。以最低点2009年为例，高收入家庭教育支出占总消费比例为4.5%，中等收入家庭教育支出占总消费比例为5.5%，低收入家庭教育支出占总消费比例为6.1%。

第二，不同收入水平家庭教育支出占总消费比例都经历了先上升后下降的过程。例如低收入家庭教育支出占总消费比例从1995年5.5%上升至2004年9.1%，然后缓慢下降至2009年6.1%，2009年之后有小幅上升，但是基本持平。家庭教育支出占总消费比例的变化受到政府财政对教育支出的不断扩大的影响，1995年至2000年，中央政府财政支出仅从1467.06亿元提高至2736.88亿元，提高86%。从2000年到2010年，中央政府教育财政支出从2736.88亿元快速提升至12550.02亿元，提高358.55%。中央政府大量的财政补贴使得家庭教育支出占总消费的比例有所下降。

如果合并教育和医疗消费比例，家庭平均、低收入家庭、中等收入家庭和高收入家庭的教育和医疗服务消费比例都经历了一个先上升后缓慢下降的过程。家庭平均教育和医疗消费比例从1995年7.8%上升至2004年14.9%，然后逐步下降至2013年12.2%。低收入家庭教育和医疗消费比例从1995年8.8%上升至2013年15.9%，然后缓慢下降至2013年13.5%。中等收入家庭教育和医疗消费比例从1995年8.1%上升至2005年15.6%，然后缓慢下降至2013年12.9%。高收入家庭教育和医疗消费比例从1995年7.3%上升至2004年13.0%，然后缓慢下降至2009年10.6%。总体上来看，家庭教育和医疗消费比例提高了3~5个百分点，其原因有两点：第一，随着收入增加，居民家庭对教育和医疗数量和质量的需求提高了；第二，教育和医疗的价格提高了，导致居民家庭教育和医疗服务消费支出比例提高。

3. 人力资本积累的变化

随着家庭不可标准化服务消费比重的逐渐提高，人力资本积累水平逐渐提高。接受高等教育人数的变化是反映人力资本积累水平的重要指标。近年来，我国高等院校毕业的研究生（包括硕士和博士）和本专科毕业生的数量一直在高速增长。1995年，我国毕业的研究生总人数为3.19万人，2012年毕业研究生总人数达到48.64万人。1995年我国毕业的本专科学生人数为80.5万人，2012年毕业的本专科学生人数为624.7万人。尽管高等院校招生和毕业人数的增长备受争议，但是不可否认受教育程度的提高为我国经济增长提供了大量人力资本积累程度较高的劳动力。

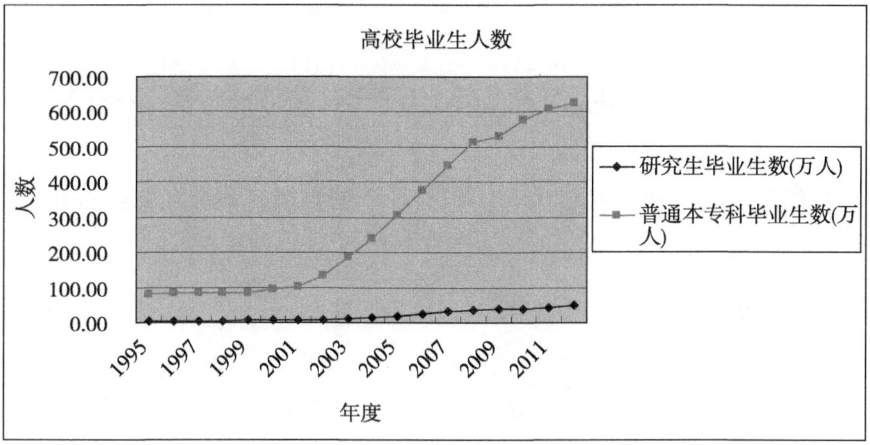

图 2.3　高等院校毕业生人数变化

在完全竞争市场条件下，工资是反映劳动者生产率水平高低的重要标志，工资水平的变化也可以反映人力资本积累程度的变化。我们将典型行业的工资总额反映在图 2.4 中。交通运输、仓储和邮政业工资总额从 2003 年 1008 元提高到 2012 年 3531.5 元。教育行业工资总额从 2003 年 2035.9 元提高到 2012 年 7851 元。

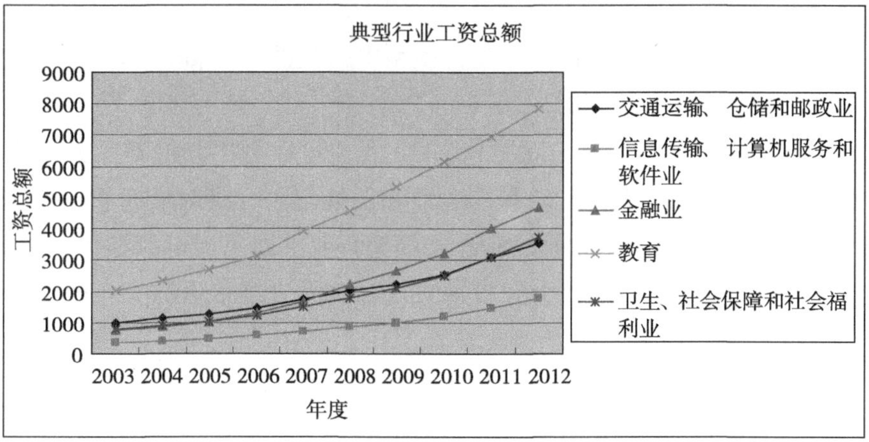

图 2.4　典型行业工资变化情况

第二节　服务业结构对生产率影响的理论分析

我们从一般均衡的视角出发，用如下模型来刻画前面的理论分析。

（一）基础模型

代表性消费者家庭的效用函数形式为：

$$u(Q_{m,t},\ Q_{u,t},\ Q_{s,t},\ \lambda_t,\ \eta_t) = \theta_t \ln Q_{u,t} + \eta_t \ln Q_{s,t} + (1-\theta_t-\eta_t)\ln Q_{m,t},$$
$$\theta_t \in [0,\ 1),\ \eta_t \in [0,\ 1) \tag{1}$$

代表性家庭的约束条件为：

$$w_t L \geqslant p_u Q_{u,t} + +p_s Q_{s,t} + Q_{m,t} \tag{2}$$

Pugno（2002；2005）认为服务消费对人力资本的提高作用分为两类，一类是有意识的（intentionally）提高人力资本的服务消费，例如教育和培训；另一类是无意识的（unintentionally）提高人力资本的服务消费，例如医疗和保健。因为家庭没有意识到医疗和保健的服务消费对人力资本积累的作用，所以无意识的提高人力资本的服务消费不进入家庭消费决策。家庭消费决策只考虑有意识的提高人力资本的服务消费。程大中（程大中、汪蕊，2006；程大中，2010）在理论模型中的假设和 Pugno（2002；2005）是一致的。

从 Pugno（2002；2005）的分析中，我们可以看出，提高人力资本的服务消费主要指的是教育、培训、医疗和保健行业。根据李建华、孙蚌珠（2012）的分析，教育、培训、医疗和保健行业都属于不可标准化服务业。我们将 Pugno（2006）模型中的巧妙假设转换为只有不可标准化服务消费可以提高人力资本的积累。

我们定义 v 为不可标准化服务消费中有意识提高人力资本水平的部分，例如教育和培训等；那么（1 - v）就是不可标准化服务消费中无意识提高人力资本水平的部分。对于消费者本身来讲，只有有意识的提高人力资本水平的不可标准化服务消费进入家庭服务消费决策。沿着 Pugno 的思路，我们假设不可标准化服务消费可以提高人力资本积累，但是我们简化其函数形式为：

$$\dot{h}_t = \delta v Q_{u,t} \tag{3}$$

将不可标准化服务产量 $Q_{u,t} = bL_{u,t}h_t e^{r_u t}$，$L_{u,t} > 0$ 代入上式得：

$$\dot{h}_t = \delta v b L_{u,t} h_t e^{r_u t} \tag{4}$$

根据以上的假设和分析，我们将代表性家庭的最优化消费决策问题表述为：

$$\max U = \int_0^{\infty} \{\theta_t \ln(bL_{u,t}h_t e^{r_u t}) + \eta_t \ln(cL_{s,t}h_t e^{r_s t}) + (1 - \theta_t - \eta_t)$$

$$\ln[a(1 - L_{u,t} - L_{s,t})h_t e^{r_m t}]\} e^{-\rho t} dt \quad \text{St: } \dot{h}_t = \delta v \ln(bL_{u,t}h_t e^{r_u t})$$

$$w_t L \geqslant p_{ht} Q_{u,t} + + p_h Q_{s,t} + Q_{m,t} \tag{5}$$

$$\lim_{t \to \infty} \varphi_t h_t L = 0$$

代表性家庭最优化决策的汉密尔顿方程为：

$$H = [\theta_t \ln Q_{u,t} + \eta_t \ln Q_{s,t} + (1 - \theta_t - \eta_t) \ln Q_{m,t}] e^{-\rho t} + \varphi_t \delta v Q_{u,t} \tag{6}$$

动态最优化一阶条件为：

$$H_{L_u} = \theta_t e^{-\rho t} \frac{1}{L_{u,t}} + (1 - \theta_t - \eta_t) \frac{-e^{-\rho t}}{1 - L_{u,t} - L_{s,t}} + \varphi_t \delta v (bh_t e^{r_u t}) = 0 \tag{7}$$

$$H_h = \frac{e^{-\rho t}}{h_t} + \varphi_t \delta v b L_{u,t} = -\dot{\varphi}_t \tag{8}$$

将公式（7）和（8）联立后解出结果为：

$$\gamma_{L_u} = \frac{-\rho - r_u - \delta v b e^{r_u t} L_{u,t} \dfrac{1 - L_{u,t} - L_{s,t}}{\theta_t - L_{u,t}}}{1 - L_{u,t}\left(\dfrac{1}{L_{u,t} - \theta_t} + \dfrac{1}{1 - L_{u,t} - L_{s,t}}\right)} \tag{9}$$

假设经济中有三个部门：工业部门、不可标准化服务业和可标准化服务业部门，生产函数形式为：

$$Q_{m,t} = aL_{m,t}h_t e^{r_m t}, \ L_m > 0 \tag{10}$$

$$Q_{u,t} = bL_{u,t}h_t e^{r_u t}, \ L_u > 0 \tag{11}$$

$$Q_{s,t} = cL_{s,t}h_t e^{r_s t}, \ L_s > 0 \tag{12}$$

$Q_{m,t}$、$Q_{u,t}$和 $Q_{s,t}$分别是工业、不可标准化服务业和可标准化服务业的产出，$L_{m,t}L_{u,t}$和 $L_{s,t}$分别是工业、不可标准化服务业和可标准化服务业的劳动投入，r_m，r_u 和 r_s 分别是影响工业、不可标准化服务业和可标准化服务业产出的外生因素，h_t 是第 t 期的人力资本水平。公式（1）~（3）将工业、不可标准化服务业和可标准化服务业的产出中服务业结构的外生作用和内生作用分离开。

我们将整个经济的劳动总和正规化为1，即：

$$L_{m,t}+L_{u,t}+L_{s,t}=L=1 \tag{13}$$

假设市场是完全竞争的，且劳动可以自由流动。在这两个假设条件下，三个部门工资相同，由生产的边际条件决定。

$$w_t=ah_te^{r_mt} \tag{14}$$

我们把工业产品的价格正规化为1，则家庭消费服务业产品的价格为：

$$p_u=\frac{a}{b}e^{(r_m-r_u)t} \tag{15}$$

$$p_s=\frac{a}{c}e^{(r_m-r_s)t} \tag{16}$$

根据（10）、(11)、(12)，我们可以计算出：

$$\gamma_{\frac{Q_u}{Q_m}}=\gamma_{L_{u,t}}\frac{1}{1-L_{u,t}-L_{s,t}}+\ (r_u-r_m) \tag{17}$$

$$\gamma_{\frac{Q_m}{L_m}}=r_m+\delta bL_{u,t}e^{r_ut} \tag{18}$$

$$\gamma_{\frac{Q_u}{L_u}}=\delta bL_{u,t}e^{r_u}+r_u \tag{19}$$

$$\gamma_{\frac{Q_s}{L_s}}=\delta bL_{u,t}e^{r_u}+r_s \tag{20}$$

$\gamma_{\frac{Q_u}{Q_m}}$、$\gamma_{\frac{Q_m}{L_m}}$、$\gamma_{\frac{Q_u}{L_u}}$、$\gamma_{\frac{Q_s}{L_s}}$分别是不可标准化服务业和工业相对产量的增长率、工业人均产出增长率、不可标准化服务业人均产出增长率和可标准化服务业人均产出增长率。

（二）服务业结构对整体经济生产率的外生影响和内生影响

从理论模型的假设、推导和求解来看，本文的模型是对Baumol(1967)、Pugno（2006）和程大中（2010）“成本病”模型的扩展。当模型满足条件$r_s=r_u$，且$L_{s,t}=L_{u,t}$时，本模型就类似于程大中（2010）的模型。当模型满足条件$r_s=r_u$，$L_{s,t}=L_{u,t}$，且$r_s=r_u=0$时，本模型就类似于Pugno（2006）模型。当模型满足条件$r_s=r_u$，$L_{s,t}=L_{u,t}$，且$r_s=r_u=0$的同时，去掉$\dot{h}_t=\delta vQ_{u,t}$的假设，本模型就类似于Baumol（1967）的模型。

我们假定整体经济生产率进步速度是三个部门生产率进步速度的加权平均和，而权重由三个部门投入的劳动分别占总劳动的比例确定。因此整体经济生产率的进步速度为：

$$\gamma_T = \gamma_{\frac{Q_u}{L_u}} \cdot L_{u,t} + \gamma_{\frac{Q_s}{L_s}} \cdot L_{s,t} + \gamma_{\frac{Q_m}{L_m}} \cdot (1 - L_{u,t} - L_{s,t}) \tag{21}$$

将公式（18）、（19）、（20）带入（21），经过整理（21）可以简化为：

$$\gamma_T = r_u + L_{u,t}(r_m - r_u) + L_{s,t}(r_s - r_u) + \frac{\dot{h}}{h} \tag{22}$$

从公式（22），我们可以区分出服务业结构对整体经济生产率进步速度的外生影响和内生影响两个方面。第一个方面是服务业结构的外生影响，包含 r_s，r_m，r_u 三个外生因素对整体经济生产率进步速度的影响，这三个外生因素受到社会分工和产品种类数量的影响。第二个方面是服务业结构的内生影响，即由不可标准化服务消费导致的模型内生人力资本积累速度$\frac{\dot{h}}{h}$。下面我们深入分析这两种影响。

第三节　服务业结构对生产率影响的实证研究

一、计量经济模型

Pugno（2006）从理论上分析了服务消费对人力资本积累的促进作用，但他并未对这个假设进行实证。而这一假设是整个理论模型得以建立的基础，所以我们将对转换后的假设，即不可标准化服务消费影响人力资本积累这一假设进行实证。将公式（3）线性化，然后加入控制变量，我们可以建立如下计量经济模型：

$$h_t = \alpha_0 C_{un,t} + \sum_{i=1}^{n} \alpha_i x_i + \varepsilon_t \tag{23}$$

其中 h_t 为人力资本。$C_{un,t}$为居民家庭不可标准化服务业消费额。

如果不可标准化服务业消费影响人力资本积累这一假设得到实证，我们就可以分解服务业结构对生产率进步速度的外生影响和内生影响，并实证分析两种影响的数量大小。根据公式（22），我们建立计量经济学模型：

$$\gamma_T = \alpha_0 + \alpha_1 L_{u,t} + \alpha_2 L_{s,t} + \alpha_3 \frac{\dot{h}}{h} + \sum_{i=4}^{n} \alpha_i x_i + \varepsilon \tag{24}$$

本文的数据来源于各年度《中国统计年鉴》《中国劳动统计年鉴》，$L_{s,t}$和$L_{u,t}$分别是第 t 期，以可标准化和不可标准化服务业的就业比重为指标；h_t 以每十万人中接受大专以上教育的比重为指标；$C_{un,t}$以居民家庭平均不可标准化服务消费总额为指标；$\sum_{i=4}^{\infty} \alpha_i x_i$ 为控制变量，根据 Baumol（1967；1985）、Pugno（2006）、程大中（2010）、江小涓（2011）等文献，以下四个控制变量影响人均产出增长率，分别为人均收入的自然对数，城市化程度的自然对数，恩格尔系数的自然对数和最高收入家庭与最低收入家庭收入差距的自然对数。我们选择这四个指标作为控制变量。

二、估计结果与分析

1. 不可标准化服务消费对人力资本积累的影响

我们将不可标准化服务消费对人力资本积累影响的回归结果反映在表2.1 中。我们采取 OLS、Prais - Winsten 回归和有限信息最大似然法（LIMI）三种方法回归，在有限信息最大似然法（LIMI）回归中，使用了不同数量的工具变量对比回归结果。回归结果表明，在不同方法回归结果中，不可标准化服务消费对人均产出增长率的回归系数显著为正。从 OLS 估计结果来看，居民家庭不可标准化服务消费提高 1 个单位，人力资本积累程度上升 0.28 个单位。为了避免序列相关性对回归结果造成的影响，我们采取 Prais - Winsten 方法重新回归，回归结果表明居民家庭不可标准化服务消费提高 1 个单位，人力资本积累程度将上升 0.27 个单位。因为接受大专以上教育的居民家庭文化消费的数量可能提高，也就是说不可标准化服务消费和接受大专以上教育的人数之间可能存在双向影响关系，由此可能引发回归结果的内生性问题，所以我们采用有限信息最大似然法（LIMI）来避免内生性问题。有限信息最大似然法要求内生变量的个数要小于等于工具变量的个数，我们将人均收入的自然对数，城市化程度的自然对数，恩格尔系数的自然对数和最高收入家庭与最低收入家庭收入差距的自然对数作为工具变量。我们依次加入更多的工具变量进行回归，在确保稳健性的前提下比较估计结果。随着添加工具变量数量的增加，不可标准化服务消费的系数从 0.9385 下降为 0.3413。对比 OLS 和 Prais - Winsten 方法的估计结果，回归结果逐渐接近，同时显著程度提高。结果表明不可标准化服务消费提高 1 个百分点，人力资本积累程度将上升 0.34 个百分点。

控制变量与人力资本积累呈不同程度的相关性。首先，收入差距与人力资本积累成负相关关系。这意味着收入差距的扩大有利于提高人力资本积累的水平。从社会现实来看，物质资本投资的风险性较大，且受制于物质资本初始规模的影响。多数学者认为经济社会的参与者多数不是风险偏好者，对于大部分处于社会中下阶层的居民家庭来说，通过物质资本投资提高收入水平不是理性的选择，通过人力资本的积累获得更高的收入是普通居民家庭的理性选择。这一点可以从全社会对高考制度的强偏好得到印证。因此收入差距越大，社会中下阶层的居民家庭更多地选择通过人力资本积累提高家庭收入。

其次，恩格尔系数与人力资本积累呈显著的负相关关系。恩格尔系数是反映食物支出占总消费支出的比例。恩格尔系数越小，表示一个国家居民越富裕。居民越富裕，能够为人力资本积累所需要的教育和医疗等服务消费的支出能力越强，所以恩格尔系数与人力资本积累呈显著的负相关关系。

再次，城市化程度与人力资本积累呈负相关关系。中国正处在城市化高速发展的过程中，在城市化进程当中，新城区的建设往往是以交通运输、金融、电信、批发和零售等可标准化服务业的扩张开始的。这些服务行业是新城区功能实现的基础。在新城区建设完成后，教育、医疗、法律等不可标准化服务业逐渐完善。因此在城市化进程中，城市化程度越高，可标准化服务业就业比例越大，不可标准化就业比例越小。根据西方发达国家城市化的经验，随着城市化进程的逐渐完成，教育、医疗和法律等不可标准化服务业逐渐成为城市发展的主要部门。

最后，人均收入与人力资本积累呈正相关关系。根据 Baumol（1967）的结论，服务消费的需求收入弹性大于 1，也就是说随着人均收入的提高，服务消费需求会以比人均收入提高速度更快的速度增长。根据我们的假设不可标准化服务消费提高人力资本积累，当人均收入提高时，不可标准化服务消费会以更高的速度提高，人力资本积累相应也会提高。所以人均收入的提高对于人力资本有加速作用。

表 2.1 不可标准化服务消费对人力资本积累影响的估计结果

方法	OLS	Prais - Winsten	LIMI (1)	LIMI (2)	LIMI (3)	LIMI (4)
变量	人力资本积累					
不可标准化服务消费	0.2836** (0.1667)	0.2726** (0.0941)	0.9385*** (0.1742)	0.4050*** (0.0373)	0.4112*** (0.0380)	0.3413*** (0.0146)
收入差距	0.0117* (0.0210)	0.0199 (0.0124)	-0.0386** (0.0186)	-0.0433*** (0.0197)	-0.0369** (0.0187)	Instrument
恩格尔系数	-0.0010** (0.0004)	-0.0013*** (0.0002)	-0.0010** (0.0005)	-0.0005 (0.0005)	Instrument	Instrument
城市化程度	-0.0021*** (0.0007)	-0.0026*** (0.0004)	-0.0041*** (0.0013)	Instrument	Instrument	Instrument
居民家庭收入	0.0001** (0.0000)	0.0001** (0.0000)	Instrument	Instrument	Instrument	Instrument
常数项	0.1310*** (0.0342)	0.1544*** (0.0201)	0.2364*** (0.0521)	0.0725*** (0.0261)	0.0507*** (0.0086)	0.0339*** (0.0015)
F 检验	262.87	2267	—	—	—	—
Wald 检验	—	—	784	713	697	544
R^2 检验	0.9940	0.99	0.98	0.98	0.97	0.97

注：1. *，** 和 *** 分别表示在 10%、5% 和 1% 的水平上显著

2. 括号内为标准误

2. 服务业结构对人均产出增长率的外生影响和内生影响

我们将计量经济模型（24）的回归结果反映在表 2.2 中。我们同样采取 OLS、Prais - Winsten 方法和有限信息最大似然法（LIMI）三种方法进行回归。在 LIMI 方法中我们以城市化和人均收入作为工具变量。

回归结果表明：第一，常数项显著为正值，根据公式（22）可知，常数项表示不可标准化服务业的外生增长率 r_u。由于产品的种类和社会分工等外生因素的影响，不可标准化服务业生产率呈现出正增长率。第二，$L_{u,t}$ 和 $L_{s,t}$的系数估计值显著为正值。根据公式（22），$L_{u,t}$的系数 $r_m - r_u$ 表示制造业与不可标准化服务业外生影响的差异，$L_{s,t}$的系数 $r_s - r_u$ 表示可标准化服务业与不可标准化服务业外生影响的差异。$L_{u,t}$和 $L_{s,t}$的系数估计值显著为正值，表明制造业和可标准化服务业对生产率进步速度的外生影响大于不可标准化服务业。第三，$L_{s,t}$的系数估计值大于 $L_{u,t}$的系数估计值。根

据公式（22），该结果表明可标准化服务业人均产出外生影响高于制造业。第四，人力资本积累$\frac{\dot{h}}{h}$的系数估计值在 OLS 方法下是正值，但是在 Prais - Winsten 方法和 LIMI 方法下为负值。表明人力资本积累对整体经济生产率进步速度的影响并不稳定。

表 2.2　服务业结构对生产率外生影响和内生影响回归分析

方法	OLS	Prais - Winsten	LIMI
变量	整体经济人均产出增长率		
可标准化服务业就业比重	0.6357** (0.2766)	0.5633** (0.2481)	0.2276*** (0.0526)
不可标准化服务业就业比重	0.3331*** (0.0983)	0.4323** (0.2243)	0.1049* (0.0926)
人力资本积累	0.4159** (0.1465)	-0.5162** (0.0972)	-0.1556*** (0.0676)
收入差距	0.2123 (0.5532)	0.0199* (0.0124)	0.3310 (0.4085)
恩格尔系数	-0.0411** (0.0185)	-0.0013*** (0.0002)	-0.0163** (0.0115)
城市化程度	-0.0625*** (0.0367)	-0.0026*** (0.0004)	Instrument
居民家庭收入	-0.0005 (0.0006)	0.0001** (0.0000)	Instrument
常数项	5.7401** (2.7580)	0.1544*** (0.0201)	0.7464* (0.6785)
F 检验	89	2267	—
Wald 检验	—	—	328
R^2 检验	0.51	0.99	0.65

注：1. *，** 和 *** 分别表示在 10%、5% 和 1% 的水平上显著

2. 括号内为标准误

根据公式（22）和（24），我们将公式（24）转换为可以分解的服务业结构对整体经济生产率进步速度的外生影响。我们将 OLS、Prais - Winsten 方法和 LIMI 方法测算的结果及其平均值反映在表 2.3 中。测算结果表

明，服务业结构的外生影响通过制造业、可标准化服务业和不可标准化服务业三个外生因素来影响整体经济。在这三个行业中，可标准化服务业的外生影响最大，制造业的外生影响其次，不可标准化服务业影响较小。服务业结构的内生影响通过不可标准化服务消费提高人力资本积累，进而提高整体经济生产率进步速度的提高。从测算结果来看，服务业结构的内生影响要小于外生影响，证明了我国经济结构调整的必要性。

表 2.3　服务业结构外生影响和内生影响测算

	变量	OLS	Prais - Winsten	LIMI	平均值
服务业结构的外生影响	r_u	5.74%	0.15%	0.75%	2.21%
	r_s	6.38%	0.71%	0.98%	2.69%
	r_m	6.07%	0.58%	0.85%	2.5%
服务业结构的内生影响	$\frac{\dot{h}}{h}$系数	0.42	-0.52	-0.16	-0.09

第四节　结论和政策建议

一、不可标准化服务消费能够提高人力资本积累

不可标准化消费与人力资本积累之间呈现出显著的正相关关系。Pugno（2006）利用服务消费会提高人力资本积累，而人力资本积累可以提高整体经济生产率进步速度这一巧妙的假设，将服务业与工业两个产业之间的结构对整体经济的影响转化为内生问题。而本文在李建华和孙蚌珠（2012）服务业结构划分标准基础上，将 Pugno（2006）的假设转换为不可标准化服务消费能够提高人力资本积累。从居民家庭消费行为来看，随着居民收入水平的提高，在满足基本生活消费之外的可支配收入越来越多。在物质资本投资风险较大和社会对高等教育的强偏好条件下，增加不可标准化服务消费成为居民家庭的理性选择。不可标准化服务消费从两方面提高人力资本积累。一方面是有意识地消费，例如教育、培训和文化等服务消费直接提高了消费者的知识、技能和能力。另一方面是医疗、体育、娱

乐和社会保障等服务消费，让消费者保持健康的身体、愉悦的精神和和谐的家庭，间接提高了消费者的知识、技能和能力。不可标准化服务消费数量和占总消费支出的比例逐年提高，同时证实 Fuchs（1968）的统计结论，服务的需求收入弹性大于1。

二、服务业结构对整体经济生产率的外生影响大于通过人力资本带来的内生影响

根据公式（22）和（24），服务业结构的外生影响包括三个部分：常数项即 r_u 部分，$L_{u,t}$的系数 r_m-r_u，$L_{s,t}$的系数 r_s-r_u。根据计量经济模型公式（24）的回归结果，不同方法下常数项估计值为0.15～5.74，$L_{u,t}$的系数 r_m-r_u 的估计值为0.23～0.64，$L_{s,t}$的系数 r_s-r_u 的估计值为0.10～0.43。服务业结构的内生影响为人力资本积累$\frac{\dot{h}}{h}$，其系数估计值为-0.52～0.42。从平均值的角度来看，服务业结构外生影响因素的估计值要大于服务业结构内生影响的估计值。从以上实证结果来看，对于目前我国经济来说，结构调整对提高整体经济生产率进步速度的边际效应要大于提高人力资本积累对提高整体经济生产率进步速度的边际效应，经济结构调整对于我国经济来说是保证可持续增长的重要动力源泉。当然人力资本积累对于保证我国经济可持续发展的作用也不可忽视。

三、可标准化服务业的外生影响作用大于制造业的外生影响

经济结构的调整不能局限于服务业与其他产业在空间和数量结构上的变化，而应该更为深入研究服务业内部的结构调整。根据公式（22）和（24），我们将参数估计值转换为可以理解的具体变量，结果反映在表2.3中。从实证分析结果来看，服务业结构的外生影响可以分解三个部分，即不可标准化服务业、制造业和可标准化服务业对整体经济生产率进步速度的影响。从实证分析结果来看，可标准化服务业的外生影响超过了制造业和不可标准化服务业的外部影响。从李建华和孙蚌珠（2012）的划分标准来看，可标准化服务业包括了金融、电信、交通运输等对现代科学技术依赖性较强的服务业，这些服务业代表了未来经济发展的方向，对整体经济的外生影响作用大于其他产业。从“滴滴打车”和“余额宝”等不断出现

的新的服务方式来看，可标准化服务业的外生影响作用会越来越大。

四、政府应重视服务业内部的结构调整，保证可持续增长

结构调整是我国未来十年保证经济可持续增长的重要战略之一。从发达国家工业化和城市化的经验来看，提高服务业在整体经济中的比重是我国结构调整的主要方向。然而现代经济中的服务业与发达国家工业化和城市化时代的服务业已经有了很大不同，可标准化服务业和不可标准化服务业是分析服务业结构的一个重要视角。从实证结果来看，服务业结构的外生影响较强，而通过不可标准化服务消费提高人力资本积累，进而提高人均产出增长率的内生影响较弱。因此政府应该重视服务业结构对整体经济生产率进步速度的外生影响，特别是可标准化服务业对整体经济生产率进步速度的外生影响是最强的，所以在结构调整中适当提高可标准化服务业的比重对于保证我国经济可持续增长有着重要意义。同时不能忽略服务业结构的内生影响，加强教育培训和医疗卫生等方面的建设，为人力资本积累建立良好的基础条件，让居民家庭可以通过便捷和高效的服务消费提高人力资本积累，发挥生产率进步速度的潜力，从而保证中国经济的可持续增长。

第三章　服务业集聚的案例——京津冀地区金融业集聚程度的测量

第一节　区位商与空间基尼系数

产业集聚的原动力是生产要素的优势，也可以表现为产出的差异，所以度量特定产业一个区域的集聚程度等价于衡量其生产要素或产出的优势，前者主要是就业人数、资本，后者可以是产值（销售额或营业额）、劳动力效率度、单位资本产出率和单位地理面积产出率等指标。

就方法论而言，衡量一个区域相对于其他区域在特定产业的优势，既可以采取比较法，也可以构造标称度量指标。前者虽然简单，但需要计算参考区域的相应指标，后者则可以依据所考查区域的标称指标值做出判断。“区位熵”和“空间基尼系数”是两个典型的标称指标。

一、区位熵

区位熵又称专门化率，由哈盖特（P. Haggett）提出并运用于区位分析中，主要用于衡量某一区域要素的空间分布情况。

考虑有 n 个行业（或产业）并划分为 m 个地理（或行政）区域的经济体。记 x_{ij} 为 j 区域中 i 产业的相关指标（如就业人数，产值，销售额，资产总额等）。以就业人数为例，x_{ij} 为 j 区域中 i 产业的就业人数，经济体就业总人数为 $L = \sum_{i=1}^{n} \sum_{j=1}^{m} x_{ij}$，在 i 产业的就业人数为 $L_i = \sum_{j=1}^{m} x_{ij}$，其占经济体就业总人数的比重为 $l_i = L_i/L$；j 区域的就业总人数为 $D_j = \sum_{i=1}^{n} x_{ij}$，其中 i 产业占比为 $d_{ij} = x_{ij}/D_j$。显然有下式成立。

$$\sum_{i=1}^{n} l_i = 1, \sum_{i=1}^{n} d_{ij} = 1, (j \in \underline{m}) \text{①} \tag{1}$$

---

① $j \in \underline{m}$ 表示 $j = 1, \cdots, m$。

对各个区域而言，“$d_{ij}=l_i$”意味着i产业在j区域的份额（就业率）等于其平均数（就业率）；当且仅当$d_{ij}>l_i$时在j区域在i产业的生产方面具有比较优势，$d_{ij}<l_i$为缺乏比较优势。于是可以构造以下指标

$$Q_{ij}=\frac{d_{ij}}{l_i}=\frac{x_{ij}}{L_i}\frac{L}{D_j}。 \tag{2}$$

式中第二个等号右边的第一个因数是j区域占i产业总就业的比重，第二个因数是经济体对j区域总就业的倍数。它是一个标称指标，当且仅当$Q_{ij}>1$时i产业在j区域具有比较优势，从而i产业在j区域集聚。所以，（2）式定义的Q值可用于度量产业的集聚度，且Q值越大，产业集聚度越高。

在“i产业全部集聚在k区域”的极端状况，$x_{ik}=L_i$。此时$Q_{ik}=L/D_k$，且$Q_{ij}=0$（$j\neq k$）。一般地有

$$\frac{L}{D_j}\geqslant Q_{ij}\geqslant 0,\ (i\in \underline{n};\ j\in \underline{m}), \tag{3}$$

即Q值不大于经济体总就业人数对区域就业人数的倍数。

在“极端状况”，如果没有系统（经济体）的外部动力，i产业的集聚状况不可能发生变化；这类似于描述物理系统内部平衡动力的“熵”。所以称（2）式定义的Q值为i产业在j区域的“区位熵”。

区位熵的计算简单，能较好地反映集聚度，但也存在不足。例如，没有考虑产业的企业基本规模等特征，当只存在一个或者少数几个大规模企业时，Q值较大，但不一定存在集聚。再如，对于以企业集团核算的产值、资产等存在异地生产与核算的差异，以它们为指标计算的Q值不能反映产业的集聚。在具有“总部经济”特征的北京和上海等都市的表现尤为明显。

二、区位基尼系数

与区位熵类似，考虑有n个产业（或行业）并划分为m个地理（或行政）区域的经济体。沿用（2）式的变量名，对于给定的相关指标，记$x_j=D_j/L$为j区域占经济体的比重，称为j区域的份额。$s_{ij}=x_{ij}/L_i$为j区域中的i产业占经济体该产业的比重。以劳动就业为例，x_j为j区域劳动就业人数占经济体就业总人数的比重，s_{ij}为j区域的i产业劳动就业人数占经济体中该产业就业总人数的比重。显然，$s_{ij}=x_j$表示i产业按照j区域的份额

分布在 j 区域；如果对所有的区域都有 $s_{ij}=x_j$，则 i 产业在所有区域中“均等分布”。

对给定的产业 i，记 $u_{ij}=x_j-s_{ij}$，且区域的排列使 $\{u_{ij}\}$ 是非减序列：$u_{ij}\geqslant u_{ij+1}$ $(j\in \underline{m-1})$。定义 $U_{i0}=S_{i0}=X_0=0$，$S_{ij}=\sum_{l=1}^{j}s_{il}$，$X_j=\sum_{l=1}^{j}x_l$，$U_{ij}=\sum_{l=1}^{j}u_{il}$。因 x_j，$s_{ij}\geqslant 0$，且 $X_m=S_{im}=1$，则非减序列 (X_j, S_{ij}) 过 $X-S$ 平面的（1，1）和原点。又 $\sum_{j=1}^{m}u_{ij}=0$，若 $\{u_{ij}\}$ 不全为零，则存在正整数 k 和 h $(m\geqslant h+k)$：$u_{i1}\geqslant u_{ik}>u_{ik+1}=u_{ik+h-1}=0>u_{ik+h}\geqslant u_{im}$。

依据 (X_j, S_{ij}) 的对应关系定义 [0，1] 上充分光滑、单调递增函数 $F_i(X)$，使得 $F_i(X_j)=S_{ij}$，$(j\in \underline{m})$，且 $F_i(0)=0$，$F_i(1)=1$。由于 $0<j<m$ 时 $S_{ij}<X_j$，所以当 $1>X>0$ 时 $F_i(X)<X$。

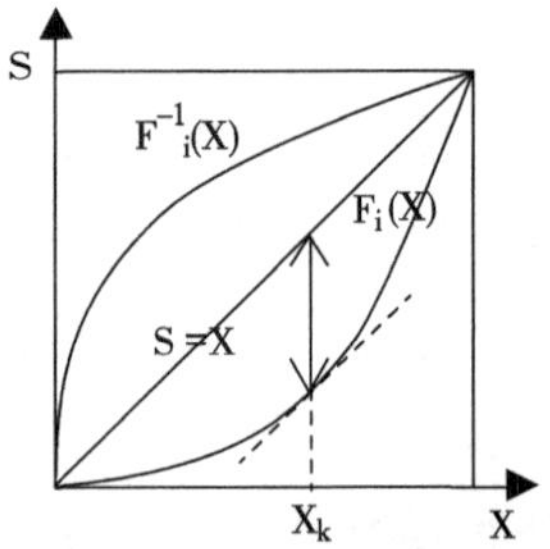

图 3.1　区位基尼系数

如图 3.1 所示，$S=F(X)$ 与 $S=F^{-1}(X)$ 围成图形的面积就是度量“收入分配均等程度”意义上的基尼系数，即

$$G_i=2\int_0^1[X-F_i(X)]dX 。\tag{4}$$

由于其构成因素 S_{ij} 与区域相关，所以称为区位基尼系数（geometric Gini coefficient）。显然，$1\geqslant G_i\geqslant 0$，且当 $s_{ij}=x_j$ $(j\in\underline{m})$ 时 $G_i=0$；而当 $s_{ij}=0$ $(j\in\underline{m-1})$，$s_{im}=1$ 时 $G_i=1$。

另一方面，对任意满足 $F_i(X_j)=S_{ij}$，$(j\in\underline{m})$ 的单调费减函数函数 $F_i(X)$，(4) 式等价于 $G_i=\int_0^1[F_i^{-1}(X)-F_i(X)]dX$，其中 $F_i^{-1}(X)(\geqslant X)$ 是 $F_i(X)$ 的反函数，当且仅当 $X=0$ 或 1 时 $F_i^{-1}(X)=X=F_i(X)$。

特别地，取满足前述单调性条件最小的函数 $F_0(X)=S_{ij-1}$ $(X_{j-1}\leqslant$

$X<X_j$)，则 $F_0^{-1}(X)=X_j$ ($S_{ij-1}<X\leqslant S_{ij}$) 是最大的函数。$\forall X\in(0,1)$，不妨设 $X_{j-1}\leqslant X<X_j$，由 $X_{j-1}>S_{ij-1}$ 可知，$F_0(X)<X$，从而 $F_0^{-1}(X)>X>F_0(X)$。由反函数的对称性，在 $\sum_{j=1}^{m}(x_j-s_j)^2>0$ 的条件下有 $1\geqslant G_0=\int_0^1[F_0^{-1}(X)-F_0(X)]dX>0$，且

$$G_0=\int_0^1 F_0^{-1}(X)dX-\int_0^1 F_0(X)dX=\sum_{j=1}^{m}\int_{S_{ij-1}}^{S_{ij}}X_j dX-\sum_{j=1}^{m}\int_{X_{j-1}}^{X_j}S_{ij-1}dX$$

$$=\sum_{j=1}^{m}s_{ij}X_j-\sum_{j=1}^{m}x_jS_{ij-1}\text{。} \tag{5}$$

三、空间基尼系数

然而，采用该式计算产业集聚度必须依据 $u_{ij}\geqslant u_{ij+1}$ 分别就每一个产业对区域编号，这给问题的分析带来不便。Krugman（1991）将其改进为

$$KG_i=\sum_{j=1}^{m}(x_j-s_{ij})^2,(i\in \underline{n}), \tag{6}$$

这里区域的编号与产业无关，称为 i 产业在各区域分布的空间基尼系数。

事实上，对于给定的产业 i，m 个区域的任意代表性指标一个构成 m 维空间。$u_{ij}=s_{ij}-x_j$ 描述了该指标下 i 产业在 j 区域的分配超出的份额，i 产业在各区域的分配状况可以由该空间的向量 $u_i=(u_{i1},\cdots,u_{im})$ 描述，其长度为 $\|u_i\|=(\sum_{j=1}^{m}u_{ij}^2)^{1/2}=(KG_i)^{1/2}$。$u_i=0$ 表示 i 产业按各区域的份额分配，即均等分布。由于 $\sum_{j=1}^{m}u_{ij}=0$，若有某一个 $u_{ij}>0$，则必有另一个 $u_{ik}<0$；且 $\|u_i\|$ 越大，相对于份额的分配越不均等。显然，$KG_i=\|u_i\|^2\geqslant0$，当且仅当 i 产业均等分布时等号成立。由于产业 i 是给定的，为便于叙述，以下省略下标 i。

对 $X\in[X_{j-1},X_j)$，设 $F_\alpha(X)=S_{j-1}+\alpha_j x$，其中 $x=X-X_{j-1}\in[0,x_j)$，$\alpha_j=s_j/x_j$。于是

$$G_\alpha=2\int_0^1[X-F_\alpha(X)]dX=2\sum_{j=1}^{m}\int_{X_{j-1}}^{X_j}[X-F_\alpha(X)]dX$$

$$=\sum_{j=1}^{m}\int_0^{x_j}[X_{j-1}-S_{j-1}+(1-\alpha_j)x]dX=\sum_{j=1}^{m}x_ju_j+2\sum_{j=1}^{m}x_jU_{j-1}\text{。}$$

同理，对于 $S\in[S_{j-1}, S_j)$，$F_{\alpha}^{-1}(S)=X_{j-1}+\beta_j s$，且 $s=S-S_{j-1}\in[0, s_j)$，$\beta_j=x_j/s_j$。由 $G=2\int_0^1[F^{-1}(S)-S]dS$，有

$$G=2\sum_{j=1}^{m}\int_0^{s_j}[(X_{j-1}+s\cdot x_j/s_j)-(S_{j-1}+s)]ds$$

$$=\sum_{j=1}^{m}s_j u_j+2\sum_{j=1}^{m}s_j U_{j-1}。$$

两式相减得 $\sum_{j=1}^{m}u_j^2+2\sum_{j=1}^{m}u_j U_{j-1}=0$，或

$$\sum_{j=1}^{m}u_j^2=-2\sum_{j=1}^{m}u_j U_{j-1}。\tag{7}$$

将 $U_{j-1}=U_j-u_j$ 代入，有 $KG=2\sum_{j=1}^{m}u_j(u_j-U_j)=2\sum_{j=1}^{m}u_j^2-2\sum_{j=1}^{m}u_j U_j$，或

$$KG=2\sum_{j=1}^{m}u_j U_j=2\sum_{j=1}^{k}u_j U_j+2\sum_{j=k+h}^{m}u_j U_j,\tag{8}$$

其中 u_j 是单减序列，k、h 是构造“基尼系数”（4）的区域排序中设定的整数，使得当 $j\leqslant k$ 时 $u_k>0$，$j>k$ 时 $u_j\leqslant 0$；且当 $k<j<k+h$ 时 $u_j=0$；$k+h\leqslant j\leqslant m$ 时 $u_j\leqslant u_{k+h}<0$。于是对 $m>j>0$，$U_j>0$，且当 $j\leqslant k$ 时严格递增；$k<j<h+k$ 时不变；$k+h\leqslant j\leqslant m$ 时严格递减。因为 $1\geqslant X_j$，S_j，所以 $1>a\triangleq U_k=\max\{U_j\}>0$，且 $\sum_{k+1}^{m}u_j=U_m-a>-1$。

将（8）式改写为 $KG=2\sum_{1}^{k}u_j U_j+2\sum_{k+1}^{m}(-u_{j+k})(-U_{j+k})$。对 $1\leqslant j\leqslant k$，令 $V_j=U_j\ (>0)$，则 $v_j=\Delta V_j=u_j\ (\geqslant u_{j+1}>0)$；对 $k+1\leqslant j\leqslant m$，令 $V_j=-U_j\ (\leqslant 0)$，则 $v_j=\Delta V_j=U_{j-1}-U_j=-u_j\ (\geqslant 0)$。从而 $\sum_{1}^{k}v_j V_j=\sum_{1}^{k}u_j U_j>0$，$\sum_{k+1}^{m}v_j V_j=\sum_{k+1}^{m}u_j U_j<0$，且

$$KG=2\sum_{j=1}^{k}v_j V_j+2\sum_{j=k+1}^{m}v_j V_j,\tag{9}$$

其中 $\{v_j\}_{j=1}^{k}\ (>0)$ 单调递减，$\{v_j\}_{j=k+1}^{m}\ (\geqslant 0)$ 单调递增；$\{V_j\}_{j=1}^{m}$ 单调递增，其中 $\{V_j\}_1^k\ (>0)$ 和 $\{V_j\}_{k+h}^{m-1}\ (<0)$ 严格单调递增，且 $V_m=0$。

可以通过图 2 理解（9）式的几何意义。图中小三角形面积的 2 倍是 v_j^2，它们的和就是 $KG=A_1+A_2$，其中 $A_1=a^2+\sum_{j=1}^{k}v_j^2$ 和 $A_2=\sum_{j=k+1}^{m}v_j^2-a^2$。

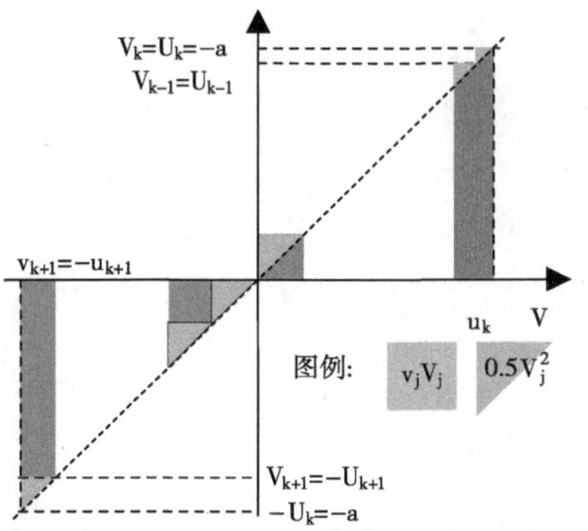

图 3.2　空间基尼系数的几何意义

实际上，因为 $V_j = V_{j-1} + v_j$，$V_0 = V_m = 0$，$V_k = U_k$，所以

$$2\sum_{j=1}^{k} v_jV_j = \sum_{j=1}^{k} v_j(V_j + V_{j-1} + v_j) = \sum_{j=1}^{k}(V_j - V_{j-1})(V_j + V_{j-1}) + \sum_{j=1}^{k} v_j^2$$
$$= \sum_{j=1}^{k}(V_j^2 - V_{j-1}^2) + \sum_{j=1}^{k} v_j^2 = V_k^2 - V_0^2 + \sum_{j=1}^{k} v_j^2 = a^2 + \sum_{j=1}^{k} v_j^2$$

同理，$2\sum_{j=k+1}^{m} v_jV_j = V_m^2 - V_k^2 + \sum_{j=k+1}^{m} v_j^2 = -a^2 + \sum_{j=k+1}^{m} v_j^2$。

为了考察 KG 的上界，我们回到定义式（6），并不妨设 $h=1$。

注意到 $V_j^2 = (v_j + V_{j-1})^2 = v_j^2 + 2v_jV_{j-1} + V_{j-1}^2$，有 $\sum_1^k v_j^2 = a^2 - 2\sum_1^k v_jV_{j-1}$。事实上

$$V_k^2 = v_k^2 + 2v_kV_{k-1} + V_{k-1}^2 = \sum_{j=1}^{k}(v_j^2 + 2v_jV_{j-1}) + V_0^2 = \sum_{j=1}^{k} v_j^2 + 2\sum_{j=1}^{k} v_jV_{j-1} = a^2。$$

同理，由 $V_{j-1}^2 = (V_j - v_j)^2 = v_j^2 - 2v_jV_j + V_j^2$，有 $\sum_{k+1}^{m} v_j^2 = a^2 + 2\sum_{k+1}^{m} v_jV_{j-1}$。两式相加，有

$$KG = \sum_{j=1}^{m} v_j^2 = 2a^2 - 2\sum_{j=1}^{k} v_jV_{j-1} + 2\sum_{j=k+1}^{m} v_jV_j, \tag{10}$$

式中 $V_0 = U_0 = 0$。当 $1 \leqslant j \leqslant k$ 时，$V_j = U_j = U_{j-1} + u_j \geqslant u_j = v_j \geqslant v_{j+1}$，$\sum_{j=1}^{k} v_jV_{j-1} = \sum_{j=2}^{k} v_jV_{j-1} \geqslant \sum_{j=1}^{k} v_j^2 - v_1^2$；$k+1 \leqslant j \leqslant m$ 时，$U_{j-1} > 0$，$V_j = -U_j = -(U_{j-1} + u_j) < -u_j$，$\sum_{k+1}^{m} v_jV_j < -\sum_{k+1}^{m} v_j^2$。从而 $KG = \sum_{j=1}^{k} v_j^2 < 2a^2 + 2v_1^2 - 2\sum_{j=1}^{m} v_j^2$，即

$$KG = \sum_{j=1}^{m} v_j^2 < \frac{2}{3}(a^2 + v_1^2) 。 \tag{11}$$

至此，我们已经估计出 KG 的一个上界值，其上确界也不会超过这个值，即 $KG^* < (a^2 + v_1^2)\ 2/3$。由于 $0 < a < 1$，只要 $v_1^2 \leqslant 1/2$，则有 $KG^* < 1$。然而，可以构造一些特殊情形，使得 $KG > 1$；需要分析以上推导过程隐含的条件，并对照这些特殊情形所突破的隐含条件。这将有利于我们对问题的理解。

四、特殊情形

为了讨论其上确界 KG_i^*，记 $s_i = (s_{i1}, \cdots, s_{im})$，$x = (x_1, \cdots, x_m)$，则 $KG_i = \| u_i \|^2 = \| s_i \|^2 - 2 s_i x^T + \| x \|^2 \leqslant 2$，并考虑以下特殊情况。

A. i 产业仅分布在区域 1，即 $s_{i1} = 1$，$s_{ij} = 0\ (j > 1)$，则 $x_{ij} = s_{ij} L_i = 0\ (j > 1)$，$x_{i1} = L_i$，且 $KG_i = 1 - 2x_1 + \| x \|^2$。

B. 区域 1 仅有 i 产业，即 $x_{v1} = 0\ (v \neq i)$，则 $x_1 = \sum_{v=1}^{n} x_{v1}/L = x_{i1}/L = l_i$，$D_1 = L_i$，或 $KG_i = 1 - 2l_i + \| x \|^2$。

C. i 产业的份额 $l_i\ (>0)$ 可以足够小，使得 $KG_i > 1$。

事实上，因为 $\sum_{j=2}^{m} x_j = 1 - l_i$，令 $x_j = z_j (1 - l_i)$，则 $\sum_{j=2}^{m} z_j = 1$。设 2 至 m 区域的人数相同，即 $z_j = (m-1)^{-1}$，从而 $KG_i = (1 - l_i)^2 (1 + \| z \|^2) = (1 - l_i)^2 m / (m-1)$，其中 $z = (z_2, \cdots, z_m)$。令 $l_i = 1/(km)$，$(k \geqslant 2)$，则

$$KG_i = \left(1 - \frac{1}{km}\right)^2 \frac{m}{m-1} = 1 + \frac{k-2}{k\ (m-1)} + \frac{1}{k^2 m\ (m-1)} > 1 + \frac{k-2}{k\ (m-1)} 。 \tag{6}$$

所以 $KG_i^* > 1$。

第二节　京津冀地区金融集聚程度的测量

产业集聚问题的研究产生于 19 世纪末，Porter（波特）的《国家竞争优势》出版后，产业集群作为一种重要的经济组织形态对社会经济的影响

日益明显。金融服务业在维持国民经济稳步发展的过程中起着重要作用，已逐渐成为现代服务经济的核心，因而金融服务业的集聚问题越来越受到各国政府和学界的广泛关注。

金融服务业即从事金融服务业务的行业。我国金融服务业主要包括四个分支：银行，证券，信托，保险。金融服务业集聚则是指金融服务业这一产业在某个特定地理区域内高度集中，产业资本要素在空间范围内不断汇聚的一个过程，具有多层性、地域性、成长性、复杂性等特点。以北京为中心的“京津冀经济圈”最早于2007年提出，已成为我国继“珠三角”和“长三角”之后的第三大经济圈，2017年以来党和国家领导人更是将“京津冀协同发展”上升为国家战略的层面。

生产制造型产业集聚的动力机制是成本与规模效益，服务业（包括传统的金融业）是最贴近服务对象（顾客）的产业，其集聚的动力机制是服务对象。但金融服务业有其他服务业所不具备的另一个特征，即信息和知识是其重要的基本要素。因此，随着信息技术的进步，金融服务业在远离顾客的城市中心集聚已经普遍存在，甚至成为衡量城市发展（现代化）程度的重要标志之一。

一、产业集聚文献综述

（一）国外文献综述

产业集聚问题的研究产生于19世纪末，马歇尔在1890年就开始关注产业集聚这一经济现象，并提出了两个重要的概念即“内部经济”和“外部经济”。马歇尔之后，产业集聚理论有了较大的发展，出现了许多流派。比较有影响的有：韦伯的区位集聚论、熊彼特的创新产业集聚论、胡佛的产业集聚最佳规模论等。1990年，Porter（波特）的《国家竞争优势》出版后，产业集群作为一种重要的经济组织形态对社会经济的影响日益明显。

国外学术界对于集聚度测量方法的总结与评价的文献比较少，大部分学者采用了其中一两种测度方法进行了相关的实证研究，如：Krugman对美国的106个产业的空间基尼系数进行了计算，发现高新技术产业集聚程度相对比较高；并将之与欧盟进行对比，发现欧盟的产业集聚度相对而言比美国低。Ellison和Glaeser对1982年美国各地区的部门就业率、工厂规模以及所在地区大小的差异进行了实证分析，发现美国超过97%的部门存在着区域产业集聚。Dumais 等，对美国产业集聚度进行了实证研究，发现在20世纪70年代至90年代，美国平均产业集聚度有所降低，并提出其主要是由于外围地区新工厂的建立所导致。

国外学术界对金融服务业产业集群的研究起步较早，并且国外关于金融服务业集聚的动力机制可以归结为信息溢出和知识溢出两个方面。Bossone 等认为金融集聚主要源于信息的溢出；Naresh 等对英国金融业产业集群进行研究，发现知识溢出效应在金融服务集群领域会产生重要的效益。

（二）国内文献综述

改革开放以来，市场经济不断发展，国内学者对产业集聚的研究日益增加，但是国内学者对于产业集聚的研究主要集中在产业集聚的性质、效益等方面。在产业集聚度测量方法方面，徐玮（2008）通过分析产业集聚度测量的定性和定量方法，介绍了一些常用的产业集聚度测量方法。孙慧、周好杰（2009）对国内外产业集聚的理论和集聚度测量方法进行了介绍与评价，并对不同的研究方法指出了其中存在的问题。关爱萍、陈锐（2014）系统介绍了国内外学术界产业集聚度测量使用的几种主要方法，并对这些方法进行比较，指出了各方法的优点和不足，最后给出了方法选取的建议。

此外，白文扬（1994）、梁琦（2003）、吴学花、杨蕙馨（2004）、罗勇（2005）、王子龙、谭清美、许箫迪（2006）、宗成峰（2008）、李扬（2009）、刘艳（2013）等人分别选取了不同的测量方法对不同产业进行了集聚度测量实证研究。

国内对于金融服务业集聚的研究主要集中在一些发达城市和地区。针对京津冀都市圈服务业的研究，张旺等分析了京津冀都市圈主要服务业集聚的差异程度显著等空间特征，并提出了相关政策建议。

二、数据来源与方法

（一）数据来源

考虑到数据的准确性和可获得性，本课题主要就业人数指标作为基础数据，均来自于《中国城市统计年鉴》《北京市统计年鉴》《天津市统计年鉴》《河北省统计年鉴》以及京津冀三省市的金融运行报告。

（二）研究方法

区位熵又称专门化率，由哈盖特（P. Haggett）首先提出并运用于区位分析中，主要用于衡量某一区域要素的空间分布情况。其计算公式如下：

$$LQ = \frac{X_{ij} / \sum_{i=1}^{n} X_{ij}}{\sum_{j-1}^{m} X_{ij} / \sum_{i=1}^{n} \sum_{i=j}^{m} X_{ij}}$$

其中，X_{ij}表示产业 i 在地区 j 的相关指标；一般认为 LQ 的值越大，产业集聚度越高，当 LQ > 1 时，表明产业集聚度较高；当 LQ = 1 时，表明产业集聚度不高；当 LQ < 1 时，表明产业集聚度较低。区位熵简单易行，能较好地反映集聚度。但也存在着不足：如没有考虑企业规模的差异，当只存在一个或者可数的几个大规模企业时，LQ 较大，此时不一定存在着集聚。

空间基尼系数起源于 1912 年意大利学者科拉多·基尼根据洛仑兹曲线提出的基尼系数，由克鲁格曼在 1991 年时改进提出，当时用于测算美国制造业行业的集聚程度。其基本公式为：

$$G = \sum_{i=1}^{n} (S_i - X_i)^2$$

其中：S_i 代表地区 i 的某产业的相关指标（产值、就业人数、销售额、资产总额等）占某区域该产业的比重；X_i 为地区 i 的相关指标（产值、就业人数、销售额、资产总额等）占某区域的比重；N 为本研究区域的地区总数量。

G 的值在〔0，1〕之间，若 G 的值越是接近 0 那么该地区的产业分布越均衡，若 G 的值越接近 1，则产业集聚程度越强。空间基尼系数第一次将分地区的指标与整个区域的指标进行联系，也就是考虑了地理面积大小对集聚度的影响，同时也使得不同产业的空间基尼系数有了可比性；其次，由于空间基尼系数来源于洛仑兹曲线，因此可以将其转化为非常直观的图形。但同时也存在着不足：因为它没有考虑企业规模的差异，所以 G 大于 0 并不一定表明有集群现象存在，此外，各产业中企业大小或区域大小的差异会造成跨产业比较上的误差。

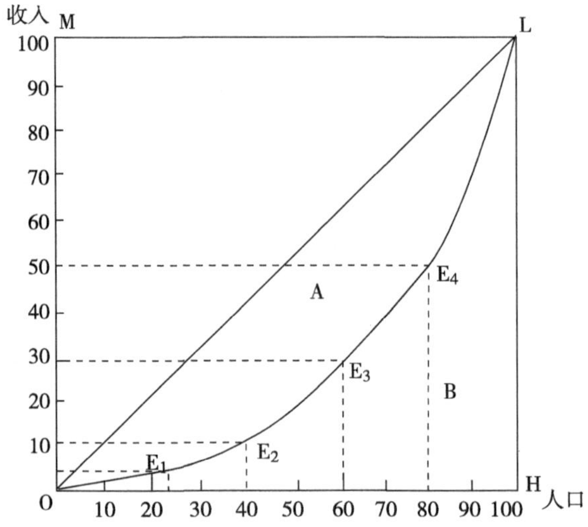

图 3.3　洛仑兹曲线

三、京津冀都市圈金融服务业现状分析

（一）地理现状

京津冀都市经济圈主要包括北京、天津以及河北的石家庄、唐山、保定、秦皇岛、廊坊、沧州、承德、张家口、邢台、邯郸、衡水 11 地市。如下图：

表 3.1　京津冀 11 市经济指标比较（2012）

城市名称	人均 GDP（元/人）	人口（万人）	面积（平方公里）	三产结构（按产值）
北京	87475	1297.5	16411	0.84 : 22.70 : 76.46
天津	93173	993.2	11760	1.33 : 51.68 : 46.99
石家庄	43552	1005.3	15848	10.05 : 49.79 : 40.16
唐山	76643	741.8	13472	9.02 : 59.26 : 31.72
保定	24053	1172.1	22185	10.05 : 49.79 : 40.16
秦皇岛	37804	291.2	7802	13.38 : 39.29 : 47.33
廊坊	40598	433.2	6429	11.06 : 53.98 : 34.96
沧州	38949	744.4	14053	11.35 : 52.59 : 36.06
承德	33791	376.9	39548	15.67 : 52.91 : 31.42

续表

城市名称	人均 GDP（元/人）	人口（万人）	面积（平方公里）	三产结构（按产值）
张家口	28139	468.4	36873	16.68 : 42.89 : 40.43
邢台	21361	747.7	12433	15.69 : 54.15 : 30.16
邯郸	32650	993.1	12065	12.69 : 53.59 : 33.71
衡水	23101	442.4	8837	18.70 : 51.72 : 29.58

（二）京津冀都市圈金融发展现状

近年来，京津冀都市圈的金融服务业在各自的行政区域内有了很大的发展，但是很不均衡。下面以银行业、证券业、保险业三个典型金融行业为例，对京津冀都市圈的金融服务业现状进行分析。

表 3.2 京津冀都市圈银行业基本情况表

机构类别/城市	机构个数（个）			从业人数（个）			资产总额（亿元）		
	北京	天津	河北	北京	天津	河北	北京	天津	河北
大型商业银行	1720	1148	3187	49439	27138	75636	60911	10407.4	19950.3
政策性银行及国家开发银行	17	13	164	757	459	3652	12531	2344.8	2497.6
股份制商业银行	424	291	145	17272	9955	6056	27735	10463.5	3798.4
城市商业银行	227	274	464	10713	6391	12902	15055	4641.5	4316.7
农村合作机构	693	588	4610	7032	7570	51906	4251	2707.2	8251.5
财务公司	38	3	0	1558	91	113	4790	153.8	152.5
信托公司	3	2	0	341	257	96	72	47.4	28.3
邮政储蓄	537	415	1409	2023	2396	8591	1550	791.3	2265.9
外资金融机构	100	24	2	4819	1956	73	3140	901.1	17
新型农村金融机构	6	7	2	470	391	653	89	102.2	80.5
其他	10	3	0	2085	413	80	1312	2554.8	71.9
合计	3775	2768	9983	96509	57017	159758	131436	35115	41430.6

至 2012 年，京津冀各地区的银行业金融机构数、从业人员数稳步增加，资产规模也增长很快。分地区看，银行业金融机构网点个数、从业人员，河北省最高、北京市次之，最后是天津市；但就资产总额而言，北京市

最高，大约为河北省的3.1倍，天津市的3.7倍。详细比例比较见下面详图。

纵向来看，由于河北省的管辖区大出北京市、天津市很多，所以河北省的大型商业银行、政策性银行及国家开发银行、邮政储蓄的营业网点多出北京市、天津市很多；其次由于北京市、天津市作为直辖市，而河北省还是以农村为多，所以河北省的农村合作机构超出北京市、天津市很多。而已经与国际金融中心接轨的北京市，外资金融机构高出天津市、河北省很多。

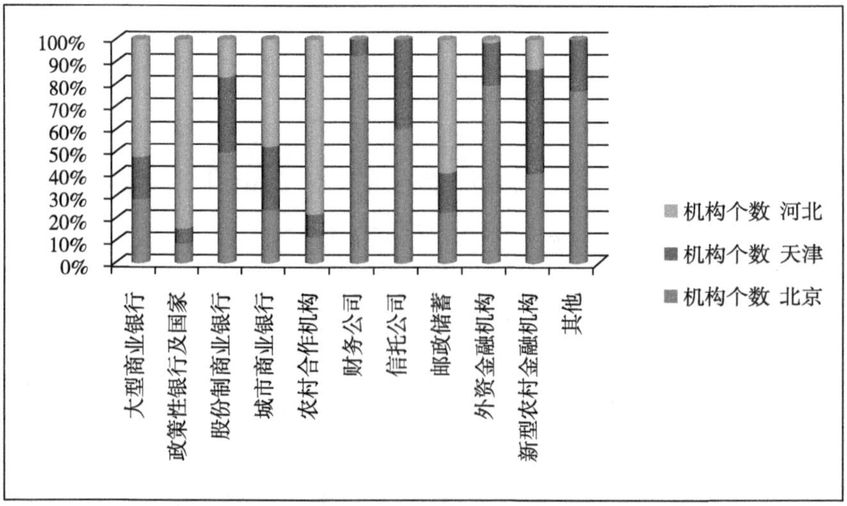

图3.4　京津冀都市圈三地银行业机构个数比较

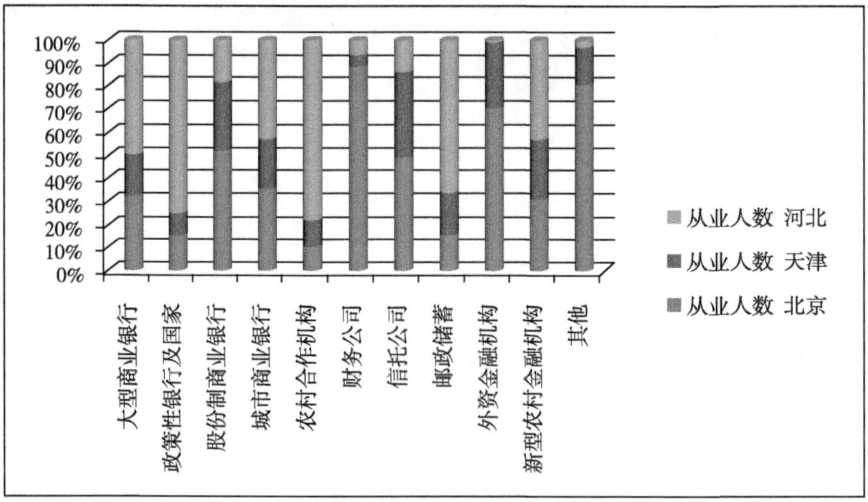

图3.5　京津冀都市圈三地银行业从业人数比较

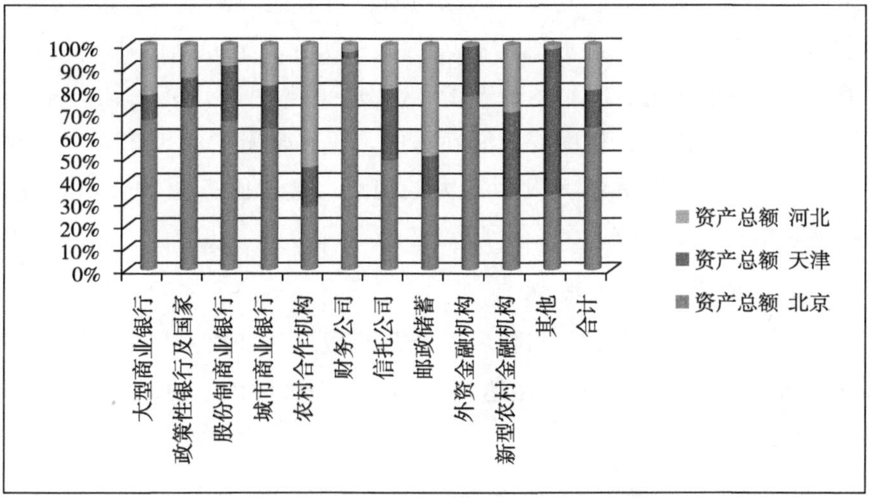

图 3.6　京津冀都市圈三地银行业资产总额比较

截至 2012 年，京津冀三个地区的存款总量分别达到 77876 亿元、19675 亿元、33665 万元，较上年同期分别增长 11.44%、16.35%、15.13%；贷款总量分别为 345179846 万元、173920600 万元、192393767 万元，较上年同期分别增长 8.58%、16.74%、14.95%。存贷款增长天津市最快，北京市最慢；但北京存贷款总量超出河北 2.31 倍、天津 3.96 倍。

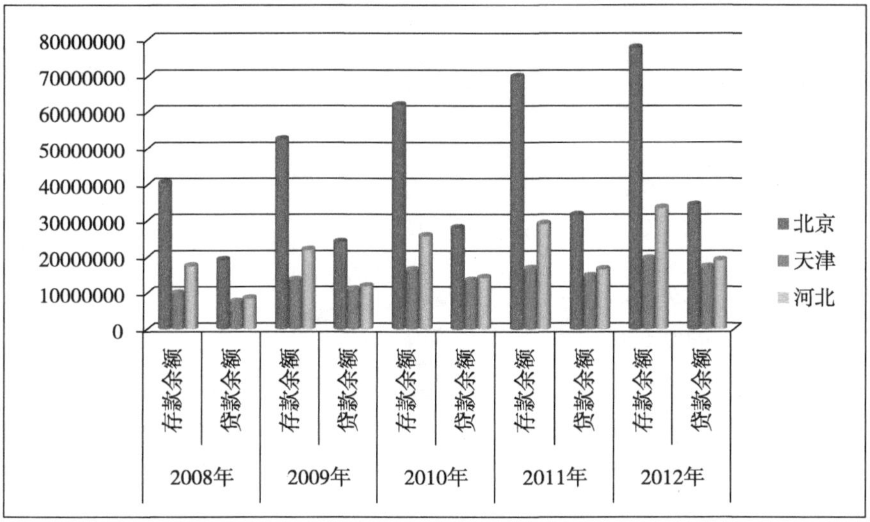

图 3.7　京津冀都市圈银行业存贷款情况

京津冀都市圈金融服务业发展不均衡与所在行政区域的政治地位、经济发展水平、城市化水平、产业结构有着很大的关系。北京作为中国的首都，有着得天独厚的优势，凝聚了金融街、CBD、中关村等几个大型金融中心。作为直辖市的天津市，借助着滨海新区的契机，金融中心也在一个个地出现；而有着丰厚资源和巨大发展潜力的河北，金融服务业发展相对薄弱，金融体系也相对不健全。

（三）证券业发展现状

总部设在辖内的证券公司数和基金公司数，北京独占鳌头，并且数量持续增加，截至2012年，已经达到十几家，而天津市、河北省各为1家，甚至没有。

表3.3　京津冀都市圈证券业基本情况表

项目	北京	天津	河北
总部设在辖内的证券公司数（家）	18	1	1
总部设在辖内的基金公司数（家）	15	1	0
年末国内上市公司数	217	38	48
当年国内股票（A股）筹资（亿元）	705	37.4	91.5
当年发行H股筹资（亿元）	0	0	1.2
当年国内债券筹资（亿元）	16969	612.5	543.1
短期筹资券融资额（亿元）	9027	131	94.1

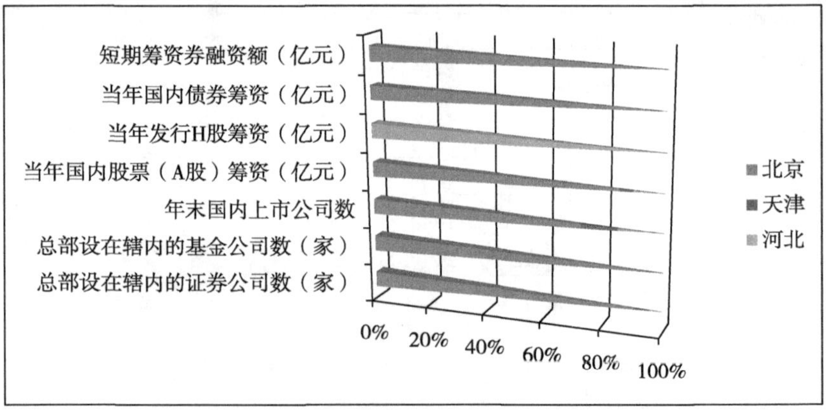

图3.8　京津冀都市圈三地证券业发展百分比比较

年末国内上市公司数，北京市约为天津的6倍，约为河北的5倍。北京市上市公司的经营状况也超出天津市、河北省很多，其中 A 股筹资额高达 705 亿元，债券筹资高达 16969 亿元。但是北京市和天津市不存在 H 股筹资，河北省也仅仅 1.2 亿元。

（四）保险业发展现状

总部设在北京的保险公司数高出天津市、河北省很多，河北省甚至没有。保险公司分支机构，北京市约为天津市、河北省的 2 倍。保费收入北京最高，达到 923 亿元，天津市最低，仅为 238.2 亿元。京津冀都市圈三个地区保险密度和保险深度差异较大，北京最高，高出天津市、河北省约 4 ~5 倍。

表 2.4　京津冀都市圈保险业基本情况表

项目	北京	天津	河北
总部设在辖内的保险公司数（家）	50	5	0
财产险经营主体（家）	13	2	0
保险公司分支机构	91	53	57
财产险公司分支机构（家）	37	24	25
保费收入（中外资，亿元）	923	238.2	766.2
财产险保费收入（中外资，亿元）	267	90.8	258.7
人身险保费收入（中外资，亿元）	656	147.4	507.5
各类赔款给付（中外资，亿元）	286	81	223.9
保险密度（元/人）	4269	1685.3	1051.3
保险深度（%）	5	1.8	2.9

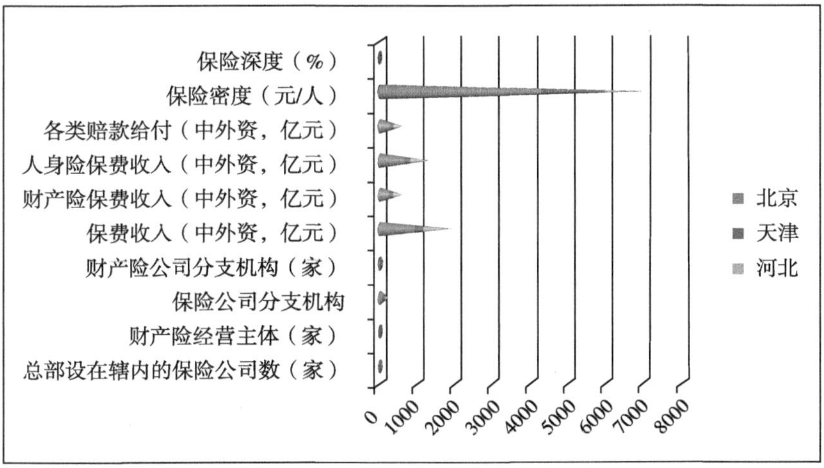

图 3.9　京津冀都市圈三地保险业发展百分比比较

四、京津冀都市圈金融服务业集聚度测量与分析

（一）行业空间分布——空间基尼系数

根据空间基尼系数基本公式，将京津冀都市圈空间基尼系数计算方法改进如下：

$$\text{京津冀都市圈空间基尼系数} = \sum_{i=1}^{n}\left(\frac{\text{A 城市金融服务业就业人数}}{\text{京津冀金融服务业就业人数}} - \frac{\text{A 城市就业人数}}{\text{京津冀就业人数}}\right)^2$$

根据改进后的公式，计算京津冀都市圈 2011～2013 年主要服务业整体和各行业的 G 值。

表 3.5　2008—2012 年京津冀都市圈各省市金融服务业的空间基尼系数

年份	2012	2011	2010	2009	2008
G 值	0.0146	0.0075	0.0014	0.0016	0.0017

计算结果可以看出，京津冀都市圈金融服务业各年份整体 G 值均不大（<0.1），2008～2010 年稍微有些下降，但是从 2011 年起增长迅速，增幅达到 436%，说明京津冀都市圈的集聚趋势会越来越高，同时也反映了国家对京津冀一体化政策的倾斜。

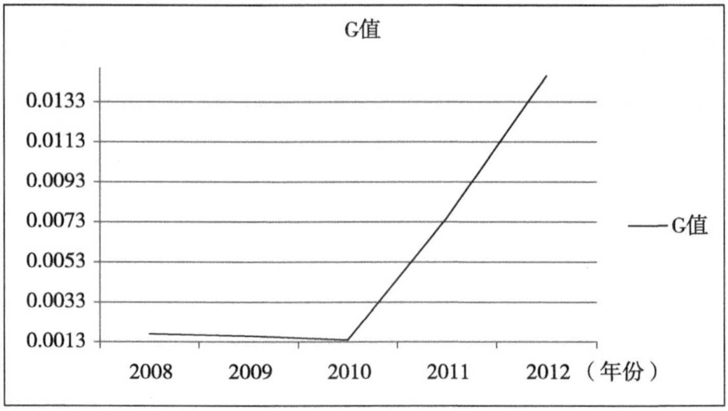

图 3.10　G 值变化曲线

（二）行业专门化率——区位熵

由于本课题研究的是区域经济，即京津冀都市圈，所以将区位熵进行改进，如下：

$$A\ 城市金融服务业区位熵=\frac{\dfrac{A\ 城市金融服务业就业人数}{A\ 城市就业人数}}{\dfrac{京津冀金融服务业就业人数}{京津冀就业人数}}$$

表 3.6　2008—2012 年京津冀都市圈各省市金融服务业的区位熵

城市名称	2012	2011	2010	2009	2008
北京	1.22	1.13	0.99	0.98	0.99
天津	0.63	0.68	0.79	0.79	0.77
石家庄	1.19	1.28	1.24	1.24	1.19
唐山	0.87	0.84	1.05	1.03	1.10
秦皇岛	1.17	1.27	1.28	1.29	1.36
邯郸	0.73	0.67	1.03	1.11	1.03
邢台	0.90	1.10	1.08	1.12	1.14
保定	0.57	0.80	0.97	0.95	0.98
张家口	0.89	0.94	0.94	0.96	0.95
承德	1.46	1.48	1.40	1.36	1.37
沧州	1.06	1.08	1.04	1.02	0.93
廊坊	0.77	0.77	0.83	0.92	1.01
衡水	1.17	1.30	1.48	1.54	1.39
京津冀	1.28	1.21	1.74	1.17	1.16

从上表求出的 2008 ~ 2012 年的区位熵 Q 值可以看出，就整个经济圈而言，金融服务业的 Q 值均 >1，说明京津冀都市圈在全国的专业化优势比较明显；其次，就各市来看，京津冀都市圈金融服务业的集聚度差距很大，以最近的 2012 年为例，大致可分为两个等级：第 1 等级（$Q>1$），主要城市包括：北京、石家庄、秦皇岛、承德、沧州、衡水，说明它们在京津冀都市圈的金融服务业具有一定的专业化优势；第 2 等级（$Q<1$），主要城市包括：天津、唐山、邯郸、邢台、保定、张家口、廊坊，说明它们在京津冀都市圈的金融服务业缺乏一定的专业化优势。

纵向来看，经过第二部分的现状分析，北京市作为中国的政治、经济、文化中心，实际 Q 值与中国金融中心的地位不相符，究其原因，可能是一：北京金融的电子化、智能化、信息化比较高，尤其是随着金融 e 时代的到来，与之相对应的劳动生产率也就比较高，从而人工劳动力投入比较少；二：北京的非本市居民的流动人口很多，因而就业总人数基数很大，从而造成北京市金融服务业从业人员占所有就业人员的比例较小。但是，北京从 2011 年开始，G 值开始快速增高，集聚趋势越来越明显。

五、对策与建议

首先，坚持金融创新。

金融创新，是指变更现有的金融体制和增加新的金融工具，以获取现有的金融体制和金融工具所无法取得的潜在的利润，可归为三类：（1）金融制度创新；（2）金融业务创新；（3）金融组织创新。如今的金融服务业与传统的金融服务业有着很大的区别，因此加强制度创新显得尤为重要。随着科学技术的迅速发展，各式各样的新颖金融业务不断出现，业务创新很好地实现了金融服务业的融通资本，稳定经济作用。随即，金融组织的创新也就更加迫切。

其次，发挥好总部经济效应。

据不完全统计，作为全国政治、经济、文化中心的北京，企业总部数高达 90 余家。北京市社会科学院中国总部经济研究中心发布了“中国 35 个主要城市总部经济发展能力评价”排行榜，北京总部经济发展能力综合得分为 88.99 分，高居全国榜首。其基础条件、商务设施、研发能力和专业服务 4 个分项发展均衡、优势突出，均排在第 1 位。在该项评价排行中，全国排在前十名的城市中有两个来自于京津冀都市圈，所以如何发挥好京津两市的总部经济效应带动模式，值得深入思考。

再次，完善社会经济法律环境。

与长三角和珠三角相比，京津冀地区城市间公共资源分配不均、经济发展不平衡等矛盾较为突出，一体化程度相对较低，制约区域发展。推进京津冀协同发展，要立足各自比较优势、产业分工要求、区域优势互补原则和合作共赢理念，以京津冀城市群建设为载体，优化区域分工和产业布局，以资源要素空间统筹规划利用为主线，构建长效体制机制，一是加强协同性，建立协同的金融规划编制机制；二是完善区域城市的金融分工协作机制，科学分工；三是要打破行政壁垒，建立金融利益共享和分担机制。

最后，注重人才培养。

不论是改革还是创新，归根到底是靠人才来完成的。北京市、天津市的高校与河北省高校的质量与数量明显有着很大的区别，如何发挥京津两市对河北省各省市的高校带动作用显得尤为重要。此外，应建立起京津冀都市圈的一个高级金融人才培训基地，实现真正的京津冀协同发展。

第四章　服务业集聚对城镇化的影响

第一节　城镇化的概念

技术进步推动生产方式与社会经济形态的转变，其特征可以归纳为生产资料与要素在地域分布上的集中，城镇化是这一汇集过程的表现和结果。与早期自然城镇或城市不同的是，形成现代城镇或城市社会经济形态的主要特征是服务业的聚集。

服务业聚集与城镇化关系可归结为产业经济学与经济地理的分支领域，长期以来除了国际贸易原理的应用之外，这两个学科几乎没有经济学理论意义上的进展。其中基于 von Thunen“区域隔离”的模型在城镇化研究中扮演了重要角色；而制造业聚集的研究则基本上依据 Marshall 关于外部经济的三要素原理展开。随着发达国家经济中制造业份额的下降和服务业份额的提高，以及信息技术的进步和城市化进程的加快，服务业聚集在理论上应该对城镇化具有正面的推动作用。但实证研究结果却没有明确的答案，研究我国服务业集聚与城镇化相互关系的文献主要集中于三个方面。第一，服务业集聚对城镇化有正面推动作用。赵红云对长三角城市群服务业集聚度和城镇化水平进行测度，建立面板数据模型，对长三角服务业集聚对城镇化的影响做了实证分析，结果表明，服务业集聚对城镇化具有促进作用[2]。陈立泰基于 2000～2010 年我国省际面板数据，采用面板单位根检验和固定效应模型分析，研究证明我国服务业集聚对城镇化进程有促进作用。石英在陈立泰等的基础上构建相关模型验证了服务业集聚对城镇化的作用机制。第二，服务业集聚与城镇化具有双向作用关系。陈一通过理论研究得出城镇化建设与服务业发展之间存在一种既相互促进又相互制约的双向作用关系。张勇建立城镇化与服务业集聚互动发展的耦合与协调模型，发现城镇化与服务业集聚发展存在着密切的互动作用，但是中国城镇化与服务业集聚耦合互动状况整体不佳，二者仍处在磨合阶段。第三，服务业集聚度对城镇化有负面推动作用。曾国平从物质资本集聚度、人力资本集聚度和就业密度三个方面衡量服务业的集聚水平，采用2000～2011年各省市的样本面板数据，运用空间计量模型实证检验了服务业集聚对城市化水平的影响。结果显示，以就业密度衡量的服务业集聚水平对城市化发展呈负效应。Yoshina Araki等的分析发现城市化对服务业的扩张产生促进作用。具体来说，城镇化能够促进服务业的产出，增加就业机会。Messina通过建立计量分析模型，研究各因素对服务业发展的作用，政府部门结构、城镇化水平都对服务业的发展存在明显的促进作用。

从以上文献研究发现，文献的结论均是服务业集聚与城镇化进程的正相关关系或者只是从整体上分析其中的促进作用以及相互关系，而服务业集聚度和工业集聚度对城镇化率影响的比较以及历年的变化趋势几乎没有研究。

本章将分别建立城镇化率与服务业集聚度关系模型和城镇化率与服务业集聚度、工业集聚度关系模型，探究：一，在服务业集聚度与城镇化率关系模型中，历年我国服务业集聚度对城镇化率的回归系数的变化趋势；二，在服务业集聚度、工业集聚度与城镇化率关系模型中，历年我国服务业集聚度与工业集聚度对城镇化率的回归系数变化趋势及大小。

本章内容安排如下。第一部分是引言和文献综述；第二部分是中国城镇化的动态特征。通过对城市概况的具体指标的统计，发现我国城镇化有两个明显特征；第三部分是实证分析，包括指标选择、数据来源、描述性分析与模型分析。运用“区位熵”来度量服务业集聚度和工业集聚度，并建立回归模型测算服务业集聚度、工业集聚度和政策因素对城镇化率的回归系数；第四部分是文章结论。通过结果分析，得出可以看出服务业集聚度和工业集聚度与城镇化率均有正相关关系，而且服务业集聚度的回归系数大于工业集聚度的回归系数，均随时间变化先增加后减少。2001年后政策因素对城镇化率的影响逐渐显著。

第二节　服务业集聚与城镇化现状

一、我国城镇化动态特征分析

（一）我国的城市概况

城镇化的动态特征可以从多方面来反映，《中国统计年鉴》统计了39个关于城镇化发展的指标。从1997年至2013年的数据来看，我们发现城镇化有两个显著的动态特征：第一，多数指标的动态变化反映出城镇化水平不断提高；第二，以2001年为转折点，2001年之前城镇化指标稳步增长，2001年之后城镇化指标开始高速增长。

城镇化的两个动态特征反映在图4.1和图4.2中，我们选取反映城镇化水平的10个指标，采用折线图反映1997～2013年的动态变化。这10个指标分别是“本年征用土地面积”“城市人口密度”“城市桥梁”“生活垃圾清运量”“城市用水普及率”“城市燃气普及率”“每万人拥有公共交通车辆”“人均城市道路面积”“人均公共绿地面积”和“每万人拥有公共厕所”。

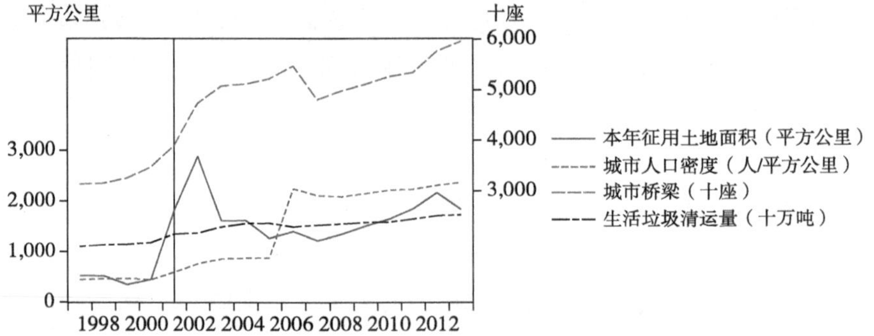

图4.1　城市概况统计量

从图4.1中我们可以看出，“本年征用土地面积”和“城市桥梁”在2001年增长速速达到最大，“本年征用土地面积”随后逐年增加，而“城市桥梁”随时间变化先减少后增加。“城市人口密度”在2001年较之前年份增长速度变大，在2006年增长速度达到最大。“生活垃圾清运量”在2001~2002年之间较其他指标增长不太明显，但是较2001年之前的年份，增长较迅速。

从图4.2中看出，“城市用水普及率”“城市燃气普及率”“每万人拥有公共交通车辆”“人均城市道路面积”“人均公共绿地面积”和“每万人拥有公共厕所”在2001年都出现明显的折点。“城市用水普及率”和“城市燃气普及率”在2001年普及率迅速降低，随后逐年增加。“每万人拥有公共交通车辆”“人均城市道路面积”“人均公共绿地面积”和“每万人拥有公共厕所”四个指标在2001年均先增加后减少，随后逐年增加。

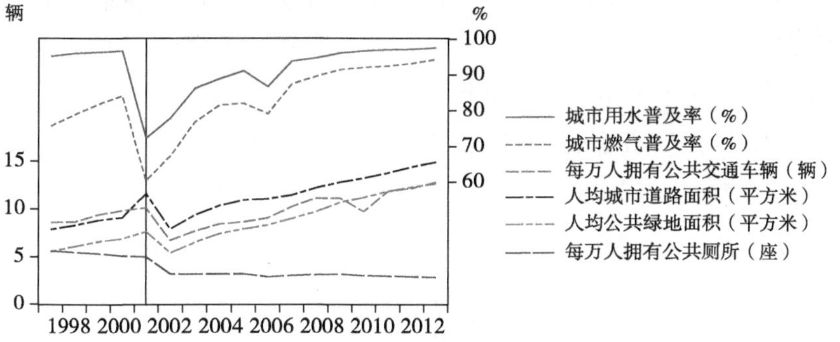

图4.2　城市概况统计量

（二）服务业集聚是城镇化水平不断提高的持续动力

随着城镇的劳动力、土地等生产要素价格不断上升，传统工业的成本优势逐步消失，而完善的服务业体系将进一步提高城镇的聚集能力，城镇功能开始逐渐由生产中心向综合服务中心转变，服务业增长速度加快并逐渐取代工业成为城镇化向高级阶段发展的主要推动力。服务业发展到一定水平便会产生服务业集聚现象，服务业集聚可以降低交易成本，并在就业、城市空间结构、城市生活质量等方面促进城镇化的发展。

1. 服务业集聚带来人口的聚集。服务业集聚使大量企业聚集在一定区域，对劳动力的需求增加，可以提供更多的工作机会，服务业的从业人数就会增加，农村剩余劳动力得到转移。

2. 服务业集聚改变城市空间结构与产业结构。一方面，服务业集聚在一定程度上改变城市的空间布局，如开发园区、新城区的建设带动了经济活动在空间上的重新组合、人口流动和城市不同地区关系的改变。另一方面，城镇化从本质上来说是第二、三产业的集聚，它们相互推动，第三产业的集聚具有的优势包括交通更加便利、金融市场更加发达、通讯更加便捷、就业市场更加多元化等，产业结构不断优化，城市化水平得到不断提高。

3. 服务业集聚可提高城镇化质量水平。服务业集聚使大量的生产及生活性服务业增加，各种要素在城市集聚，如，银行、教育、保险、行业协会及中介服务等，信息化的城市功能越来越强大。服务业集聚也可以改变人们的生活方式和思想观念，通讯发达的城市，人们能够接受更好的教育，生活质量得到提高，城市提供较好的科教文卫方面的服务。由于产业经济的发展是城市经济的主体，产业集聚内部优胜劣汰，各企业必须不断通过创新和合作来提高自身竞争力，这在一定程度上增强了城市本身的综合竞争优势，促进了城镇化的进程。

（三）“十五”纲要中提出大力发展城镇化战略是转折点出现的重要原因

由于2001年政府在“十五”纲要中提出大力发展城镇化战略，因此猜想政府政策因素是导致城市概况中各统计量出现折点的原因。

国务院2000年把城镇化问题列入到国家“十五规划”的范畴。我国在2001年的“十五规划”纲要中也首次提出实施城镇化战略。2002年党的十六大提出了“走中国特色的城镇化道路”。2007年十七大进一步完善为“按照统筹城乡、布局合理、节约土地、功能完善、以大带小的原则，促进大中小城市和小城镇协调发展”。十八大提出“新型城镇化的六项指导原则，要统筹推进城乡社会保障体系建设，全面建成覆盖城乡居民的社会保障体系”。2013年党中央又确定了努力实现社会保障的全面覆盖方向，以及由国家发改委等十多个部委共同参与编制我国城镇化发展总体纲要的《全国促进城镇化健康发展规划（2011—2020年）》。由此可见我国对城镇化政策的研究，已经从理论层次上升到我国基本国策的实践阶段，党中央关于我国城镇化发展决策和措施，为我国城镇向新型城镇化的转型，提供了体制和政策上的支持，使我国城镇化理论得到调整和完善，有助于我国城镇化政策的完善与实施，为我国城镇化进程的发展，尤其是对贵州城镇化建设，起到了国家政权体制和政策上的良好导向作用。[15]

2001年是个折点，在“十五”规划纲要中有三点可以推动城镇化率的迅速提高。第一，形成合理的城镇体系。有重点地发展小城镇，积极发展中小城市，完善区域性中心城市功能，发挥大城市的辐射带动作用，引导城镇密集区有序发展。防止盲目扩大城市规模。要大力发展城镇经济，提高城镇吸纳就业的能力；第二，有重点地发展小城镇。把发展重点放到县城和部分基础条件好、发展潜力大的建制镇，使之尽快完善功能，集聚人口，发挥农村地域性经济、文化中心的作用；第三，消除城镇化的体制和政策障碍。改革城镇户籍制度，形成城乡人口有序流动的机制。取消对农村劳动力进入城镇就业的不合理限制，引导农村富余劳动力在城乡、地区间的有序流动。因此，短期内大量人口的涌入导致城镇人口急剧膨胀，致使城镇化率迅速提升。

因此，政策因素是导致城镇化率迅速增加的重要因素。第三部分将政策因素作为虚拟变量，建立回归模型来验证政府政策因素对城镇化率的影响。

第三节　服务业集聚对城镇化的影响

一、研究方法

（一）模型设定

本文选取 1997 至 2013 年我国 30 个省（自治区和直辖市）的产值作为计算区位熵的指标，以衡量各省（自治区和直辖市）服务业集聚度和工业集聚度。选取 1997 至 2013 年末我国 30 个省（自治区和直辖市）的常住人口和城镇人口计算城镇化率。建立线性回归模型，探究城镇化率与服务业集聚度、工业集聚度关系，分析回归系数变化趋势及大小。

为探究服务业集聚度对城镇化率的影响，分析服务业集聚度回归系数的变化趋势，将 30 个省区市的 17 个截面数据建立一元线性回归模型，其形式为

$$y_{it}=\alpha+\beta p_{it}+u_{it}，\ i=1，\cdots，n，\ t=1，\cdots，T \tag{1}$$

其中 $n=30$，$T=17$，y_{it} 为城镇化率，p_{it} 为服务业集聚度。α 为常数，β 为

服务业集聚度的回归系数，u_{it}为随机误差项，表示除服务业集聚度之外影响城镇化率的其他因素。

为识别服务业集聚度和工业集聚度对城镇化的影响程度，在（1）式中添加工业集聚度 q 作为解释变量，构建两因素共同影响的如下回归模型

$$y_{it}=\alpha+\gamma p_{it}+\delta q_{it}+u_{it},\ i=1,\ \cdots,\ n,\ t=1,\ \cdots,\ T \tag{2}$$

其中 q_{it}为工业集聚度的区位熵，γ 为服务业集聚度的回归系数，δ 为工业集聚度的回归系数。

为进一步探究影响城镇化率的重要因素，在（2）中添加虚拟变量 z，表示政策因素。为观察政策因素对城镇化率的影响，构建面板数据模型

$$y_{it}=\alpha+\gamma p_{it}+\delta q_{it}+\theta z_{it}+u_{it},\ i=1,\ \cdots,\ n,\ t=1,\ \cdots,\ T \tag{3}$$

其中 θ 为政策影响的回归系数。

（二）变量与指标的选择

区位熵又称专门化率，由哈盖特（P. Haggett）提出并运用于区位分析中，主要用于衡量某一区域要素的空间分布情况。区位熵的计算简单，能较好地反映集聚度，它是一个地区某种产业生产产值（劳动力）在该地区所有产业产值（劳动力）中所占的比重与全国该产业产值（劳动力）占全国所有产业该指标的比重之比。[16]

考虑有 n 个行业，m 个地区的经济体。记 x_{ij}为 j 区域中 i 行业的生产总值，经济体生产总值为 $L=\sum_{i=1}^{n}\sum_{j=1}^{m}x_{ij}$，在 i 产业的生产总值为 $L_i=\sum_{j=1}^{m}x_{ij}$，其占经济体生产总值的比重为 $l_i=L_i/L$；j 区域的生产总值为 $D_j=\sum_{i=1}^{n}x_{ij}$，其中 i 产业占比为 $d_{ij}=x_{ij}/D_j$。则 i 产业在 j 区域区位熵为

$$Q_{ij}=\frac{d_{ij}}{l_i}=\frac{x_{ij}L}{D_jL_i} \tag{4}$$

它是一个标称指标，当且仅当 $Q_{ij}>1$ 时 i 产业在 j 区域具有比较优势，从而 i 产业在 j 区域集聚。所以，（4）式定义的 Q 值可用于度量产业的集聚度，且 Q 值越大，产业集聚度越高。

产业聚集的原动力是生产要素（如就业人数）的优势，也可以表现为产出（如生产总值）的差异，所以度量特定产业一个区域的聚集程度等价于衡量其生产要素或者产出的优势。鉴于数据的易获取性，本文选取生产总值来计算产业集聚程度。

城镇化率以城镇人口占总人口的比重来衡量，而总人口使用常住人口统计口径，即使用城镇人口和乡村人口分类。城镇人口是指居住在城镇范围内的全部常住人口，常住人口是按照居住地和时间标准进行划分，包括住本乡、镇、街道，户口在本乡、镇、街道；住本乡、镇、街道，户口在外乡、镇、街道，离开户口登记地半年以上；住本乡、镇、街道，户口待定；居住在港澳台或国外，户口在本乡、镇、街道。

城镇化率，即城镇人口占总人口的比重，多数学者都以城镇人口比重来衡量城镇化率。[3,4,17]这种方式似乎没有考虑农村农民工进城创造的价值，很多学者质疑以城镇人口统计城镇化率的合理性。[18]同时有些流动人口虽被认为是常住人口，但却未享受到城镇居民该有的保障，存在“伪城镇化”和“半城镇化”的现象。[19-21]简新华[22]认为城市化过程也是非农化过程，城市不仅是第二产业的聚集地，也是第三产业的聚集地；城市化不仅是农民转向工业就业，也是农民转向服务业就业。因此，能够综合反映二、三产业就业状况的非农化指标，也是衡量城市化水平是否滞后的重要参照系。非农化指标可以用非农产业的产值比率或非农部门就业比率来表示。此外，综合指标虽然可以比单一指标更好的反映城镇化水平，但是计算量必然很大。[23]因此本文选用城镇人口比重，它是我国国家统计局在《中国统计年鉴》中“分地区年末城镇人口比重”明确统计的数据，也是国际上衡量城镇化水平的通行指标，便于国际比较。

通过图 4. 1 和图 4. 2 可以看出，“本年征用土地面积”和“城市桥梁”在 2001 年增长速速达到最大，“本年征用土地面积”随后逐年增加，而“城市桥梁”随时间变化先减少后增加。“城市人口密度”在 2001 年较之前年份增长速度变大，在 2006 年增长速度达到最大。“生活垃圾清运量”在 2001—2002 年之间较其他指标增长不太明显，但是较 2001 年之前的年份，增长较迅速。“城市用水普及率”“城市燃气普及率”“每万人拥有公共交通车辆”“人均城市道路面积”“人均公共绿地面积”和“每万人拥有公共厕所”在 2001 年都出现明显的折点。“城市用水普及率”和“城市燃气普及率”在 2001 年普及率迅速降低，随后逐年增加。“每万人拥有公共交通车辆”“人均城市道路面积”“人均公共绿地面积”和“每万人拥有公共厕所”四个指标在 2001 年均先增加后减少，随后逐年增加。

我们发现城镇化有两个显著的特征：第一，多数指标的动态变化反映出城镇化水平不断提高；第二，以 2001 年为转折点，2001 年之前城镇化指标稳步增长，2001 年之后城镇化指标开始高速增长。

因此，政府政策因素是导致城镇化率迅速增加的重要因素。第三部分将政策因素作为虚拟变量，建立回归模型来验证政府政策因素对城镇化率的影响。

二、实证结果

（一）数据来源

本文的数据来源主要是历年《中国统计年鉴》《新中国六十年统计资料汇编》和各地区的统计年鉴，由于重庆市在 1997 年才被成为直辖市，因此选取 1997～2013 年全国的 31 个省区市的数据。

依据《中国统计年鉴》主要统计指标解释，国内生产总值（GDP）指按市场价格计算的一个国家（或地区）所有常住单位在一定时期内生产活动的最终成果。我国的三次产业划分是：第一产业是指农、林、牧、渔业。第二产业是指采矿业，制造业，电力、煤气及水的生产和供应业，建筑业。第三产业是指除第一、二产业以外的其他行业。

城镇人口是指居住在城镇范围内的全部常住人口；乡村人口是除上述人口以外的全部人口。

由于西藏自治区历年数据不完整，因此将其略去。

（二）描述性统计

从表 4.1 描述性统计中可以看出，城镇化率、工业集聚度和工业集聚度的离散程度都较小；城镇化率、工业集聚度和工业集聚度的峰度均小于 3，表示比正态分布平坦；城镇化率、服务业集聚度中部和西部地区以及工业集聚度的东部地区的分布具有左偏态，而服务业集聚度东部地区以及工业集聚度的中部和西部地区分布具有右偏态；观察每个变量的折线图可以观察历年变化趋势。

表 4.1 描述性统计

		Mean	Median	Maximum	Minimum	Std. Dev.	Skewness	Kurtosis
城镇化率	全国	0.430218	0.4299	0.5373	0.3191	0.068878	-0.030113	1.810572

续表

		Mean	Median	Maximum	Minimum	Std. Dev.	Skewness	Kurtosis
服务业集聚度	东部	1.058992	1.051624	1.097626	1.028366	0.023281	0.522543	1.970277
	中部	0.898952	0.907225	0.930893	0.852738	0.025216	-0.585027	1.97897
	西部	0.950318	0.952654	1.000859	0.897961	0.033506	-0.307199	1.914201
工业集聚度	东部	1.043975	1.057879	1.080815	0.989208	0.03258	-0.736955	2.040585
	中部	0.992006	0.984626	1.050798	0.947606	0.033874	0.648731	2.315151
	西部	0.869484	0.844943	0.973086	0.788816	0.06842	0.44632	1.658074

1. 城镇化率

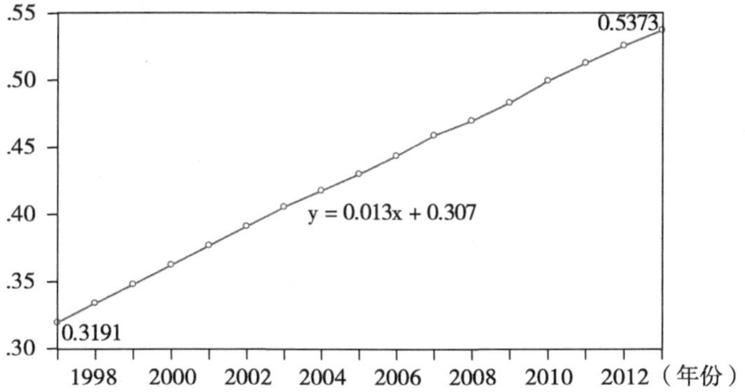

图 4.3　城镇化率（常住人口口径）

根据历年《中国统计年鉴》中“分地区年末城镇人口比重”统计的城镇化率的数据，其折线图如图 4.3：城镇化率逐年线性增长，速度增长为 1.3%，取值范围为 30% ~55%，在 2013 年末城镇化率达到 53.73%。

2. 服务业集聚度

从文献综述部分可以看出，服务业集聚度对城镇化有推动作用。因为城镇化率是逐年上升的，那么服务业集聚度也应该逐年提高。我国可以分为东部、中部和西部三个地区，但是并不是三个地区的服务业集聚度提高全部都可以推动城镇化率的增加。那么为明确我国东部、中部、西部地区的服务业集聚度的变化趋势与城镇化率的变化趋势的一致性，将我国 30 个省区市按照地区产值大小分为东部、中部和西部三个地区，按照年份变化绘制折线图。从图 4.4 中看出东部地区的服务业集聚度在 2005 年之前处于下降趋势，之后逐年上升，其值处于 1.0 到 1.1 之间；中部地区与东部地区趋势大致相反，值处于0.90到1.0之间；而西部地区则整体上呈现下降趋势，值得波动范围也较大，处于0.85到0.94之间。东部地区的服务业集聚程度最高，其次是中部地区，最后是西部地区；2005年之前中部地区和西部地区服务业集聚程度变化趋势与城镇化率的变化趋势大体一致，呈上升状态，而东部地区则相反；2005年之后东部地区服务业集聚程度变化趋势与城镇化率的变化趋势一致，而中西部地区则相反。

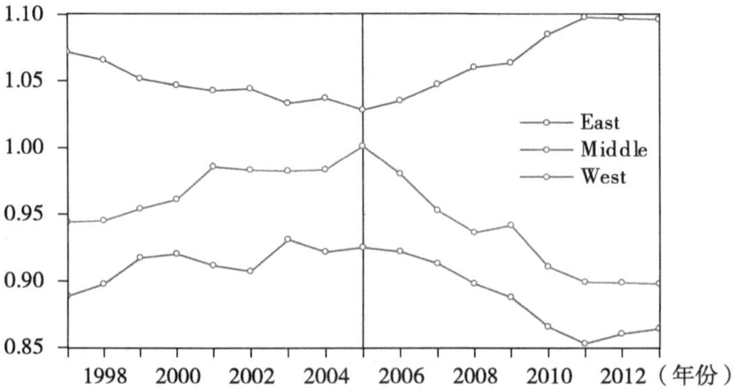

图4.4 东中西部地区的服务业集聚度

3. 工业集聚度

工业水平，同样采用区位熵来衡量。同理，从图4.5中可以看出，2010年之前工业集聚度由高到低依次为东部地区、中部地区和西部地区，2010年之后中部地区反而超过东地区居于第一位，且三个地区工业集聚度近几年均未发生较大变化；工业集聚度以2003年为分界点，2003年前东部地区工业集聚度的变化趋势与城镇化率的变化趋势大体一致，而中部和

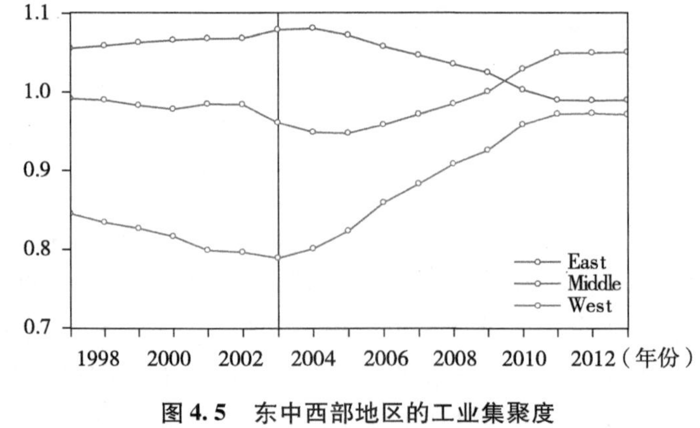

图4.5 东中西部地区的工业集聚度

西部地区则相反；2003 年后中部和西部地区工业集聚度的变化趋势与城镇化率的变化趋势一致，而东部地区则相反。同服务业集聚度，由于文章篇幅有限，文章后半部分将直接从全国角度实证，不再分地区。

（三）实证结果

由于文章目的是想得到每一时期行业集聚度对城镇化率的回归系数的变化趋势，因此本文选取每一年的截面数据，建立线性回归模型来分析，回归结果见表 4. 2。

在城镇化率与服务业集聚度关系模型中，绘制历年我国服务业集聚度对城镇化率的回归系数的变化趋势如下：

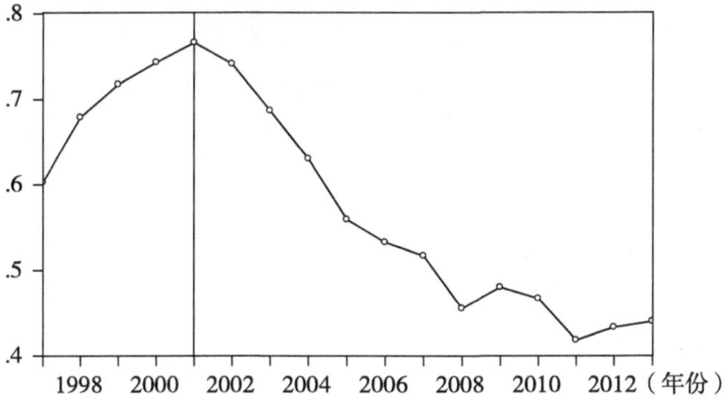

图 4. 6　模型（1）服务业集聚度回归系数

在图 4. 6 中可以看出，服务业集聚度的回归系数一直为正值。2001 年之前回归系数一直增加并达到最高点。2001 年之后服务业集聚度的回归系数的整体趋势是逐渐减少，在 2011 年达到最低点。

在城镇化率与服务业集聚度、工业集聚度关系模型中，绘制历年我国服务业集聚度、工业集聚度对城镇化率的回归系数的变化趋势及大小如下：

从图 4. 7 中可以看出，服务业集聚度回归系数大体趋势同模型（1），先增加后减少；工业集聚度回归系数在 2006 年之前震荡幅度较大，大体趋势为增加；从 1997 年至 2013 年，服务业集聚度的回归系数一直高于工业集聚度的回归系数。因此，服务业集聚度比工业集聚度对城镇化率的影响大。

从两个模型可以看出，服务业集聚度和工业集聚度对城镇化率的推动作用自 2001 年开始逐年减弱，说明至少有一种除服务业集聚度和工业集聚度之外的因素对城镇化率的促进作用在加强。本文认为主要是政府政策的

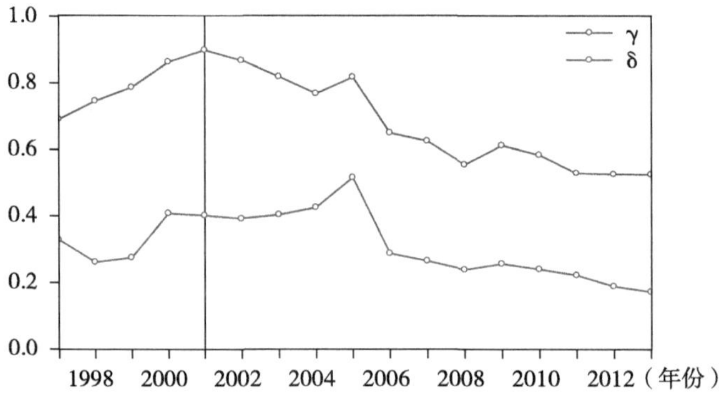

图 4.7　模型（2）服务业集聚度和工业集聚度回归系数

影响导致小城镇快速发展，从而导致城镇化率逐年上升。

为进一步验证政策因素对城镇化率的影响，对（3）式进行回归，得到如下结果。从表 4.2 中可以看出，自 2001 年政策因素对城镇化率的影响是显著的。

表 4.2　模型回归结果

模型	年份	p	q	z	R^2	Adjust R^2	F 值
型模（1）	1997	0. 6025 *	—	—	0. 4396	0. 4196	21. 9664
	1998	0. 6786 *	—	—	0. 5251	0. 5081	30. 9571
	1999	0. 7168 *	—	—	0. 5135	0. 4961	29. 5486
	2000	0. 7424 *	—	—	0. 5050	0. 4873	28. 5671
	2001	0. 7657 *	—	—	0. 5184	0. 5012	30. 1338
	2002	0. 7407 *	—	—	0. 5358	0. 5192	32. 3143
	2003	0. 6863 *	—	—	0. 4761	0. 4574	25. 4426
	2004	0. 6297 *	—	—	0. 4699	0. 4510	24. 8215
	2005	0. 5589 *	—	—	0. 3958	0. 3742	18. 3407
	2006	0. 5321 *	—	—	0. 4130	0. 3921	19. 7021
	2007	0. 5165 *	—	—	0. 4449	0. 4251	22. 4429
	2008	0. 4546 *	—	—	0. 4332	0. 4130	21. 4004
	2009	0. 4796 *	—	—	0. 4850	0. 4666	26. 3677
	2010	0. 4661 *	—	—	0. 5114	0. 4940	29. 3077
	2011	0. 4174 *	—	—	0. 4759	0. 4572	25. 4282
	2012	0. 4324 *	—	—	0. 5086	0. 4911	28. 9840
	2013	0. 4392 *	—	—	0. 5338	0. 5172	32. 0632

续表

模型	年份	p	q	z	R^2	Adjust R^2	F 值
	1997	0.69*	0.3278*	—	0.4396	0.4196	19.0812
	1998	0.7449*	0.2606**	—	0.5251	0.5081	21.7533
	1999	0.7858*	0.2744**	—	0.5135	0.4961	21.8910
	2000	0.8619*	0.4065*	—	0.5050	0.4873	38.8460
	2001	0.8976*	0.401*	—	0.5184	0.5012	41.5547
	2002	0.8661*	0.391*	—	0.5358	0.5192	46.4068
	2003	0.8175*	0.402*	—	0.4761	0.4574	37.3070
	2004	0.767*	0.4236*	—	0.4699	0.4510	40.1111
型模（2）	2005	0.8162*	0.5134*	—	0.3958	0.3742	32.9912
	2006	0.6481*	0.2859*	—	0.4130	0.3921	18.2683
	2007	0.6236*	0.2637*	—	0.4449	0.4251	18.7528
	2008	0.5537*	0.2378**	—	0.4332	0.4130	16.8845
	2009	0.6112*	0.2555*	—	0.4850	0.4666	21.8769
	2010	0.5828*	0.2388*	—	0.5114	0.4940	22.5539
	2011	0.5281*	0.221**	—	0.4759	0.4572	18.7663
	2012	0.5246*	0.1882**	—	0.5086	0.4911	19.5938
	2013	0.5241*	0.1717**	—	0.5338	0.5172	21.0057
模型（3）	0.6155*	0.2314*	0.1609*	0.5832	0.5808	236.0396	

注：*、** 分别表示估计系数在 0.01、0.05 水平上显著。

根据上述模型结果，从城市概况 39 个统计量的统计结果看来，“本年征用土地面积”“城市人口密度”“城市桥梁”“生活垃圾清运量”“公共厕所”“城市用水普及率”“城市燃气普及率”“每万人拥有公共交通车辆”“人均城市道路面积”“人均公共绿地面积”和“每万人拥有公共厕所”在 2001 年的折线图出现了明显的折点，说明城镇化率很大程度上受到了政策的影响，即 2001 年后随着服务业和工业集聚度对城镇化率的影响逐渐减弱的同时，政府政策对城镇化率逐渐起重要作用。

三、结论与评述

本文利用我国 30 个省区市 17 年的截面数据，分别建立城镇化率与服务业集聚度线性回归模型、城镇化率与服务业集聚度、工业集聚度回归模型以及增加政府政策作为虚拟变量建立服务业集聚度、工业集聚度和政府政策的回归模型，根据回归结果得出如下结论：

1. 服务业集聚度的增加可以促进城镇化率的提高，并且促进作用逐年变弱。在模型（1）中，服务业集聚度与城镇化率呈现正相关关系，对城镇化率的影响较大，且自 2001 年起回归系数一直减少。

2. 服务业集聚度和工业集聚度的增加都会促进城镇化率的提高，并且服务业集聚度对城镇化率的影响远远大于工业集聚度对城镇化率的影响。在模型（2）中可以看出：第一，服务业集聚度的回归系数自 2001 年逐年降低，同模型（1），说明在我国，服务业集聚度增加可以促进城镇化率的提高，并且促进作用逐年变弱。第二，工业集聚度的回归系数自 2005 年起一直呈现下降趋势，说明我国工业集聚度对城镇化率的促进作用也逐年降低。第三，至少自 1997 年开始，在我国服务业集聚度比工业集聚度对城镇化率的影响大。这种结果可能是因为，城镇化水平是以城镇人口比重来衡量，需要大量的人口来从事服务业以保证服务业的有效顺利的进行，故服务业集聚度对城镇化水平的影响作用大于工业集聚度对城镇化水平的影响作用。传统的城镇化是以工业发展为中心，带动其他产业快速发展，工业发展对城镇化进程的影响作用明显大于其他行业。但是传统的城镇化已不适应当代社会的发展，一是以工业为中心的城镇化随着科技的发展，人力劳动逐渐被机器所替代，导致大量工人失业；二是以工业为中心的城镇化资源消耗大，对能源的依赖性比较强；三是以工业为中心的城镇化在能源消耗的基础上，造成环境污染等问题。因此，服务业的发展已经取代了工业发展对城镇化的影响程度。

3. 自 2001 年后，政策因素对城镇化率的影响越来越大，导致服务业集聚度对城镇化率的推动作用逐年减弱。通过模型（1）和模型（2）可以看出，自 2001 年起，我国服务业集聚度和工业集聚度对城镇化率的促进作用都在减弱。这说明虽然服务业集聚度和工业集聚度增加可以提高城镇化率，但是其影响作用逐渐减弱，那么肯定有至少一种除服务业集聚度和工业集聚度之外的因素对城镇化率的促进作用在加强。通过模型（3）的回归结果，可以认为是政策的影响导致我国小城镇的快速发展，从而使城镇化率迅速提升。主要表现在“本年征用土地面积”“城市人口密度”等统计量在 2001 年“十五”规划纲要后的明显变化。

虽然城镇化率的统计方法忽略农民工进城这一事实，存在“伪城镇化”的可能，但是在我国统计局利用城镇化率，即城镇人口比重来衡量城镇化水平，并且在国际上城镇人口比重也是衡量城镇化水平的通行指标，因此指标选择有一定的代表性。通过本文服务业集聚对城镇化的动态影响的研究，得到以下启示。第一，通过回归系数的变化趋势可以明显的观察到历年服务业集聚度等变量对城镇化的影响变化，便于相关部门对各个影响因素的把握，合理做出规划。第二，政府政策自“十五”规划纲要后对城镇化有显著影响，但是导致城镇化水平迅速提高的因素可能并不完全是政策因素。

第五章　服务业标准化程度和行业差异对城市“塌缩”现象的影响

第一节　城市“塌缩”的理论模型

雾霾、拥堵和公共资源紧张是大城市常见的“城市病”问题，并且“城市病”不断向规模更低的城市蔓延。“城市病”反映出城市经济运行的“向心力”非常大，吸引劳动力向大城市流动。新经济地理学认为冰山成本是影响城市“向心力”的重要因素。

冰山成本的想法最早来自于 Von Thunen（1826），他假设谷物运输时，拉车的马在运输途中消耗一部分谷物，使得城市的地理面积越大，运输成本越高。Samuelson（1952）将 Von Thunen（1826）的想法扩展成为“冰山成本”的概念，他认为在国际贸易中，距离越远，运输成本越高。以 Fujita 和 Krugman 为代表的新经济地理学（The New Economic Geography）将“冰山成本”纳入自己的分析框架（Fujita，Krugman，Mori（1995），Fujita，Krugman，Venables（1999））。

不同服务业之间的冰山成本存在较大差异。Pugno（2006）分析服务业时注意到了服务行业之间的差异。江小涓（2011）强调服务行业之间的差异主要体现在标准化程度的差异。李建华和孙蚌珠（2012，2014）深入分析了服务业标准化程度的差异及其对“冰山成本”的影响。

服务行业差异影响城市的“向心力”。Wrede（2013）分析了服务行业差异对城市“向心力”的影响。Ahlfeldt（2013）讨论了服务业在单一中心城市和多中心城市两种城市形成过程中的作用。现代城市逐步转向服务业主导经济，不同城市的服务业分布存在差异，导致一些城市服务业向单一中心城市集中，另外一些城市发展为多中心城市体系。柯善咨和赵曜（2014，2015）通过实证研究发现产业结构显著影响城市规模，且不同行业厂商的生产率差异也会影响城市规模。何建武通过实证研究得出了和柯善咨、赵曜相似的结论。梁婧、张庆华和龚六堂（2015）通过城市规模和劳动生产率之间研究发现不同地区城市规模和劳动生产率之间的关系存在较大差异。王俊和李佐军（2014）认为城市集聚产生正效应和拥挤效应带来负效应之间的比较决定了城市的最优规模。魏守华等（2015）认为目前城市规模存在偏差，大城市偏大，小城市偏小，对城市的合理布局产生负面影响。

本文的贡献有两点。第一，深入分析了服务行业之间冰山成本的差异；第二，深入分析了服务行业之间冰山成本差异对城市“向心力”的影响机制、影响程度和影响范围的差异。

本文的结构如下：第一部分是引言和文献综述；第二部分是理论模型，我们建立一个服务；第三部分是实证分析；第四部分是结论。我们在前面分析的基础上，总结几点结论，并提出相应的政策建议。

二、服务行业冰山成本的差异

服务行业之间冰山成本存在差异的原因在于服务行业标准化程度的不同。我们用服务行业的边际投资倾向来刻画服务行业之间的差异。我们将边际投资倾向定义为两个时间点之间投资增加量和就业增加量的比例，我们将 2010 年和 2014 年作为基期和考察期，将服务业的边际投资倾向的计算结果反映在表 5. 1 中。

表 5. 1　2010—2014 年服务行业就业边际投资倾向

行业	投资增长(亿元)	就业增长(万人)	边际投资倾向(亿元/万人)
批发和零售业	9768	353. 5	27. 63
交通运输、仓储和邮电业	13141. 2	233	56. 4
住宿和餐饮业	2863. 3	80. 1	35. 74
信息传输、软件和信息服务业	1655. 5	150. 5	11
金融业	873. 6	96. 2	9. 08
房地产业*	66470. 9	190. 6	348. 74
租赁和商务服务业	5272. 6	139. 3	37. 85
科学研究和技术服务业	2839. 8	115. 7	24. 54
水利、环境和公共设施管理业	21397. 4	50. 2	426. 24
居民服务、修理和其他服务业	1257. 6	15. 2	82. 73
教育	2675. 1	145. 5	18. 38

续表

行业	投资增长(亿元)	就业增长(万人)	边际投资倾向(亿元/万人)
卫生和社会工作	1872.5	177.9	10.52
文化、体育和娱乐业	3219	14.1	228.29
公共管理社会保障和社会组织	1523.9	170.8	8.92

数据来源：《中国统计年鉴2015》

我们用边际投资倾向来刻画一个服务行业每增加1万个就业岗位需要增加多少亿元的投资。我们假设有两个条件：第一，在技术不断进步的情况下，机器价格不断下降，效率不断提高。第二，在经济增长的情况下，劳动力成本不断提高。这两个假设条件符合大多数经济增长的国家的情况。可标准化服务业资本和劳动的替代性比较高，在利润最大化的目标驱使下，可标准化服务业每增加1万个就业岗位，需要增加的投资量比较大。而不可标准化服务业资本和劳动的替代性比较低，不可标准化服务业每增加1万个就业岗位，需要增加的投资量比较小。

服务业的“冰山成本”和工业产品的“冰山成本”有显著区别。工业产品的“冰山成本”主要是生产完成后，在运输过程中产品本身的损耗，包括了数量的减少和品质的下降两种情况，损耗的产品成本要计算在到达运输目的地并出售的产品的成本中。服务业的“冰山成本”主要体现在实现生产过程的成本上。实现生产过程的成本不是服务的价格，而是要实现服务消费另外付出的成本，例如如果某些服务只在甲城市提供，乙城市没有该服务的供给，则服务消费的附加成本就是从乙城市到甲城市的交通费用、住宿费用等。

根据李建华和孙蚌珠（2012）的分析，可标准化服务业和不可标准化服务业的差异体现在生产过程的标准化程度和产品的标准化程度上。生产过程的标准化程度和产品的标准化程度会影响服务业的“冰山成本”。

从生产过程的标准化程度来看，可标准化服务业的“冰山成本”低于不可标准化服务业。可标准化服务业的资本和劳动的替代性较高，而不可标准化服务业的资本和劳动替代性较低。在技术进步和经济增长的条件下，资本的价格不断降低，而劳动成本不断提高。所以可标准化服务业更容易用机器替代劳动向消费者提供服务，不可标准化服务业很难用机器替代劳动向消费者提供服务。可标准化服务业生产过程比较容易从一个城市复制到另一个城市，跨城市消费的成本相对较低，即冰山成本较低。例如电信服务是可标准化服务业，中长途电话服务业务，可以满足在一个城市享受另一个城市的电信服务，需要支付的长途话费相对不高而且要成本有下降的潜力。不可标准化服务业的生产过程很难从一个城市复制到另一个城市，跨城市消费的成本相对较高，即冰山成本较高。例如医疗服务是不可标准化服务，重大疾病的诊断和治疗主要集中于大城市，在现有技术条件下很难实现在中小城市享受大城市的重大疾病诊断和治疗。或者高薪邀请高水平医生从大城市转移中小城市提供服务，或者病人从中小城市转移到大城市接受重大疾病诊断和治疗。无论前者还是后者，都需要较高的“冰山成本”，且这种“冰山成本”很难下降。

从服务产品的标准化程度来看，可标准化服务业的服务产品个性化要求较低，服务产品的差异越小，服务产品的交易成本低，更容易实现从一个城市向另一个城市的转移，“冰山成本”较低。而不可标准化服务业的服务产品个性化要求比较高，服务产品的差异较大，服务产品的交易成本较高，很难实现从一个城市向另一个城市的转移，“冰山成本”较高。

可标准化服务业和不可标准化服务业“冰山成本”的差异表明，从生产过程标准化程度和产品的标准化程度两个角度来看，可标准化服务业的“冰山成本”较低，不可标准化服务业的“冰山成本”较高。“冰山成本”越低，经过“冰山成本”调整后两个城市的实际收入差距越小，塌缩效应越小。反之如果“冰山成本”越高，经过“冰山成本”调整后的两个城市的实际收入差距越大，塌缩效应越大。不可标准化服务业是城市“塌缩”的主要原因。

有两个指标可以反映出可标准化服务业和不可标准化服务业“冰山成本”的差异，第一个指标是服务业企业电子商务的普及情况，第二个指标是服务行业的中间投入。根据表 5. 1、表 5. 2、表 5. 3 指标的计算，同时考虑到数据可得性，参考李建华和孙蚌珠（2012）的划分标准，我们将运输仓储邮政、信息传输、计算机服务和软件业、批发零售贸易、住宿餐饮业、房地产业、租赁和商务服务业、金融业划分为可标准化服务业，将其他服务业划分为不可标准化服务业。

首先我们来看服务业企业的电子商务普及情况。在网络技术不断进步的条件下，服务业的交易行为可以通过电子商务的形式完成。电子商务可以反映出可标准化服务业和不可标准化服务业“冰山成本”的差别。标准化服务业的生产过程标准化程度高，资本对劳动的替代性较高，企业更容易同电商商务的方式采购机器。标准化服务业服务产品的差异小，个性化要求少，更容易通过电子商务的形式实现服务的销售。表 5.2 从比例和交易数量两个角度反映了服务业企业开展电子商务的情况，表 5.2 中服务行业有电子商务的企业比例、电子商务销售额、电子商务采购额证明了李建华和孙蚌珠（2012）的结论，可标准化服务业有电子商务的企业比例，电子商务销售额，电子商务采购额都较高，而不可标准化服务业有电子商务的企业比例、电子商务销售额、电子商务采购额都较低。

表 5.2　2014 年服务业企业电子商务开展情况表

行业	有电子商务的企业比例（%）	电子商务销售额（亿元）	电子商务采购额（亿元）
批发和零售业	6.2	27651.5	15795
交通运输、仓储和邮电业	4	2941.6	226
住宿和餐饮业	24.4	240.5	21
信息传输、软件和信息服务业	18.9	5750.3	898.5
房地产业	1.6	71.9	57.1
租赁和商务服务业	6.4	2068.4	291.9
科学研究和技术服务业	4.7	173.3	143.8
水利、环境和公共设施管理业	10.3	28.8	2.7
居民服务、修理和其他服务业	4.7	10	2.7
教育	3.3	17.8	0.4
卫生和社会工作	4.1	2.4	7.8
文化、体育和娱乐业	20.1	87.8	14

数据来源：《中国统计年鉴》（2015）

第二个指标是运输仓储邮政、信息传输、计算机服务和软件业投入占中间投入的比重。运输仓储邮政、信息传输、计算机服务和软件业投入可以大致反映出服务行业冰山成本的信息，随着计算机和网络技术的进步，这三个行业是服务从厂商到消费者的三个重要环节。我国目前最新的投入产出表是 2012 年的投入产出表，我们将运输仓储邮政、信息传输、计算机服务和软件业在不同服务行业中间投入的比例反映在表 5.3 中。受到投入产出表数据分类的限制，我们仅可以得到服务行业四个大类的数据，无法得到更细致的行业数据，但是该数据仍可以反映出可标准化服务业和不可标准化服务业冰山成本的差异。批发零售贸易、住宿餐饮业，房地产业、租赁和商务服务业、金融业都属于可标准化服务业，其他服务业大部分都属于不可标准化服务业。不可标准化服务业运输仓储邮政、信息传输、计算机服务和软件业投入占中间投入的比例为 10.37%；而可标准化服务业的比例平均为 7.85%，前者高于后者 2.52%。

表 5.3　服务业冰山成本差异（亿元）

	批发零售贸易、住宿和餐饮业	房地产业、租赁和商务服务业	金融业	其他服务业
中间投入	36121.9	33849.9	23826.3	61594.3
运输仓储邮政、信息传输、计算机服务和软件业	3241.7	2364.8	1809.6	6385
冰山成本占中间间投入的比例	8.97%	6.98%	7.59%	10.37%

数据来源：《中国统计年鉴 2015》

第二节　服务业结构对城市“塌缩”现象影响的理论研究

一、基准模型

考虑一个由工业、可标准化服务业和不可标准化服务业构成的完全竞争市场经济。消费者的效用水平由不可标准化服务、可标准化服务、工业产品决定，效用函数为

$$U = S^{u} H^{\beta} M^{1-u-\beta} \qquad (1)$$

S 表示不可标准化服务业，H 表示可标准化服务业，M 表示制造业。假定 S 是连续空间中的子效用函数，$s(i)$ 是每一种不可标准化服务的消费量，n 表示整个服务业的种类，不可标准化服务消费 S 符合不变替代弹性函数（CES）

$$S = [\int_0^n s(i)^{\rho} di]^{\frac{1}{\rho}}, 0 < \rho < 1 \tag{2}$$

参数ρ表示消费者对不可标准化服务业多样性的偏好的程度。当$\rho \to 1$时，不可标准化服务产品几乎是完全替代的。当$\rho \to 0$时，不可标准化服务产品几乎是完全不可替代的。

令$\sigma \equiv \frac{1}{1-\rho}$，$\sigma$表示任意两种不可标准化服务之间的替代弹性

$h(i)$是每一种可标准化服务的消费量，m表示整个服务业的种类，可标准化服务消费S符合不变替代弹性函数（CES）

$$H = [\int_0^m h(i)^{\rho} di]^{\frac{1}{\rho}}, 0 < \rho < 1 \tag{3}$$

参数φ表示消费者对可标准化服务多样性的偏好的程度。当$\varphi \to 1$时，可标准化服务产品几乎是完全替代的。当$\varphi \to 0$时，可标准化服务产品几乎是完全不可替代的。令$\delta \equiv \frac{1}{1-\varphi}$，$\varphi$表示任意两种可标准化服务之间的替代弹性

消费者的预算约束为

$$p^M M + \int_0^n p^s(i)s(i)di + \int_0^m p^h(i)h(i)di = Y \tag{4}$$

假定制造品的价格不变则实际收入的全微分为

$$\frac{d\omega}{\omega} = \frac{dw}{w} - \mu \frac{dP^S}{P^S} - \beta \frac{dP^H}{P^H} \tag{5}$$

消费者效用最大化的条件为

$$\frac{d\omega}{\omega} = (1-\mu-\beta)\frac{dY}{Y} + \left[\frac{\mu+\beta-\rho}{\rho}\right]\frac{dL}{L} \tag{6}$$

如果某种可标准化服务在生产地1的售价为p_1^s，那么这种服务在消费地2的交货价或到岸价p_{12}^s就是

$$p_{12}^s = p_1^s T_{12}^s \tag{7}$$

地区2的价格指数

$$P_1 = [n_1 (p_1^s)^{1-\sigma} + n_2 (p_2^s T_{12}^s)^{1-\sigma}]^{\frac{1}{1-\sigma}} \tag{8}$$

$$P_2 = [n_1 (p_1^s T_{12}^s)^{1-\sigma} + n_2 (p_2^s)^{1-\sigma}]^{\frac{1}{1-\sigma}} \tag{9}$$

地区2对地区1生产的一种服务的消费需求为

$$\mu Y_2 (p_1^s T_{12}^s)^{-\sigma} P_2^{\sigma-1} \tag{10}$$

地区 1 该种服务的总销售量

$$q_1^S = \mu \left[Y_1 (p_1^s)^{-\sigma} P_1^{\sigma-1} + Y_2 (p_1^s T_{12}^s)^{-\sigma} P_2^{\sigma-1} T_{12}^s \right] \tag{11}$$

将公式（5）（6）（7）联立，可以得到

$$\frac{dw}{w} = (1-\mu-\beta)\frac{dY}{Y} + \left[\frac{\mu+\beta-\rho}{\rho}\right]\frac{dL}{L} + \mu\frac{dP^S}{P^S} + \beta\frac{dP^H}{P^H} + T_h + T_s \tag{12}$$

公式（12）是模型的主要结论，也是实证分析的基准模型。

二、服务行业冰山成本差异对城市发展中的“向心力”作用

我们考虑一种极端情况，有两个城市相邻，分别称为城市 1 和城市 2，某一种不可标准化服务只在城市 1 生产，但是城市 1 和城市 2 都有该服务消费需求，城市 2 的家庭必须支付冰山成本才能消费，根据公式（22），城市 1 和城市 2 的服务价格指数变为

$$P_1 = n_1 (p_1^s) \tag{13}$$

$$P_2 = n_2 (p_1^s T_{12}^s) \tag{14}$$

城市 1 和城市 2 的实际工资可以表示为：

$$\omega_1 = w_1 P_1^{-\mu} (p^h)(p^M)^{-(1-\mu)}) = w_1 (n_1 p_1^s)^{-\mu} (p^h)^{-\beta} (p^M)^{-(1-\mu-\beta)} \tag{15}$$

$$\omega_2 = w_2 P_2^{-\mu} (p^h)^{-\beta} (p^M)^{-(1-\mu)} = w_2 (n_2 p_1^s T_{12}^s)^{-\mu} (p^h)^{-\beta} (p^M)^{-(1-\mu)}) \tag{16}$$

我们用城市 1 和城市 2 实际工资之比表示两地实际工资差异，根据上式，我们可以得到

$$\frac{\omega_1}{\omega_2} = \frac{w_1}{w_2} (T_{12}^s)^{\mu} \tag{17}$$

同理，我们可以得到可标准化服务两地实际工资差异：

$$\frac{\omega_1}{\omega_2} = \frac{w_1}{w_2} (T_{12}^h)^{\beta} \tag{18}$$

从公式（17）我们可以看出，当满足 $T > 1$ 时，冰山成本 T 越大，实际工资差异越大。因为冰山成本由不生产该服务的城市 2 承担，所以在工业品价格相同的条件下，服务生产地城市 1 的价格指数低于城市 2，实际工资高于城市 2，实际工资的差异吸引城市 2 的劳动力向地区 1 转移。即便两个城市名义工资相同，即$\frac{w_1^S}{w_2^S} = 1$，实际工资之比也会在冰山成本$(T_{12}^s)^{\mu}$的

影响下导致两地实际工资差异。

根据公式（1）的假设，参数 μ 的数值反映了家庭对不可标准化服务消费的偏好强度，参数 β 的数值反映了家庭对可标准化服务消费的偏好强度。Fuchs（1964）通过大量的统计数据计算得到结论，服务的需求收入弹性大于 1。意味着当收入增长 1%，家庭服务消费增长将超过 1%。李建华和孙蚌珠（2014）通过统计数据发现不可标准化服务的偏好强度高于可标准化服务业，即 $\mu>\beta$。参数 μ 数值大于参数 β 数值的主要原因在于不可标准化服务和可标准化服务的需求价格弹性的差异。需求价格弹性的差异有两方面的原因。

首先，李建华、王振全和孙蚌珠（2012）认为，随着技术的进步，很多服务可以被工业产品替代，例如对于一个非专业人士来说，随着音响技术的发展，音乐会 CD 可以替代现场听音乐会。但是不同的服务种类，被工业产品替代的能力有显著差异。不可标准化服务被工业产品替代的难度较高，可标准化服务被工业产品替代的难度较低。不可标准化服务产品具有极高的个性化要求，例如医疗诊断服务是不可标准化服务，在现有的技术水平下，尽管很多化验环节可以被机器替代，但是核心诊断环节仍是医生和患者之间的直接沟通。可标准化服务产品的个性化要求较少，例如银行服务是可标准化服务，大部分存取款服务都可以被 ATM 机替代。

其次，部分可标准化服务的市场消费可以被家庭内部成员互相提供来替代，但是不可标准化服务的市场消费行为很难被家庭内部成员互相提供来替代。例如，餐饮服务是可标准化服务，家庭既可以到餐馆饭店消费，也可以自己在家做饭，给家庭带来的效用差异很小。医疗服务是不可标准化服务，家庭必须到医院就诊，无法由家庭成员互相诊断疾病，或者说从医院购买医疗诊断服务和家庭成员之间互相提供医疗诊断服务给家庭带来的效用差异很大。

从以上两个方面可以看出，如果不可标准化服务价格上升，家庭的不可标准化服务消费不会有很大波动，因为服务的生产商无法降低成本，服务的消费方也无法找到替代品。如果可标准化服务的价格上升，家庭的可标准化服务消费会有很大波动，因为服务的生产商可以在生产过程中选择机器替代劳动来降低成本和售价，在市场上占据有利位置。消费者可以选择家庭成员之间互相提供服务替代市场购买服务。

由于不可标准化服务的冰山成本高于可标准化服务业，即 $T_s > T_h$，不可标准化服务的偏好强度高于可标准化服务业，即 $\mu > \beta$。因此我们可以得到结论 $\frac{w_1}{w_2}(T_{12}^s)^{\mu} > \frac{w_1}{w_2}(T_{12}^h)^{\beta}$。如果一线城市与周边地区的收入差距为 1%，其服务消费数量差距将超过 1%。一线城市与周边地区的服务消费差距大于两个地区之间的收入差距，使得服务业劳动力从周边地区向一线城市流动。

从直观的经济学意义来看，两个城市相邻，分别为城市 1 和城市 2，高质量医疗服务集中在城市 1，一个住在城市 2 的消费者如果想要消费高质量的医疗服务必须付出较高的冰山成本。如果消费者迁徙到城市 1，并且可以得到和在城市 2 相同的名义收入，则由于不必再付出冰山成本，消费者的实际收入提高了。对于消费者而言，从城市 2 向城市 1 迁徙在经济上是理性选择。服务业，特别是高质量的不可标准化服务业主要集中在大城市。例如北京服务业法人单位分布密度为每平方公里 22 个，而河北省保定市服务业法人单位分布密度为每平方公里 3 个。北京第三产业就业人口占总就业人口的比例高达 77%。在冰山成本的作用下，消费者理性的选择是从保定市向北京市迁徙，直至消费者向北京迁徙后工资收入的下降和冰山成本相同。

三、标准化程度的“离心力”作用

根据公式（57），参数 ρ 的数值体现了服务业对城市发展的“斥力”作用。参数 ρ 的数值体现了家庭对服务消费多样化的偏好。根据公式（2），参数 ρ 的数值越小，家庭对服务消费多样化的偏好越强，参数 ρ 的数值越大，家庭对服务消费多样化的偏好越弱。在家庭收入水平既定的情况下，消费偏好满足凸性假设，即边际效用递减规律导致的商品边际替代率递减，使得消费者更偏好于多样化的消费。随着收入的增长，家庭对消费多样化的偏好会越来越强。参数 ρ 的数值表示服务业分工潜力。从供给的角度来看，家庭对服务消费多样化的偏好是否能够得到满足取决于服务行业的供给特征。参数 ρ 表的数值越小，对于服务生产厂商来说，其利润最大化的均衡价格越高，也就意味着，家庭服务消费的偏好多样化程度越高，则需要支付的价格越高。从厂商的角度来看，多样化消费偏好导致服务价格提高的主要原因是生产过程的标准化程度发生变化。同一种服务的生产过程是标准的，在现有技术的条件下，服务生产过程中资本和劳动的比例相同。当生产的服务种类增加时，在现有技术条件下，服务生产过程中必然调整资本和劳动的比例。生产过程的调整必然带来生产成本的增加和均衡价格的提高。

第三节　服务业结构对城市“塌缩”现象影响的实证研究

一、计量经济学模型和数据来源

根据公式（12），我们建立经济学模型：

$$\frac{dw}{w} = \alpha_0 + \alpha_1 \frac{dY}{Y} + \alpha_2 \frac{dL}{L} + \alpha_3 \frac{dp^h}{p^h} + \alpha_4 \frac{dp^s}{p^s} + \alpha_5 T_h + \alpha_6 T_s + \sum_{i=7}^{n} \alpha_i x_i + \varepsilon \tag{19}$$

其中$\frac{dw}{w}$是名义工资增长率，我们用名义工资增长率来刻画城市的“向心力”，工资增长率越高，城市的“向心力”效应越大。$\frac{dY}{Y}$是增加值增长率，$\frac{dL}{L}$是人口增长率，$\frac{dp^h}{p^h}$是可标准化服务业的价格上涨率，$\frac{dp^s}{p^s}$是不可标准化服务业价格上涨率，T是冰山成本，服务业的冰山成本无法直接测量，我们用2012年投入产出表中交通运输邮政，信息传输，计算机服务和软件业投入占总中间投入的比例和服务业增加值的乘积作为冰山成本的间接测量指标。T_h是可标准化服务业的冰山成本的测量指标，T_s是不可标准化服务业的冰山成本的测量指标。$\sum_{i=7}^{n} \alpha_i x_i$表示体现城市异质性的指标，我们选取了人口规模，城市面积和人均收入三个指标。

我们数据来源于1978～2015年《中国统计年鉴》《中国城市统计年鉴》和《中国第三产业统计年鉴》。我们选取人口规模排名前100名的城市作为研究对象，将100个城市划分为四组：北京、上海和广州作为普遍接受的超大城市分为一组，人口规模排名 4 ~ 25 的城市为一组，人口规模排名 26 ~ 50 的分为一组，人口规模排名 51 ~ 100 的分为一组。

二、计量结果分析

首先，我们分别用随机效应 GLS 方法和固定效应 LSDV 方法分析四组城市数据，由于 hausman 检验值为 15. 36，在 1% 的显著水平下拒绝了固定效应与随机效应估计无差异的假设，因此我们在表 5. 4 中仅保留了固定效应 LSDV 方法估计的结果。

从估计结果来看四组城市的不可标准化服务业冰山成本对城市“向心力”都具有正向的影响，且城市规模越大，不可标准化服务业冰山成本对城市“向心力”的影响越大。北京、上海和广州不可标准化服务业冰山成本对城市“向心力”的估计值为 0. 0677，人口规模排名 51 ~ 100 的城市组的估计值就下降为 0. 1237。

不可标准化服务业冰山成本对城市“向心力”的作用存在“断崖”现象。北京、上海和广州的估计值和人口规模排名 4 ~ 25 的估计值较高，分别为 0. 0677 和 0. 0646；人口规模排名 26 ~ 50 城市组和 51 ~ 100 城市组的估计值较低，分别为 0. 0304 和 0. 0127。这说明不可标准化服务主要集中于北京、上海和广州的估计值和人口规模排名 4 ~ 25 的城市组，这些城市的“向心力”要高于人口规模排名 26 ~ 50 城市组和 51 ~ 100 城市组。

可标准化服务冰山成本对不同城市组“向心力”的影响存在差异。北京、上海和广州，人口规模排名 4 ~ 25 名的城市组，人口规模排名 26 ~ 50 城市组可标准化服务业冰山成本对“向心力”有正向影响，而人口规模排名 51 ~ 100 城市组，可标准化服务冰山成本对“向心力”有负向影响，即存在“离心力”作用。这一结果表明，随着网络技术的进步，可标准化服务业冰山成本在逐步降低，例如电信资费在逐渐下降，金融服务更加快捷在不同城市之间享受电信和金融服务的成本逐渐下降。可标准化服务冰山成本的降低，使得人口迁徙更为方便，大城市的“向心力”逐渐增强。

表 5.4 固定效应 LSDV 估计结果

	北上广	4 - 25	26 - 50	51 - 100
$\frac{dY}{Y}$	0.6338** (0.2314)	0.2424* (0.1244)	0.1962* (0.1496)	0.4185** (0.1508)
$\frac{dL}{L}$	2.1325*** (0.3447)	0.7187* (0.2307)	0.2191* (0.1013)	-0.0977 (0.2112)
$\frac{dp^h}{p^h}$	0.0324 (0.0013)	0.0658 (0.0023)	0.0524 (0.0018)	0.0168 (0.0025)
$\frac{dp^s}{p^s}$	-0.0531 (0.0102)	-0.0643 (0.0917)	0.0519 (0.0325)	0.0326 (0.0029)
T_h	0.0825 (0.0113)	0.0716 (0.0098)	0.0836 (0.0203)	-0.0698 (0.0092)
T_s	0.0677* (0.0331)	0.06467* (0.1143)	0.0304 (0.0231)	0.0127*** (0.0305)
constant	1.2895 (0.87)	0.9862 (0.0203)	0.9763 (1.3651)	1.0568 (0.9256)
R^2	0.57	0.63	0.34	0.49
Log - likelihood	158	215	206	108
Wooldbridge test	0.021 (0.816)	0.035 (0.759)	0.019 (0.469)	0.013 (0.895)
Hausman test	15.36 (0.003)	21.58 (0.008)	19.68 (0.004)	15.39 (0.007)

注：1. *，** 和 *** 分别表示在 10%、5% 和 1% 的水平上显著

2. 括号内为标准误

城市之间的发展不是孤立的，而是相互影响的，相互之间影响较大的城市构成城市群。这种相关性和地理距离直接相关，一般来说距离越近的城市是相互之间影响较大，而距离较远的呈相互之间的影响较小。如果考虑到城市之间的相互影响，基础的面板模型分析的效果会受到城市之间相互影响的干扰，导致估计结果的偏差。而空间误差面板模型可以有效解决这个问题，因此我们用空间误差面板模型对模型重新估计，对比与基础面板模型的估计结果，分析结果。我们用城市之间的地理距离作为空间权重，将计量经济学模型修改为：

$$\frac{dw}{w} = \alpha_0 + \alpha_1 \frac{dY}{Y} + \alpha_2 \frac{dL}{L} + \alpha_3 \frac{dp^h}{p^h} + \alpha_4 \frac{dp^s}{p^s} + \alpha_5 T_h + \alpha_6 T_s + \sum_{i=7}^{n} \alpha_i x_i + u$$

其中 $u_i = \lambda W u_i + \varepsilon_i$，$\varepsilon_i \sim N(0, \sigma^2 I_n)$

空间误差面板模型估计结果反映在表 5.5 中。估计结果反映出服务冰山成本对城市“向心力”影响的三个特征：

首先，四个城市组的不可标准化服务业的冰山成本对城市“向心力”的影响都是正值，而且估计值和城市人口规模成正比。北京、上海和广州城市组不可标准化服务业冰山成本对城市“向心力”的影响最大，估计值达到 0.0638。人口规模排名 51～100 城市组不可标准化服务业冰山成本对城市“向心力”影响最小，估计值仅为 0.0418。和基础面板数据模型的估计结果相比，把空间距离作为空间权重后，空间误差面板模型的估计结果不存在“断崖现象”。这说明空间距离是形成冰山成本的主要原因。从表 5.1 的服务行业就业的边际投资倾向来看，不可准化服务业就业的边际投资倾向较小，意味着不可标准化服务业的劳动投入个性化特征较强，很难被投资替代。同时，不可标准化服务业提供的服务个性化特征比较显著，其需求价格弹性较小。城市规模越大，市场容量越大，高水平服务越容易集中在规模大城市，而劳动投入的个性化和服务产品的个性化，其他城市无法提供相同的服务产品，只能支付较大的冰山成本才可以消费高水平服务。例如医疗服务行业，医生的服务过程个性化程度极高，同时对病人的诊断和治疗过程个性化程度也极高，导致医疗服务行业的冰山成本极高。

其次，北京、上海和广州城市组和人口规模排名 4～25 城市组可标准化服务业冰山成本对城市“向心力”影响为正值，但是人口规模排名 4～25 城市组可标准化服务业冰山成本对城市“向心力”影响的估计值 0.0692，高于北京、上海和广州城市组的影响估计值 0.0426。说明可标准化服务业冰山成本对城市“向心力”的影响不同于不可标准化服务业，和人口规模没有正相关关系。从表 5.1 的服务行业就业的边际投资倾向来看，可标准化服务业就业边际投资倾向较大，意味着可标准化服务业的劳动投入和资本投入之间的替代性较高，因此资本的丰裕程度成为影响这两个城市组“向心力”的重要影响因素。同时，可标准化服务业体用的服务个性化程度低，相似度较高，需求价格弹性较高。资本对劳动的替代意味着大规模的资本投资，其最低产出有较高的门槛，对市场容量有较高的要求。

北京、上海和广州城市组和人口规模排名 4～25 城市组的可标准化服务业市场资本充足程度相似，且人口规模排名 4～25 城市组的土地、资本的投入成本相对较低，同时人口规模排名 4～25 城市组可以提供和北京、上海和广州城市组相同，甚至质量更高的服务。

最后，人口规模排名 26～50 城市组合排名 51～100 城市组的可标准化服务业的冰山成本对城市“向心力”有负向影响作用。该结果反映出人口规模排名 26～14050 城市组和排名 51～100 城市组的可标准化服务业市场状况不同于北京、上海和广州城市组和人口规模排名 4～25 城市组。实证结果表明，受到市场规模的限制，前两个城市组无法容纳资本对劳动替代的最小市场规模，也就无法提供和后两个城市组相同或者质量更高的服务。人口排名 26～50 市组和排名 51～100 城市组可标准化服务的冰山成本越高，这些城市的“向心力”越低。无法吸引更高质量的劳动力和资本向这两个城市组流动。

表 5.5　空间误差面板数据模型估计结果

	北上广	4～25	26～50	51～100
$\frac{dY}{Y}$	0.2913	0.4804	0.4874	0.7688**
	(0.3867)	(0.9194)	(5.2675)	(0.2130)
$\frac{dL}{L}$	1.9967***	0.5521	0.8246	-0.0977**
	(0.3481)	(0.6976)	(2.4823)	(-0.0155)
$\frac{dp^h}{p^h}$	-0.0322	0.0761*	-0.1612	0.2808
	(0.0413)	(0.0521)	(0.7823)	(0.2512)
$\frac{dp^s}{p^s}$	0.7156	0.8259	0.7122	0.6158
	(0.1025)	(0.3502)	(0.4325)	(0.0983)
T_h	0.0426	0.0692	-0.0761	-0.0626
	(0.0092)	(0.0086)	(0.0183)	(0.0157)
T_s	0.0638*	0.0526**	0.0492	0.0418**
	(0.0207)	(0.0273)	(0.0118)	(0.0052)
constant	1.3124	1.1554	0.8965	0.8157
	(0.9797)	(1.6658)	(0.7125)	(0.3232)
R^2	0.76	0.88	0.54	0.53
Log-likelihood	755	684	384	597

注：1. *，**和***分别表示在 10%、5%和 1%的水平上显著

2. 括号内为标准误

第四节　结论和政策建议

首先，不可标准化服务业和可标准化服务业之间冰山成本对城市“向心力”影响机制、影响程度和影响范围存在较大差异。不可标准化服务业和可标准化服务业的生产过程和服务产出存在较大差异，不可标准化服务业的劳动投入个性化较强，资本和劳动的替代性较低，服务产品的个性化程度较高。不可标准化服务业很难通过在不同的城市复制，来为不同的城市提供相同品质的服务。如果一种不可标准化服务仅在中心城市提供，而周边城市无法复制该项不可标准化服务，周边城市的消费者需要付出较大的冰山成本才能实现该项不可标准化服务空间上的转移。在较大的冰山成本条件下，如果该项服务需求价格弹性较低，消费者从周边城市向中心城市迁徙可以有效降低冰山成本，提高自己的实际收入水平。可标准化服务的劳动投入个性化较弱，资本和劳动替代性较高，服务产品的个性化程度较低。可标准化服务业容易在不同的城市复制来为不同的城市提供相同质量的服务。如果一种可标准化服务仅在中心城市提供，则周边城市可以通过资本的投入实现相同品质服务的供给，周边城市的消费者用较低的冰山成本即可在当地消费相同的服务，不需要通过向中心城市迁徙来降低冰山成本，提高实际收入水平。

其次，不可标准化服务业冰山成本对城市“向心力”的影响存在“断崖”现象，“断崖”现象和空间距离存在正相关关系。周边城市的消费者向中心城市迁徙的临界点是不可标准化服务业的冰山成本等于消费迁徙后实际收入水平的提高。如果不可标准化服务业冰山成本低于迁徙后实际收入水平的提高，消费者的理性选择是从周边城市向中心城市迁徙。如果不可标准化服务业冰山成本高于迁徙后实际收入水平的提高，消费者的理性选择是留在当地。从基础面板数据模型和空间误差面板数据模型的分析结果来看，空间距离是形成冰山成本的主要原因。随着空间距离的增加，中心城市服务业的冰山成本越来越高，越来越接近迁徙的临界点。当超过临界点后，不可标准化服务业冰山成本对城市“向心力”的影响出现“断崖”现象。

再次，可标准化服务业冰山成本对不同规模城市的“向心力”影响存在较大差异。人口规模排名4~25城市组可标准化服务业冰山成本对城市“向心力”的正向影响作用最大，北京、上海和广州城市组的作用其次。人口规模排名26~50城市组合人口规模排名51~100城市组的可标准化服务业对城市“向心力”呈现负向影响。可标准化服务业的显著特征是劳动和资本之间可替代性较高，周边城市能否通过资本和劳动的替代来复制中心城市的可标准化服务业实现本地供给，取决于周边城市的市场规模能否容纳资本对劳动的替代。如果市场规模足够容纳资本对劳动的替代，则周边城市可以实现可标准化服务业的准确复制实现本地供给。如果市场规模不足以容纳资本对劳动的替代，则中心城市仍旧是可标准化服务的唯一供给城市，周边城市的可标准化服务业无法形成“向心力”。从基础面板数据模型和空间误差面板数据模型的分析结果来看，北京、上海和广州城市组是可标准化服务业的初始供给城市，人口规模排名4~25城市组的市场规模可以容纳可标准化服务业资本对劳动的替代。人口规模排名26~50城市组处于临界点，因为基础面板数据结果显示该城市组的城市规模可以容纳资本对劳动的替代，而空间误差面板数据模型结果显示该城市组无法容纳。人口规模排名51~100城市组的城市规模无法容纳可标准化服务业资本对劳动的替代。

最后，不可标准化服务业和可标准化服务业解决“大城市病”的路径存在较大差异。由于不可标准化服务业和可标准化服务业冰山成本对城市“向心力”的影响存在差异，所以从服务业结构的角度分析，解决“大城市病”的路径也不一样。因为不可标准化服务业的冰山成本是其生产过程和服务产品的个性化特征决定的，所以很难通过跨空间的复制来实现不可标准化服务的多空间供给。例如：近年来，各大医院的分院建设，各高校的分校建设并未很好的解决“就医难”和“上学难”问题。解决不可标准化服务业带来的“大城市病”问题的正确思路是根据其冰山成本较高的特征，超过单个城市的视角，从一个大的区域重新布局不可标准化服务业，使不同城市的消费者实现不可标准化服务消费的冰山成本相同，从而避免了不可标准化服务业向单一中心城市的过度集中。因为可标准化服务业的冰山成本是由其生产过程劳动和资本的较高替代性，服务产品的较高相似性决定，所以解决可标准化服务业带来的“大城市病”的正确思路是发展人口规模中等的城市，使其城市规模足以容纳资本对劳动的替代，市场本身可以实现可标准化服务业跨空间的复制，使周边城市形成“向心力”。

第六章　城市“塌缩”现象的案例

第一节　北京、上海、广州的城市“塌缩”理论模型

一、理论模型

（一）模型

环境压力对现代经济的约束越来越紧，大多数制造业的耗能较高，对城市环境的负面影响越来越大，同时现代技术使得工业产品的运输成本不断降低，制造业和城市的关系逐渐下降。相反服务业作为环境友好、耗能较低的产业，一方面在城市中的分布不受环境约束，另一方面服务业的比例越来越高。所以我们的模型主要考虑服务业对城市“塌缩效应”的影响。

根据李建华和孙蚌珠（2012）的划分，我们考虑一个由工业、不可标准化服务业和可标准化服务业构成的三部门经济。不可标准化服务业包括科学研究、技术服务和地址勘探业，水利环境和公共设施管理，教育，卫生，社会保障和社会福利业，公共管理和社会组织，房地产，租赁和商务服务业。可标准化服务业包括交通运输、仓储邮政业，批发和零售业，住宿和餐饮业，金融业，居民服务和其他服务业，文化、体育和娱乐业。

消费者的效用水平由不可标准化服务、可标准化服务和工业产品决定，效用函数为

$$U=S^{u}H^{\beta}M^{1-u-\beta} \tag{1}$$

S 表示不可标准化服务业，H 表示可标准化服务业，M 表示制造业。假定S是连续空间中的子效用函数，$s\ (i)$ 是每一种不可标准化服务的消费量，n表示整个服务业的种类，不可标准化服务消费 S 符合不变替代弹性函数（CES）

$$S=[\int_{0}^{n}s\ (i)^{\rho}di]^{\frac{1}{\rho}},0<\rho<1 \tag{2}$$

参数ρ表示消费者对不可标准化服务业多样性的偏好的程度。当$\rho \to 1$时，不可标准化服务产品几乎是完全替代的。当$\rho \to 0$时，不可标准化服务产品几乎是完全不可替代的。

令$\sigma \equiv \frac{1}{1-\rho}$，$\sigma$表示任意两种不可标准化服务之间的替代弹性

$h(i)$是每一种可标准化服务的消费量，m表示整个服务业的种类，可标准化服务消费S符合不变替代弹性函数（CES）

$$H = [\int_0^m h(i)^\rho di]^{\frac{1}{\rho}}, 0 < \rho < 1 \tag{3}$$

参数φ表示消费者对可标准化服务多样性的偏好的程度。当$\varphi \to 1$时，可标准化服务产品几乎是完全替代的。当$\varphi \to 0$时，可标准化服务产品几乎是完全不可替代的。令$\delta \equiv \frac{1}{1-\varphi}$，$\varphi$表示任意两种可标准化服务之间的替代弹性

消费者的预算约束为

$$p^M M + \int_0^n p^s(i)s(i)di + \int_0^m p^h(i)h(i)di = Y \tag{4}$$

我们分两步来解决这个问题。第一步，不管服务业有多少，我们都要选择每一个$s(i)$，使获得不可标准化服务组合S的成本最低。解决下面方程的最小化问题

$$\min \int_0^n p^s(i)s(i)di \tag{5}$$

$$s.t \quad [\int_0^n p^s(i)s(i)di]^{\frac{1}{\rho}} = S \tag{6}$$

经过公式推导，最小化问题的一阶条件为：

$$\frac{s(i)^{\rho-1}}{s(j)^{\rho-1}} = \frac{p^s(i)}{p^s(j)} \tag{7}$$

（7）式可以变形为

$$s(i) = s(j)\left[\frac{p^s(j)}{p^s(i)}\right]^{\frac{1}{1-\rho}} \tag{8}$$

将公式（8）代入最小化问题的约束条件，可以得到：

$$[\int_0^n s(i)^\rho di]^{\frac{1}{\rho}} = S \tag{9}$$

将公式（9）中$s(i)$ $p(i)^{\frac{1}{1-\rho}}$放在定积分符号外面，可以得到

$$s(j)=\frac{p^{s}(j)^{\frac{1}{1-\rho}}}{[\int_0^n p^{s}(i)^{\frac{\rho}{\rho-1}}di]^{\frac{1}{\rho}}}S \tag{10}$$

该方程表示第 j 种不可标准化服务的补偿需求函数。将公式（10）对 j 求定积分

$$\int_0^n p^{s}(j)s(j)dj=[\int_0^n p^{s}(i)^{\frac{\rho}{\rho-1}}di]^{\frac{\rho-1}{\rho}}S \tag{11}$$

我们用 P^S 代表可标准化服务的价格指数，可以表示为

$$P^S\equiv[\int_0^n p^{s}(i)^{\frac{\rho}{\rho-1}}di]^{\frac{\rho-1}{\rho}}=[\int_0^n p^{s}(i)^{1-\sigma}di]^{\frac{1}{1-\sigma}} \tag{12}$$

其中，$\rho\equiv\frac{\sigma-1}{\sigma}$或者 $\sigma=\frac{1}{1-\rho}$

价格指数 P^S 是购买 1 单位不可标准化服务业的最小成本，将 P^S 代入（9）

$$s(j)=\left[\frac{p^{s}(j)}{P^S}\right]^{\frac{1}{\rho-1}}S=\left[\frac{p^{s}(j)}{P^S}\right]^{-\sigma}S \tag{13}$$

同理，对于可标准化服务业，我们可以求得可标准化服务的需求函数为：

$$h(j)=\left[\frac{p^{h}(j)}{P^H}\right]^{\frac{1}{\rho-1}}H=\left[\frac{p^{h}(j)}{P^H}\right]^{-\sigma}H \tag{14}$$

第二步，我们来求消费者效用最大化的结论

$$\max U=S^{\mu}H^{\beta}M^{1-\mu-\beta} \tag{15}$$

$$s.t\quad P^S\cdot S+P^H H+p^M M=Y \tag{16}$$

上述优化问题的计算结果为

$$S=\frac{\mu Y}{P^S} \tag{17}$$

$$H=\frac{\beta Y}{P^H} \tag{18}$$

$$M=\frac{(1-\mu-\beta)Y}{p^M} \tag{19}$$

将第一个问题和第二个问题的结论综合，对工业产品，我们可以得到

$$M=\frac{(1-\mu-\beta)Y}{p^M} \tag{20}$$

对每一种不可标准化服务业有

$$s(j)=\mu Y\frac{p(j)^{-\sigma}}{(P^S)^{-(\sigma-1)}},\ j\in[0,n] \tag{21}$$

对每一种可标准化服务业有

$$h\ (j)\ =\mu Y\frac{p^{h}\ (j)^{-\sigma}}{(P^{H})^{-(\sigma-1)}} \tag{22}$$

我们可以将最大化效用看成是收入，不可标准化服务价格，可标准化服务价格，工业产品价格的函数，从而得到间接效用函数

$$U=\mu^{\mu}\beta^{\beta}\ (1-\mu-\beta)^{1-\mu-\beta}Y\,(P^{S})^{-\mu}(P^{H})^{-\beta}(p^{M})^{-(1-\mu)} \tag{23}$$

其中$(P^{S})^{-\mu}(P^{H})^{-\beta}(p^{M})^{-(1-\mu)}$是该经济体的生活费用指数

我们假定所有可得到的不可标准化服务价格都是 p^{s}，价格指数可以简化为

$$P^{S}\equiv[\int_{0}^{n}p\ (i)^{\frac{\rho}{\rho-1}}di]^{\frac{\rho-1}{\rho}}=[\int_{0}^{n}p\ (i)^{1-\sigma}di]^{\frac{1}{1-\sigma}}=p^{s}n^{\frac{1}{1-\sigma}} \tag{24}$$

价格指数对可得服务数目的敏感程度取决于不同种类不可标准化服务之间的替代弹性 σ，我们看到 σ 越低，即各种产品之间的差异性越大，产品种类增加引起价格指数下降的幅度越大。对消费者效用的影响可以通过 $U=\mu^{\mu}\beta^{\beta}\ (1-\mu-\beta)^{1-\mu-\beta}Y\,(P^{S})^{-\mu}(P^{H})^{-\beta}(p^{M})^{-(1-\mu-\beta)}$得到体现。因为 n 增加引起 P^{S} 下降，从而使每种产品的需求曲线向下移动。

同理，我们假定所有可得到的可标准化服务价格都是 p^{h}，可标准化服务业价格指数可以简化为

$$P^{H}\equiv[\int_{0}^{m}p^{h}\ (i)^{\frac{\varphi}{\varphi-1}}di]^{\frac{\varphi-1}{\varphi}}=[\int_{0}^{m}p^{h}\ (i)^{1-\delta}di]^{\frac{1}{1-\delta}}=p^{h}n^{\frac{1}{1-\delta}} \tag{25}$$

如果某种可标准化服务在生产地 1 的售价为 p_{1}^{s}，那么这种服务在消费地 2 的交货价或到岸价 p_{12}^{s}就是

$$p_{12}^{s}=p_{1}^{s}T_{12}^{s} \tag{26}$$

地区 2 的价格指数

$$P_{1}=[n_{1}\ (p_{1}^{s})^{1-\sigma}+n_{2}\ (p_{2}^{s}T_{12}^{s})^{1-\sigma}]^{\frac{1}{1-\sigma}} \tag{27}$$

$$P_{2}=[n_{1}\ (p_{1}^{s}T_{12}^{s})^{1-\sigma}+n_{2}\ (p_{2}^{s})^{1-\sigma}]^{\frac{1}{1-\sigma}} \tag{28}$$

地区 2 对地区 1 生产的一种服务的消费需求为

$$\mu Y_{2}\ (p_{1}^{s}T_{12}^{s})^{-\sigma}P_{2}^{\sigma-1} \tag{29}$$

地区 1 该种服务的总销售量

$$q_{1}^{S}=\mu\ [Y_{1}\ (p_{1}^{s})^{-\sigma}P_{1}^{\sigma-1}+Y_{2}\ (p_{1}^{s}T_{12}^{s})^{-\sigma}P_{2}^{\sigma-1}T_{12}^{s}] \tag{30}$$

假设所有地区不可标准化服务的生产技术都相同，固定投入为 F，边际投入为 c^{s}，暂且假定生产中只有一种生产要素投入即劳动，在给定地区生产

数量为 q^s 的任何产品需要的劳动投入为 l^s

$$l^s = F + c^s q^s \tag{31}$$

地区 1 的一家厂商生产一种特定服务，该特定厂商支付给服务业工人的工资率为给定的 w_1^s，产品的出厂价为 p_1^s，利润可表示为

$$\pi_1 = p_1^s q_1^s - w_1^s\ (F + c^s q_1^s) \tag{32}$$

利润最大化问题求解可以得到条件

$$p_1^s\left(1 - \frac{1}{\sigma}\right) = c^s w_1^s \tag{33}$$

或者

$$p_1^s = \frac{c^s w_1^s}{\rho} \tag{34}$$

地区 1 的厂商的利润为

$$\pi_1 = w_1^s\left(\frac{c^s q_1^s}{\sigma - 1} - F\right) \tag{35}$$

完全竞争市场利润等于零

$$q^* \equiv \frac{F\ (\sigma - 1)}{c^s} \tag{36}$$

相应均衡劳动力投入为

$$l^* \equiv F + c^s q^* = F\sigma \tag{37}$$

令 L_1^s 表示地区 1 的服务业工人数量，n_1 表示地区 1 的服务业厂商数目

$$n_1 = \frac{L_1^s}{l^*} = \frac{L_1^s}{F\sigma} \tag{38}$$

市场规模不影响边际成本加成定价，也不影响单产品的生产规模，因此所有的规模效应都是通过产品种类发生作用的。

可标准化服务业工资方程

$$q* = \mu\ [Y_1\ (p_1^s)^{-\sigma} P_1^{\sigma - 1} + Y_2\ (p_1^s T_{12}^s)^{-\sigma} P_2^{\sigma - 1} T_{12}^s] \tag{39}$$

自由厂商的定价当期仅当满足下面的条件时才能达到收支平衡

$$(p_1)^{\sigma} = \frac{\mu}{q^*}\ [Y_1 P_1^{\sigma - 1} + Y_2\ (T_{12}^s)^{1 - \sigma} P_2^{\sigma - 1}] \tag{40}$$

利用方程（27）（28）可以把上式表示为

$$w_1 = \ (\frac{\sigma - 1}{\sigma c^S})\ \frac{\mu}{q^*}[Y_1 P_1^{\sigma - 1} + Y_2\ (T_{12}^s)^{1 - \sigma} P_2^{\sigma - 1}]^{\frac{1}{\sigma}} \tag{41}$$

上式为服务业工人的名义工资方程。根据生活费用指数 $P^{-\mu}(p^{M})^{-(1-\mu)}$，我们可以得到地区 1 制造业工人的实际工资

$$\omega_1 = w_1 G_1^{-\mu} \ (p_1^{M \ -(1-\mu)}) \tag{42}$$

标准化

我们选择产出的计量单位使边际劳动需求满足下面的方程

$$c = \frac{\sigma - 1}{\sigma} = \rho \tag{43}$$

定价方程变为

$$p_1 = w_1 \tag{44}$$

同时产量方程变为

$$q* = l* \tag{45}$$

我们选择合适的计量单位，使固定投入需求 F 满足下列方程

$$F = \frac{\mu}{\sigma} \tag{46}$$

此时厂商数量方程变为

$$n_1 = \frac{L_1}{\mu} \tag{47}$$

厂商零利润时的产出水平为

$$q* = l* = \mu \tag{48}$$

价格指数简化为

$$P_1^{1-\sigma} = \frac{1}{\mu} \ [L_1 w_1^{1-\sigma} + L_2 \ (w_2 T)^{1-\sigma}] \tag{49}$$

$$P_2^{1-\sigma} = \frac{1}{\mu} \ [L_1 \ (w_1 T)^{1-\sigma} + L_2 w_1^{1-\sigma}] \tag{50}$$

完整的工资方程为

$$w_1^{\sigma} = Y_1 P_1^{\sigma-1} + Y_2 P_2^{\sigma-1} T^{1-\sigma} \tag{51}$$

$$w_2^{\sigma} = Y_1 P_1^{\sigma-1} T^{1-\sigma} + Y_2 P_2^{\sigma-1} \tag{52}$$

如果 $L_1 = L_2$，$Y_1 = Y_2$，那么就有 $P_1 = P_2$，$w_1 = w_2$

可以推导出

$$1 + T^{1-\sigma} = \frac{\mu}{L}\left(\frac{P}{w}\right)^{1-\sigma} = \frac{w}{Y}\left(\frac{P}{w}\right)^{1-\sigma} \tag{53}$$

我们把价格指数方程和工资方程在均衡点附近线性化，在总体经济资源数

量固定的条件下，一个地区某个变量的增长总会引起另一个地区同一变量大小相等但方向相反的变化。所以令

$$dP = dP_1 = -dP_2 \tag{54}$$

并分别对两个方程求微分

$$(1-\sigma)\frac{dP}{P} = \frac{L}{\mu}\left(\frac{P}{w}\right)^{\sigma-1}(1-T^{1-\sigma})\left[\frac{dL}{L} + (1-\sigma)\frac{dw}{w}\right] \tag{55}$$

$$\sigma\frac{dw}{w} = \frac{Y}{w}\left(\frac{P}{w}\right)^{\sigma-1}(1-T^{1-\sigma})\left[\frac{dY}{Y} + (\sigma-1)\frac{dP}{P}\right]* \tag{56}$$

同理，我们可以得到

假定制造品的价格不变则实际收入的全微分为

$$\frac{d\omega}{\omega} = \frac{dw}{w} - \mu\frac{dP^S}{P^S} - \beta\frac{dP^H}{P^H} \tag{57}$$

根据（51）和（52）和 $z=1$，可以得到

$$\frac{d\omega}{\omega} = (1-\mu-\beta)\frac{dY}{Y} + \left[\frac{\mu+\beta-\rho}{\rho}\right]\frac{dL}{L} \tag{58}$$

（二）“塌缩”和“发散”的定义

当$\frac{\mu+\beta-\rho}{\rho}>0$时，城市发生“塌缩”现象。根据公式（56），如果参数$\frac{\mu+\beta-\rho}{\rho}>0$，则当某个城市的服务业劳动力供给增加时，其实际工资是不断增长的。实际工资的增长会导致服务业工人不断向该城市流动。如果一个区域由若干城市构成，则当其中一个城市“塌缩”，其周边城市的工人将被实际工资不断增加而被吸引到发生“塌缩”的城市。而随着工人从周边城市向“塌缩”城市的流动，其他相关的资本和技术等资源也源源不断地从周边城市向“塌缩”城市流动。“塌缩”城市将自己的经济边界延伸至地理边界之外，将周边城市纳入自己的经济边界之内。周边城市从“塌缩”发生前的小区域中心转变为“塌缩”的城市的边缘。周边城市的“集聚”效应被“塌缩”城市破坏。在市场经济条件下，如果$\frac{\mu+\beta-\rho}{\rho}>0$的条件成立，资源从周边地区向“塌缩”城市的流动不会逆转，类似于天体物理学中的恒星“塌缩”现象。

当$\frac{\mu+\beta-\rho}{\rho}<0$时，城市发生“发散”现象。如果参数$\frac{\mu+\beta-\rho}{\rho}<0$，

则当某个城市的服务业劳动力供给增加时，其实际工资是不断下降的。如果一个区域由若干城市构成，则当一个城市满足“发散”条件时，随着服务业劳动力供给的增加，其实际工资是不断下降的。工资下降使得城市之间的工资水平没有差异时，工人的流动就会停止。“发散”城市的规模会有一个上限，和周边城市之间有明确的经济边界。

二、服务业结构对城市“塌缩”的影响

（一）服务业在城市发展中的“引力”作用

根据公式（56），参数μ的数值体现了不可标准化服务业对城市发展的“引力”作用，参数β的数值体现了可标准化服务业对城市发展的“引力”作用。

第一，参数μ和参数β的数值影响实际工资差异，进而影响“引力”作用。我们考虑一种极端情况，有两个城市相邻，分别称为城市 1 和城市 2，有一种服务只在城市 1 生产，但是城市 1 和城市 2 都有服务消费需求，城市 2 的家庭必须支付冰山成本才能消费，根据公式（22），城市 1 和城市 2 的价格指数变为

$$P_1 = n_1 \left(p_1^s\right) \tag{59}$$

$$P_2 = n_2 \left(p_1^s T_{12}^s\right) \tag{60}$$

根据公式（36），地区 1 和地区 2 的实际工资为

$$\omega_1 = w_1 P_1^{-\mu} \left(p^h\right) \left(p^M\right)^{-(1-\mu)}) = w_1 \left(n_1 p_1^s\right)^{-\mu} \left(p^h\right)^{-\beta} \left(p^M\right)^{-(1-\mu-\beta)} \tag{61}$$

$$\omega_2 = w_2 P_2^{-\mu} \left(p^h\right)^{-\beta} \left(p^M\right)^{-(1-\mu)} = w_2 \left(n_2 p_1^s T_{12}^s\right)^{-\mu} \left(p^h\right)^{-\beta} \left(p^M\right)^{-(1-\mu)}) \tag{62}$$

我们用地区 1 和地区 2 实际工资之比表示两地实际工资差异，根据上式，我们可以得到

$$\frac{\omega_1}{\omega_2} = \frac{w_1}{w_2} \left(T_{12}^s\right)^{\mu} \tag{63}$$

从公式（61）我们可以看出，参数μ的数值越大，由于冰山成本导致的两地工资差异越大。因为冰山成本由不生产该服务的地区 2 承担，所以在工业品价格相同的条件下，服务生产地地区 1 的价格指数低于地区 2，实际工资高于地区 2，实际工资的差异吸引地区 2 的劳动力向地区 1 转移。即

便两个地区名义工资相同，即$\frac{w_1^S}{w_2^S}=1$，实际工资之比也会在冰山成本$(T_{12}^s)^{\mu}$的影响下导致两地实际工资差异。

第二，参数μ的数值反映了服务需求收入弹性的变化。根据公式(15)，在消费者效用最大化条件下，服务需求为$S=\frac{\mu Y}{P}$。根据公式（1）的假设，参数μ的数值反映了家庭对服务消费的偏好强度，Fuchs（1964）通过大量的统计数据计算得到结论，服务的需求收入弹性大于1。意味着当收入增长1%，家庭服务消费增长将超过1%。这个结论告诉我们，如果一线城市与周边地区的收入差距为1%，其服务消费数量差距将超过1%。一线城市与周边地区的服务消费差距大于两个地区之间的收入差距，使得服务业劳动力从周边地区向一线城市流动。

第三，参数μ的数值和城市服务需求定位有关。一线城市的服务需求分为两个层次，第一个层次是满足一线城市本地居民家庭的服务需求，例如：教育行业、中小学和市属高校都是为本地居民家庭提供教育服务；第二个层次是超越本地居民家庭的服务需求，这部分服务供给面向周边城市，甚至面向全国的服务需求。例如：清华大学和北京大学虽地处北京，但是清华大学和北京大学的招生、培养、科研等服务是面向全国的。协和医院地处北京，但是协和医院对疑难杂症的医疗服务是面向全国的。当城市需求定位超过本地需求时，服务业会向城市集中，并且服务业的集聚相应会强化这种集中。

（二）服务业在城市发展中的“斥力”作用

根据公式（57），参数ρ的数值体现了服务业对城市发展的“斥力”作用。

第一，参数ρ的数值体现了家庭对服务消费多样化的偏好。根据公式(2)，参数ρ的数值越小，家庭对服务消费多样化的偏好越强，参数ρ的数值越大，家庭对服务消费多样化的偏好越弱。在家庭收入水平既定的情况下，消费偏好满足凸性假设，即边际效用递减规律导致的商品边际替代率递减，使得消费者更偏好于多样化的消费。随着收入的增长，家庭对消费多样化的偏好会越来越强。

第二，参数ρ的数值表示服务业分工潜力。从供给的角度来看，家庭对服务消费多样化的偏好是否能够得到满足取决于服务行业的供给特征。

从公式（28），我们可以看出，参数 ρ 表的数值越小，对于服务生产厂商来说，其利润最大化的均衡价格越高，也就意味着，家庭服务消费的偏好多样化程度越高，则需要支付的价格越高。从厂商的角度来看，多样化消费偏好导致服务价格提高的主要原因是生产过程的标准化程度发生变化。同一种服务的生产过程是标准的，在现有技术的条件下，服务生产过程中资本和劳动的比例相同。当生产的服务种类增加时，在现有技术条件下，服务生产过程中必然调整资本和劳动的比例。生产过程的调整必然带来生产成本的增加和均衡价格的提高。

（三）城市“塌缩”的典型事实

根据前面的理论分析，我们将结论反映在表 6. 1 中。表 6. 1 介绍了不同参数条件对城市“塌缩”的影响，并从经济学解释和区域经济特征的角度直观地描述了发散、均衡和塌缩三种条件下，区域经济的基本特征。

表 6. 1　城市“塌缩”条件

条件	$\rho>\mu+\beta$	$\rho=\mu+\beta$	$\rho<\mu+\beta$
结论	发散	均衡	塌缩
经济学解释	城市服务需求量有限，城市服务供给种类单一。	城市服务需求量中等，城市服务供给种类有限。	城市服务需求量大，城市服务供给种类多样化。
区域经济特征	区域家庭收入有限，城市之间经济增长差异小	区域家庭收入中等，城市之间经济增长差异有限。	区域家庭收入较高，城市之间经济增长差异大

第二节　北京、上海、广州的城市“塌缩”现象

现实经济中的“塌缩”现象反映为服务业在一线城市中的高度集聚现象。我们可以从一线城市三次产业就业人员比重的特征上看到城市“塌缩”的一些典型案例。

首先，第三产业就业人数占总就业人口的比例反映出城市的“塌缩”现象。图 6. 1 为北京、上海、广州三个一线城市第三产业就业人口占总就业人口的比例。三个城市的第三产业就业人口占总就业人口的比例都超过 50%，其中北京第三产业就业人口占总就业人口的比例高达 77%，上海为

51%，广州为55%，反映出服务业已经成为这三个一线城市经济的主体部分。这三个一线城市经济发展水平较高，居民家庭收入高，随着收入的提高，服务需求以更高的速度增长。

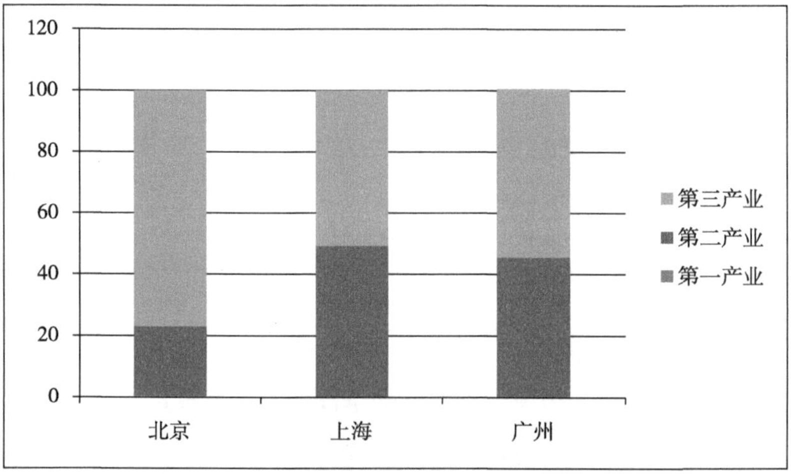

图6.1　北京、上海、广州服务业就业比例比较

其次，服务业分布密度反映出城市的“塌缩”现象。图6.2为北京及周边地区服务业分布密度的比较，我们用平均每平方公里服务业法人数量作为城市服务业分布密度的指标。从图6.2我们可以看出北京的服务业分布密度明显高于周边的天津和河北地区。图6.3为上海和周边地区服务业分布密度的比较。从图6.3中我们可以看出上海市的服务业分布密度明显高于浙江省和江苏省的服务业分布密度。图6.4为广州和周边地区服务业分布密度的比较。从图6.4中我们可以看出广州市的服务业分布密度明显高于广东省、福建省、湖南省、江西省和广西壮族自治区。服务业分布密度的差异一方面反映出，北京、上海和广州三个城市的服务需求定位超过了本城市居民家庭的需求。这三个一线城市的需求定位覆盖了本城市和周边地区，甚至北京市服务业的某些功能要辐射至全国范围，服务供给需要整个地区的服务需求，使得周边地区从事服务业的劳动力不断向这三个城市流动。另一方面反映出服务业冰山成本较高而集聚效应显著，在利润动机驱使下，服务业企业逐渐从周边地区向这三个城市集聚。

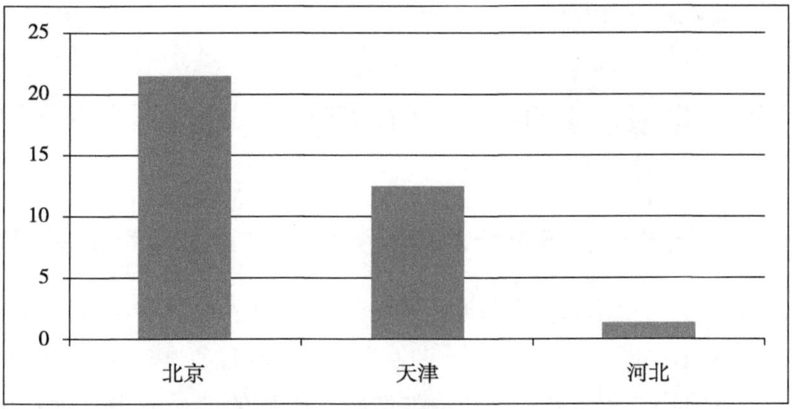

图 6.2　北京及周边地区服务业分布密度

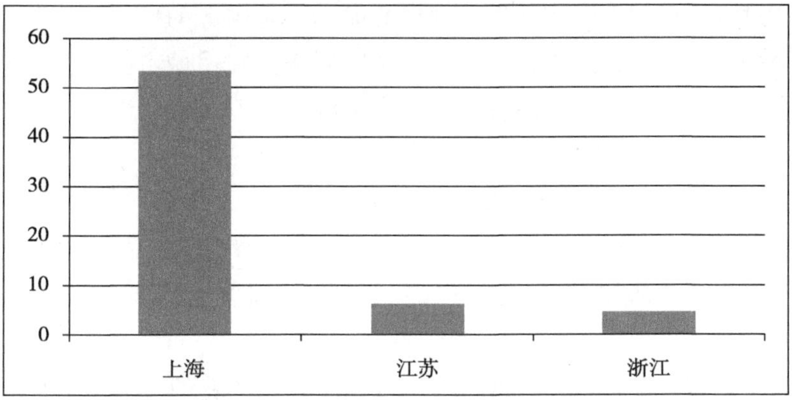

图 6.3　上海及周边地区服务业分布密度

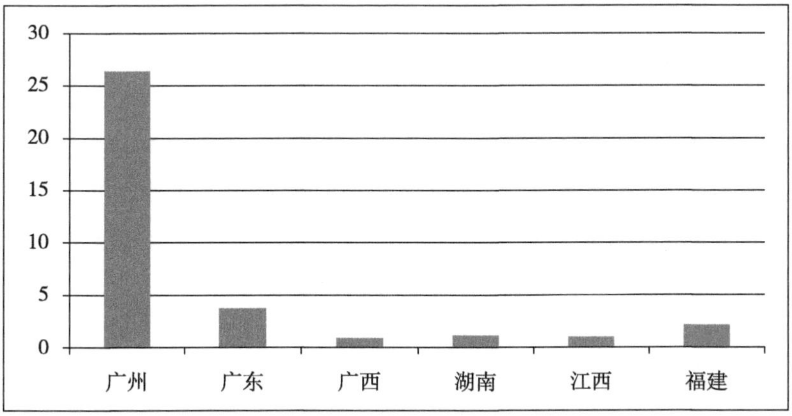

图 6.4　广州及周边地区服务业分布密度

第三节　北京、上海、广州的城市“塌缩”的实证分析

一、可标准化和不可标准化服务业“冰山成本”的差异

服务业的“冰山成本”和工业产品的“冰山成本”有显著区别。工业产品的“冰山成本”主要是生产完成后，在运输过程中产品本身的损耗，包括了数量的减少和品质的下降两种情况，损耗的产品成本要计算在到达运输目的地并出售的产品的成本中。服务业的“冰山成本”主要体现在实现生产过程的成本上。实现生产过程的成本不是服务的价格，而是要实现服务消费另外付出的成本，例如如果某些服务只在甲城市提供，乙城市没有该服务的供给，则服务消费的附加成本就是从乙城市到甲城市的交通费用、住宿费用等。

根据李建华和孙蚌珠（2012）的分析，可标准化服务业和不可标准化服务业的差异体现在生产过程的标准化程度和产品的标准化程度上。生产过程的标准化程度和产品的标准化程度会影响服务业的“冰山成本”。

从生产过程的标准化程度来看，可标准化服务业的“冰山成本”低于不可标准化服务业。可标准化服务业的资本和劳动的替代性较高，而不可标准化服务业的资本和劳动替代性较低。在技术进步和经济增长的条件下，资本的价格不断降低，而劳动成本不断提高。所以可标准化服务业更容易用机器替代劳动向消费者提供服务，不可标准化服务业很难用机器替代劳动向消费者提供服务。可标准化服务业生产过程比较容易从一个城市复制到另一个城市，跨城市消费的成本相对较低，即冰山成本较低。例如电信服务是可标准化服务业，中长途电话服务业务，可以满足在一个城市享受另一个城市的电信服务，需要支付的长途话费相对不高而且要成本有下降的潜力。不可标准化服务业的生产过程很难从一个城市复制到另一个城市，跨城市消费的成本相对较高，即“冰山成本”较高。例如医疗服务是不可标准化服务，重大疾病的诊断和治疗主要集中于大城市，在现有技术条件下很难实现在中小城市享受大城市的重大疾病诊断和治疗。或者高

薪邀请高水平医生从大城市转移到中小城市提供服务，或者病人从中小城市转移到大城市接受重大疾病诊断和治疗。无论前者还是后者，都需要较高的“冰山成本”，且这种“冰山成本”很难下降。

从服务产品的标准化程度来看，可标准化服务业的服务产品个性化要求较低，服务产品的差异越小，服务产品的交易成本低，更容易实现从一个城市向另一个城市的转移，“冰山成本”较低。而不可标准化服务业的服务产品个性化要求比较高，服务产品的差异较大，服务产品的交易成本较高，很难实现从一个城市向另一个城市的转移，“冰山成本”较高。

可标准化服务业和不可标准化服务业“冰山成本”的差异表明，从生产过程标准化程度和产品的标准化程度两个角度来看，可标准化服务业的“冰山成本”较低，不可标准化服务业的“冰山成本”较高。从公式（61）来看，“冰山成本”越低，经过“冰山成本”调整后两个城市的实际收入差距越小，塌缩效应越小。反之如果“冰山成本”越高，经过“冰山成本”调整后的两个城市的实际收入差距越大，塌缩效应越大。不可标准化服务业是城市“塌缩”的主要原因。

有两个指标可以反映出可标准化服务业和不可标准化服务业“冰山成本”的差异，第一个指标是服务业企业电子商务的普及情况，第二个指标是服务行业的边际投资倾向。

首先我们来看服务业企业的电子商务普及情况。在网络技术不断进步的条件下，服务业的交易行为可以通过电子商务的形式完成。电子商务可以反映出可标准化服务业和不可标准化服务业“冰山成本”的差别。标准化服务业的生产过程标准化程度高，资本对劳动的替代性较高，企业更容易同电商商务的方式采购机器。标准化服务业服务产品的差异小，个性化要求少，更容易通过电子商务的形式实现服务的销售。表6.2从比例和交易数量两个角度反映了服务业企业开展电子商务的情况，表6.2中服务行业有电子商务的企业比例，电子商务销售额，电子商务采购额证明了李建华和孙蚌珠（2012）的结论，可标准化服务业有电子商务的企业比例，电子商务销售额、电子商务采购额都较高，而不可标准化服务业有电子商务的企业比例、电子商务销售额、电子商务采购额都较低。

表 6.2　2014 年服务业企业电子商务开展情况表

行业	有电子商务的企业比例（%）	电子商务销售额（亿元）	电子商务采购额（亿元）
批发和零售业	6.2	27651.5	15795
交通运输、仓储和邮电业	4	2941.6	226
住宿和餐饮业	24.4	240.5	21
信息传输、软件和信息服务业	18.9	5750.3	898.5
房地产业	1.6	71.9	57.1
租赁和商务服务业	6.4	2068.4	291.9
科学研究和技术服务业	4.7	173.3	143.8
水利、环境和公共设施管理业	10.3	28.8	2.7
居民服务、修理和其他服务业	4.7	10	2.7
教育	3.3	17.8	0.4
卫生和社会工作	4.1	2.4	7.8
文化、体育和娱乐业	20.1	87.8	14

数据来源：《中国统计年鉴》（2015）

其次，我们来看服务行业的边际投资倾向。我们将边际投资倾向定义为两个时间点之间投资增加量和就业增加量的比例，我们将 2010 年和 2014 年作为基期和考察期，将服务业的边际投资倾向的计算结果反映在表 6.3 中。

表 6.3　2010—2014 年服务行业的边际投资倾向

行业	投资增长（亿元）	就业增长（万人）	边际投资倾向
批发和零售业	9768	353.5	27.63
交通运输、仓储和邮电业	13141.2	233	56.4
住宿和餐饮业	2863.3	80.1	35.74
信息传输、软件和信息服务业	1655.5	150.5	11
金融业	873.6	96.2	9.08
房地产业	66470.9	190.6	348.74
租赁和商务服务业	5272.6	139.3	37.85
科学研究和技术服务业	2839.8	115.7	24.54
水利、环境和公共设施管理业	21397.4	50.2	426.24
居民服务、修理和其他服务业	1257.6	15.2	82.73

续表

行业	投资增长（亿元）	就业增长（万人）	边际投资倾向
教育	2675.1	145.5	18.38
卫生和社会工作	1872.5	177.9	10.52
文化、体育和娱乐业	3219	14.1	228.29
公共管理社会保障和社会组织	1523.9	170.8	8.92

数据来源：《中国统计年鉴 2015》

我们用边际投资倾向来刻画一个服务行业每增加 1 万个就业岗位需要增加多少亿元的投资。我们假设有两个条件：第一，在技术不断进步的情况下，机器价格不断下降，效率不断提高。第二，在经济增长的情况下，劳动力成本不断提高。这两个假设条件符合大多数经济增长的国家的情况。可标准化服务业资本和劳动的替代性比较高，在利润最大化的目标驱使下，可标准化服务业每增加 1 万个就业岗位，需要增加的投资量比较大。而不可标准化服务业资本和劳动的替代性比较低，不可标准化服务业每增加 1 万个就业岗位，需要增加的投资量比较小。

二、参数 μ 和 β 的差异

根据公式（1）我们对消费者消费函数的假定，μ 和 β 分别表示消费者对不可标准化服务和可标准化服务的消费偏好。消费者的消费偏好无法直接观测，但消费者的消费结构可以反映出消费者对不可标准化服务和可标准化服务的消费偏好。我们将北京、上海和广州三个城市的家庭服务消费结构反映在图 6.5 中。从三个城市的服务消费结构来看，不可标准化服务在消费总额中的比例要略微高于可标准化服务。根据公式（1）柯布道格拉斯消费函数的意义和不可标准化服务消费比例高于可标准化服务消费比例的事实，我们可以得出结论，参数 μ 的数值应该大于参数 β 的数值。

参数 μ 数值大于参数 β 数值的主要原因在于不可标准化服务和可标准化服务的需求价格弹性的差异。需求价格弹性的差异有两方面的原因。

首先，李建华、王振全和孙蚌珠（2012）认为，随着技术的进步，很多服务可以被工业产品替代，例如对于一个非专业人士来说，随着音响技术的发展，音乐会 CD 可以替代现场听音乐会。但是不同的服务种类，被工业产品替代的能力有显著差异。不可标准化服务被工业产品替代的难度

较高，可标准化服务被工业产品替代的难度较低。不可标准化服务产品具有极高的个性化要求，例如医疗诊断服务是不可标准化服务，在现有的技术水平下，尽管很多化验环节可以被机器替代，但是核心诊断环节仍是医生和患者之间的直接沟通。可标准化服务产品的个性化要求较少，例如银行服务是可标准化服务，大部分存取款服务都可以被 ATM 机替代。

其次，部分可标准化服务的市场消费可以被家庭内部成员互相提供来替代，但是不可标准化服务的市场消费行为很难被家庭内部成员互相提供来替代。例如，餐饮服务是可标准化服务，家庭既可以到餐馆饭店消费，也可以自己在家做饭，给家庭带来的效用差异很小。医疗服务是不可标准化服务，家庭必须到医院就诊，无法由家庭成员互相诊断疾病，或者说从医院购买医疗诊断服务和家庭成员之间互相提供医疗诊断服务给家庭带来的效用差异很大。

从以上两个方面可以看出，如果不可标准化服务价格上升，家庭的不可标准化服务消费不会有很大波动，因为服务的生产商无法降低成本，服务的消费方也无法找到替代品。如果可标准化服务的价格上升，家庭的可标准化服务消费会有很大波动，因为服务的生产商可以在生产过程中选择机器替代劳动来降低成本和售价，在市场上占据有利位置。消费者可以选择家庭成员之间互相提供服务替代市场购买服务。

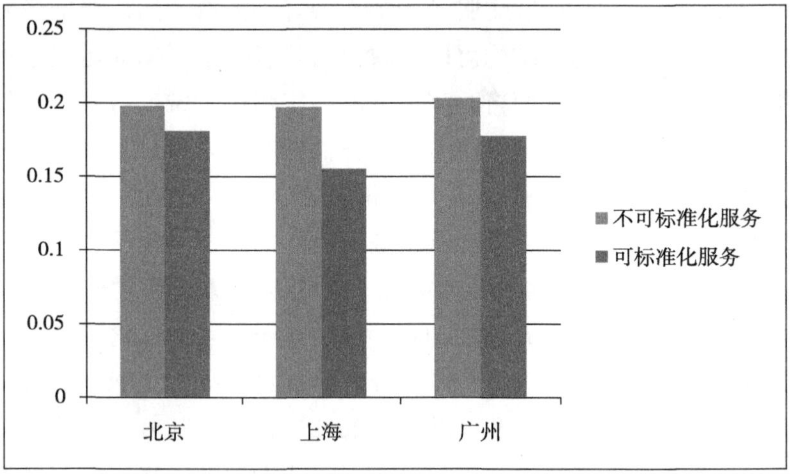

图 6.5　北京、上海和广州家庭服务消费构成

三、实证分析

（一）实证的基本思路

我们将第二部分理论模型的实证分析分成两步。第一步根据公式（56），我们可以建立如下计量经济学模型，估计参数 α_1 和 α_2。

$$\frac{d\omega}{\omega} = \alpha_0 + \alpha_1 \frac{dY}{Y} + \alpha_2 \frac{dL}{L} + \varepsilon \tag{64}$$

估计参数 β_1 和 β_2 的估计过程中，我们会选择两种方法对估计结果进行比较。首先我们采取普通 OLS 方法进行估计。普通 OLS 方法估计背后的逻辑是我们假设劳动力增长率和实际工资增长是单向逻辑，即前者是后者的影响原因，后者是影响的结果。其次，我们会选择 2SLS 方法估计参数 β_1 和 β_2，2SLS 方法估计背后的逻辑是，我们假设模型（56）可能存在内生性问题，劳动力增长率和实际工资增长率之间可能存在双向逻辑关系。在 2SLS 估计方法中我们认为劳动力增长率是一个内生变量，我们用城市的第三产业法人单位数增长率作为工具变量对模型重新估计。通过对比两种方法估计的结果，来分析内生性问题对模型（58）的影响。

第二步，根据公式（56）和计量经济学模型（58），我们有如下方程

$$\alpha_1 = 1 - \mu - \beta \tag{65}$$

$$\alpha_2 = \frac{\mu + \beta - \rho}{\rho} \tag{66}$$

根据计量经济学（58）参数 α_1 和 α_2 将方程（59）和（60）联立，可以计算出的数值。根据两个数值分析“塌缩”条件。在第一步中，我们用两种方法估计出两套 α_1 和 α_2 的估计值。在第二步中，我们也会计算出两套 $\mu + \beta$ 和 ρ 的数值，通过对比结果，评估内生性问题对模型（58）的影响。

（二）分析结果

根据实证分析的基本思路，我们将普通 OLS 的估计结果反映在表 6.1 中，根据表 6.1 的估计结果我们将计算出 $\mu + \beta$ 和 ρ 的数值，反映在表 6.2 中。从表 6.1 和表 6.2 的分析结果我们发现四个显著特征。

首先，北京、上海和广州三个城市的 α_2 的估计值为正数，表明北京、上海、广州三个城市已经发生了“塌缩”现象。根据公式（56）和计量经

济学模型（65），α_2 的估计值表示当城市服务业的就业人口增长率提高时，该城市的实际工资率如何变化。北京、上海、广州三个城市的 α_2 的估计值为正数说明，当这三个城市的就业人口增长时，这三个城市的实际工资水平会提高。实际工资水平的提高会吸引周边地区的劳动力向这三个城市不断集中，随着劳动力不断向这三个城市集中，相关的资源也会不断向这三个城市集中，形成“塌缩”效应。

其次，北京的 α_2 的估计值最大，上海的 α_2 的估计值其次，广州的 α_2 的估计值最小。根据公式（56）和计量经济学模型（65），α_2 的估计值的大小可以反映出“塌缩”效应的大小，即北京对周边地区劳动力和相关资源吸引力的大小。北京 α_2 的估计值最大反映出北京的发展对周边地区劳动力和相关资源的吸引力比较大，甚至对周边地区的经济增长产生了相当大的负效应。例如 2014 年北京的人均 GDP 为 148181 元人民币，天津的人均 GDP 为 143129 元人民币，而北京周边的河北城市人均 GDP 则相对非常低，例如承德市人均 GDP 为 33653 元人民币，仅为北京的 23%。保定市人均 GDP 为 24951 元人民币，仅为北京的 17%。张家口人均 GDP 为 28201 元人民币，仅为北京的 19%。秦皇岛人均 GDP 为 39889 元人民币，仅为北京的 27%。其中保定市是离北京最近和交通最为方便的河北城市，但也是北京周边人均 GDP 最低的城市。上海市 α_2 的估计值比北京小很多，反映出上海的发展对周边地区劳动力和相关资源仍有吸引力，但是吸引力相对没有北京的吸引力大。上海市对周边地区的经济增长产生的负效应较小，例如 2014 年上海人均 GDP 为 150853 元人民币，上海周边有两个城市人均 GDP 略高于上海，分别是无锡和苏州，人均 GDP 分别为 170978 元和 199017。有三个城市人均 GDP 低于上海，分别是嘉兴市、南通市、湖州市，人均 GDP 分别为 90973 元、65696 元、68823 元，与上海人均 GDP 的比例分别是 60%、44% 和 46%。广州市 α_2 的估计值最小，接近于零，反映出广州的发展对周边地区劳动力和资源的吸引力已经很小，对周边地区经济发展的副作用很小。例如 2014 年广州人均 GDP 为 185338 元人民币，其周边城市人均 GDP 与广州的差异比较小，珠海市人均 GDP 为 152512 元人民币，是广州的 82%。佛山市人均 GDP 为 183512 元，是广州的 99%。东莞市人均 GDP 为 290477 元，是广州的 157%。中山市人均 GDP 为 171359 元，是广州的 92%。从北京、上海和广州三个城市与周边地区的经济发展状况的对比我们可以看出，“塌缩”效应越大的城市，周边地区经济发展与这三个城市的差距越大。

最后，根据公式（64）和（65）和表6.2的计算结果，我们计算出北京、上海、广州的μ和ρ的数值，计算结果反映出城市的“引力”和“斥力”的对比关系。北京、上海、广州三个城市的“引力”作用超过了这三个城市的“斥力”作用，导致三个城市出现“塌缩”现象。我们认为μ和ρ的数值的大小对比关系更能反映出我们问题分析的本质，“引力”作用和“斥力”作用的大小关系，反映出城市经济发展中行政边界与经济边界的差异。行政边界是由于历史和行政管理的需要划定的城市边界，而经济边界是城市的“引力”所影响的范围。Fujita，M.，P. Krugman，T. Mori（1995）认为由于运输成本的存在，城市有自己的经济边界，城市的收益随城市规模的扩大递减，而城市的成本随城市面积的扩大递增，边界取决于边际收益和边际成本的比较，边界之外会形成新的城市。在现有城市体系已经建立，新城市很难形成的情况下，我们将Fujita，M.，P. Krugman，T. Mori（1995）的分析进一步扩展为如下问题，城市的经济边界在行政边界上的覆盖范围。例如从北京和周边地区的经济发展状况比较来看，如果将北京、承德、保定、张家口、秦皇岛看作独立的城市，则北京较大的“塌缩”效应将周边的劳动力和相关资源吸引到北京，意味着承德、保定、张家口、秦皇岛已经被北京纳入到自己的“经济边界”之内。

表6.4　普通OLS估计结果

	全国	北京	上海	广州
被解释变量	实际工资增长率	实际工资增长率	实际工资增长率	实际工资增长率
α_1	0.4185** (0.1508)	0.6338** (0.2314)	0.2424* (0.1244)	0.1962* (0.1496)
α_2	-0.0977 (0.2112)	2.1325*** (0.3447)	0.7187* (0.2307)	0.2191* (0.1013)
常数项	0.1237*** (0.0305)	-0.0677* (0.0331)	-0.6467** (0.1143)	0.0304 (0.0231)
R^2	0.53	0.76	0.88	0.54

注：1. *，** 和 *** 分别表示在10%、5%和1%的水平上显著

2. 括号内为标准误

表 6.5 普通 OLS 计算的μ和ρ

	全国	北京	上海	广州
ρ	0.63	0.12	0.44	0.76
$\mu+\beta$	0.58	0.37	0.76	0.80
结论	发散	塌缩	塌缩	接近均衡

在普通 OLS 的回归时，我们假定劳动力增长对实际工资是单向影响关系，并未考虑相关的内生性问题。例如劳动力增长和实际工资之间可能是双向影响关系，劳动力增长导致实际工资增长，实际工资增长导致劳动力增长。双向影响关系中，前者是我们要研究的重点，而后者并不是我们研究的重点。所以，我们要采用两阶段最小二乘法，引入工具变量排除后者对我们分析的干扰，而保留劳动力增长对实际工资增长的单向影响关系。我们选用的工具变量是第三产业法人单位数量的增长率。从理论逻辑上来看，首先，第三产业法人单位数量增长对就业人数增长率有影响关系，因为第三产业法人单位数量越多，对劳动力的需求越大，从而劳动力增长率越高。其次，第三产业法人单位数量的增长与实际工资的增长没有直接的影响关系。我们将两阶段最小二乘法的回归结果反映在表 6.4 中，根据新的回归结果结算后的μ和ρ的数值反映在表 6.5 中，将两阶段最小二乘法的稳健性检验反映在表 6.6 和表 6.7 中。

从表 6.4 的两阶段最小二乘法回归结果我们可以得到如下几点结论：

首先，北京、上海和广州三个城市的β_2的估计值依然为正数，但是上海和广州的β_2的估计值不再显著，只有北京的回归结果显著。最小二乘法避免了劳动力增长率和实际工资增长率之间的双向影响关系，最大程度上反映了劳动力增长率对实际工资增长率的单向影响。从这个角度出发，北京发生“塌缩”现象的结论是稳健的。从两种回归方法的结论可以看出，上海和广州发生“塌缩”现象的结论的稳健性不够。

表 6.6 2SLS 估计结果

	全国	北京	上海	广州
被解释变量	实际工资增长率	实际工资增长率	实际工资增长率	实际工资增长率
β_1	0.7688**	0.2913	0.4804	0.4874
	(0.2130)	(0.3867)	(0.9194)	(5.2675)

续表

	全国	北京	上海	广州
β_2	-0.0977** (-0.0155)	1.9967*** (0.3481)	0.5521 (0.6976)	0.8246 (2.4823)
常数项	0.2808 (0.2512)	-0.032 (0.0413)	0.0761* (0.0521)	-0.1612 (0.7823)
R^2	0.72	0.85	0.67	0.83

注：1. *，** 和 *** 分别表示在 10%、5% 和 1% 的水平上显著

2. 括号内为标准误

3. 在 2SLS 估计中，工具变量为第三产业法人单位数增长率

表 6.7　2SLS 计算的 $\mu+\beta$ 和 ρ

	全国	北京	上海	广州
ρ	0.26	0.24	0.34	0.28
$\mu+\beta$	0.23	0.71	0.52	0.51
结论	发散	塌缩	结果不显著	结果不显著

工具变量的质量是两阶段最小二乘法的关键步骤。一般来讲，好的工具变量必须满足两点性质：第一，工具变量与模型的干扰项不存在相关关系；第二，工具变量与内生变量存在相关关系（Murry，2006）。我们重新用被解释变量和内生变量对工具变量回归（结果见表 6.6 和表 6.7）。首先，从表 6.6 我们可以看出原模型 OLS 的残差对工具变量的回归效果很差，R 平方值很低说明拟合效果不好，多数估计参数的 t 检验很低说明参数估计显著性很差。证明了 Murry 的第一个结论。其次，从表 6.7 我们可以看出，可能的内生解释变量对工具变量的回归的效果良好，R 平方值很高说明拟合效果很好，几乎所有的参数估值都是显著的。证明了 Murry 的第二个结论。

表 6.8　2SLS 估计的稳健性检验（1）

	全国	北京	上海	广州
被解释变量	残差	残差	残差	残差
工具变量	0.0029 (0.6534)	0.0041 (1.1852)	-0.0054 (1.6662)	0.0038 (2.6424)

续表

	全国	北京	上海	广州
常数项	0.0019 (0.0499)	0.0024 (0.0665)	0.0006 (0.0936)	-0.0002 (0.1484)
R^2	0.01	0.01	0.01	0.01

注：1. *，** 和 *** 分别表示在 10%、5% 和 1% 的水平上显著

2. 括号内为标准误

表 6.9　2SLS 估计的稳健性检验（2）

	全国	北京	上海	广州
被解释变量	β_1	β_1	β_1	β_1
工具变量	3.6954*** (0.8751)	-1.2138 (2.0655)	-3.9009 (2.6560)	-3.6172* (2.2398)
常数项	-0.2487* (0.0669)	0.1458 (0.1160)	0.3362* (0.1492)	0.3181* (0.1258)
R^2	0.69	0.64	0.30	0.34

注：1. *，** 和 *** 分别表示在 10%、5% 和 1% 的水平上显著

2. 括号内为标准误

计量经济学模型（64）只能估计出 $\mu+\beta$ 的估计值，无法分辨出 μ 和 β 两个参数值的大小。为了比较 μ 和 β 两个参数值的大小，根据公式（57），我们可以建立计量经济学模型（67）。

$$\frac{d\omega}{\omega}=\alpha_4+\alpha_5\frac{dP^S}{P^S}+\alpha_6\frac{dP^H}{P^H}+\varepsilon \tag{67}$$

计量经济学模型（67）中，参数 α_4 和参数 α_5 的估计值比较可以反映出 μ 和 β 两个参数值的大小估计结果，我们将计量经济学模型（63）的估计结果反映在表 6.8 中。

从表 6.8 的估计结果，我们可以得到如下几个结论。

首先，物价上涨对实际工资增长率的影响基本都是负的。可标准化服务业价格的上涨和不可标准化服务价格的上涨都会使得实际工资水平下降。从表 6.8 我们可以看出，北京、上海和广州三个地区不可标准化服务价格上涨和可标准化服务价格上涨对实际工资增长率的偏效应都是负数。根据公式（57）和公式（58），表 6.8 的估计结果说明，公式（58）中 μ

和β都是正数，“塌缩”城市的引力作用中，可标准化服务业和不可标准化服务业的引力方向一致，存在叠加效应，而不是互相抵消。

其次，不可标准化服务价格的上涨对实际工资的影响作用大于可标准化服务价格上涨的影响作用。从表 6.8 我们可以看出，北京市的不可标准化服务价格上涨对实际工资增长率偏效应为 -0.0043，可标准化服务价格上涨对实际工资增长率的偏效应为 -0.0027，前者的绝对值比后者的绝对值高 0.16。上海市的不可标准化服务价格上涨对实际工资增长率偏效应为 -0.0024，可标准化服务价格上涨对实际工资增长率的偏效应为 -0.0017，前者的绝对值比后者的绝对值高 0.07。广州市的不可标准化服务价格上涨对实际工资增长率偏效应为 -0.0020，可标准化服务价格上涨对实际工资增长率的偏效应为 -0.0015，前者的绝对值比后者的绝对值高 0.05。根据公式（58），“塌缩”城市的引力作用中，不可标准化服务的引力作用大于不可标准化服务业的引力作用。

表 6.10　普通 OLS 估计结果

	全国	北京	上海	广州
被解释变量	实际工资增长率	实际工资增长率	实际工资增长率	实际工资增长率
α_5	-0.0063**	-0.0043**	-0.0024*	-0.0020*
	(0.0008)	(0.0014)	(0.0012)	(0.0014)
α_6	-0.0047	-0.0027***	-0.0017	-0.0015*
	(0.2112)	(0.3447)	(0.2307)	(0.1013)
常数项	0.1766***	0.0497*	0.0008**	0.0776
	(0.0305)	(0.0331)	(0.1143)	(0.0231)
R^2	0.53	0.40	0.42	0.43

注：1. *，** 和 *** 分别表示在 10%、5% 和 1% 的水平上显著

2. 括号内为标准误

最后，不可标准化服务价格和可标准化服务价格对实际工资的影响存在地域差异。从表 6.8 中参数 α_5 和 α_6 的估计值来看，北京市的参数 α_5 和 α_6 的估计值要大于上海市和广州市的估计值。该结果说明，北京市的引力作用要高于上海市和广州市。从表 6.2 至表 6.7 的估计结果来看，经过对内生性问题的检验和调整，北京市的“塌缩”估计结果是比较稳健的，而上海市和广州市的估计结果并不稳健。从表 6.8 的估计结果来看，北京市

的引力作用高于上海市和广州市，从另一方面也证实了北京市的“塌缩”结果的稳健性。

“塌缩”有一种自我强化的机制，服务业之间具有很强的相关性，服务业的中间投入中，服务投入占一半以上。投入产出分析是经济学中分析服务业生产过程中投入结构的方法，但是由于计算方法非常复杂，并不是每年都有投入产出分析的数据。《中国统计年鉴 2015》中给出了 2012 年中国经济投入产出分析的相关数据。我们将服务业生产过程中中间投入的服务部分反映在表 6.4 中。从表 6.4 的数据我们可以得到如下几个结论。

首先，服务业的中间投入中，服务投入占了相当大的比例。塌缩城市的服务业无论从绝对数量在经济中的比例都不断提高，而且这种提高使得中间投入的服务业也得到不断发展。交通运输、仓储邮电、信息传输、计算机服务和软件业的中间投入中，服务投入占 51%。批发零售贸易、住宿和餐饮业的中间投入中，服务投入占 60%。房地产、租赁和商务服务业的中间投入中，服务投入占 54%。金融业的中间投入中，服务投入占 84%。除上述服务业之外的其他服务业的中间投入中，服务投入占 45%。

其次，不同服务业的中间服务投入结构存在显著差异。例如交通运输仓储邮政、信息传输、计算机服务和软件业对本行业的其他企业投入依赖程度较高，本行业中间投入占总中间投入的 24%。批发零售贸易、住宿和餐饮业对房地产、租赁和商务服务业依赖程度较高，房地产、租赁和商务服务投入占批发零售贸易、住宿和餐饮业中间投入的 28%。房地产、租赁和商务服务业对金融业的依赖程度较高，金融业占房地产、租赁和商务服务业中间投入的 20%。金融业对房地产、租赁和商务服务业的依赖程度较高，房地产、租赁和商务服务占金融业中间投入的 38%。其他服务业包括了科学研究和技术服务业，水利、环境和公共设施管理业、居民服务、修理和其他服务业，教育、卫生和社会工作、文化、体育和娱乐业、公共管理、社会保障和社会组织等行业。这些行业对本行业的依赖程度比较高，本行业投入占中间投入的 13%。

再次，从标准化程度的角度来看，可标准化服务业和不可标准化服务业的中间投入中，可标准化服务投入较多。这说明随着经济的发展和技术的进步，可标准化服务业已经成为服务业发展不可或缺的投入，根据李建华和孙蚌珠（2012）对可标准化服务业和不可标准化服务业的划分，根据表6.4可以计算出，可标准化服务业的中间投入中，可标准化服务的投入占37%。不可标准化服务业的中间投入中可标准化服务投入占30%。从产业链的角度来看，如果将可标准化服务业迁出“塌缩”城市，“塌缩”城市的服务业发展要付出的成本较大，不仅影响可标准化服务业的发展，也影响不可标准化服务的发展。从可标准化服务业迁出“塌缩”城市的收益来看，尽管可以缓解“塌缩效应”，但是收益有限。首先，可标准化服务的生产过程和服务产品的标准化程度较高，可能和迁入地的服务产品类似，形成竞争关系。其次，可标准化服务业劳动和资本的替代性较高，“塌缩”城市的劳动力未必能够大量从“塌缩”城市转移出去。

最后，从标准化程度的角度来看，不可标准化服务业间行业独立性相对较强。从表6.9可以看出，不可标准化服务业的中间投入中，不可标准化服务投入仅为18%，而可标准化服务投入为30%。从产业链发展的角度来看，不可标准化服务业的发展对可标准化服务推动作用要大于不可标准化服务业。这个性质使得不可标准化服务从“塌缩”城市迁出提供了可行性。从消费者的角度来看，不可标准化服务中的医疗教育等服务是家庭生活必需的。由于“塌缩”城市不可标准化服务的供给定位已经超过了本城市的需求，而是面向区域或者全国，所以导致劳动力和相关资源向“塌缩”城市不断集中，给“塌缩”城市带来了巨大的负效应。如果将不可标准化服务业迁出“塌缩”城市，将其位置设定在供给定位区域的合适位置，可以将部分引力转移到其他区域，缓解“塌缩”效应。由于不可标准化服务业之间的独立性较强，可以考虑将不同的不可标准化服务业分布在区域的不同位置，将“塌缩”效应的一个“塌缩点”分解为若干个中心，将“塌缩效应”彻底化解。根据可标准化服务业的性质，其产品的标准化程度较高，不可标准化服务业在迁出“塌缩”城市后，其中间投入中，可标准化服务投入可以由当地供给，对不可标准化服务产品的质量影响较小，同时对于“塌缩”城市本身的不可标准化服务业的发展影响也相对较小。从这个角度来看，将不可标准化服务业迁出“塌缩”城市，缓解“塌缩”效应的收益应该大于不可标准化服务业迁出对“塌缩”城市带来的成本。

表 6.11　服务业中间投入情况（亿元）

	运输仓储邮政、信息传输、计算机服务和软件业	批发零售贸易、住宿和餐饮业	房地产业、租赁和商务服务业	金融业	其他服务业
中间投入	52317.5	36121.9	33849.9	23826.3	61594.3
运输仓储邮政、信息传输、计算机服务和软件业	12796.9	3241.7	2364.8	2809.6	6385
批发零售贸易、住宿和餐饮业	2989.2	3875.3	3218.1	2760.9	6510.7
房地产业、租赁和商务服务业	2686.7	10221.7	5287.2	9148.2	3458.8
金融业	6149.2	3159	6749.8	3648.5	3866.9
其他服务业	2019	1152.9	979.1	1541.3	7742.2
服务投入占中间投入的比例	50.92%	59.94%	54.15%	83.56%	45.40%

数据来源：《中国统计年鉴 2015》

第四节　结论和政策建议

首先，当一个城市服务业面临的需求超过了服务业本身的分工潜力时，城市会发生“塌缩”现象。当城市发生“塌缩”时，劳动力会从周边地区不断向“塌缩”城市流动，进而资本和技术等资源也不断向“塌缩”城市流动。周边地区的经济增长被“塌缩”城市强大的引力干扰。实证分析支持我们的理论分析。我们选用了 OLS 和 2SLS 两种方法对理论分析进行了验证，比较稳健的分析结果是北京市发生“塌缩”现象。“塌缩”现象的负面效应是北京强大的“塌缩”效应干扰了周边城市的经济发展，统计结果表明北京周边的城市人均 GDP 仅相当于北京人均 GDP 的 20% 左右。而上海周边城市的人均 GDP 为上海市 50% 左右，广州周边城市的人均 GDP 为广州市的 80% 左右。

其次，工资差异不一定是劳动力从周边地区向一线城市的流动原因。

根据前面理论模型的分析，当冰山成本存在，并且大部分服务业主要集中于一线城市这两个条件存在，即便一线城市和周边地区的名义工资水平相等，经过“冰山成本”调整之后的价格指数和生活成本差异依然存在，劳动力也会从周边地区向发生“塌缩”的一线城市流动。如果一线城市名义工资高于周边地区，则经过“冰山成本”调整后的实际工资差异更大，“塌缩”效应更显著。从标准化程度的角度来看，不可标准化服务业的“冰山成本”要高于可标准化服务业，这就会导致不可标准化服务业的价格越高，“冰山成本”对名义工资的调整幅度越大。例如，北京聚集了很多高水平的医院，北京的医疗价格逐渐上升，然而河北地区到北京就医的人数一直呈上升趋势。

最后，不可标准化服务的“塌缩效应”大于可标准化服务业的“塌缩效应”。通过对计量经济学模型（67）的实证结果，我们发现μ值大于β值。不可标准化服务业的生产过程劳动力投入很难被机器替代，服务产品个性化程度较高，使得不可标准化服务，特别是高质量的不可标准化服务业变得不可或缺。当这些高质量的不可标准化服务集中于一个城市时，为了节省“冰山成本”，劳动力不得不向该城市流动，从而形成“塌缩”效用。可标准化服务业的生产过程劳动力投入比较容易被机器替代，工序细分化后比较容易学习，服务产品相似度较高，使得可标准化服务业比较容易在其他地区复制。当可标准化服务业集中于一个城市时，存在“塌缩效应”，但是其“塌缩效应”小于不可标准化服务业。从“塌缩效应”的视角去寻找缓解“塌缩效应”的路径，我们发现将“塌缩”城市的不可标准化服务业分散到周边地区，仅保持不可标准化服务业的供给满足当地需求，对“塌缩效应”的缓解程度要高于把可标准化服务业分散到周边地区。进一步深入分析我们发现不可标准化服务业有很多行业，为了避免这些行业集中于一个城市造成另一个“塌缩”城市，我们建议将不可标准化服务业分散在“塌缩”城市周边的不同地区，这样可以有效分散和缓解“塌缩效应”。如果不可标准化服务业分散后仍旧存在“塌缩效应”，我们可以再考虑进一步将可标准化服务业分散到周边地区。

最后，从城市的“斥力”角度来看，推动技术的进步，利用技术挖掘服务业分工的潜力。从服务业发展过程来看，新的服务行业和服务方式往往和计算机、和互联网技术的发展同步出现，这个事实说明技术改变了服务业的分工潜力。从这个角度来看，城市“塌缩”本质上是服务需求的增长速度超过了技术进步提高服务业分工潜力的速度。从标准化程度来看，虽然分工的发展在现有技术和既定劳动力数量的基础上增加服务供给，给城市服务业带来“斥力”，但由于不可标准化服务业标准化程度较低，分工的潜力有限。当城市服务业的“引力”超过了“斥力”，城市可能出现“塌缩”现象。而可标准化服务业标准化程度高，技术进步可以进一步提高分工潜力，增强城市发展中的“斥力”，从而缓解“塌缩效应”。服务业是未来一段时间中国经济发展的主要方向，在这个大方向下，发展可标准化服务业是化解城镇化进程中“塌缩效应”的有效路径。

第七章　小城市的规模锁定现象

第一节　小城市的规模锁定现象

一、引言和文献综述

一个国家的城市体系遵循着普遍性的Zipf定律，即城市从大到小形成一个有规律的城市体系。Carroll（1982）发现美国人口大于S的城市的数量和S^{-a}呈正比，并且在实证中发现$a \approx 1$。Dobkins and Ioannides（1996）用美国单一管辖权的城市数据重新分析后，认为$a = 1.044$。Gabaix and Ioannides（2004）将数据样本仅限于大都市群的城市，得到了相同的结论。

当国内外学者将焦点转移到中国高速发展的城市时，发现中国的城市体系和Zipf定律存在显著差异。Anderson and Ge（2005）发现中国城市体系的两极分化趋势，中心城市和小城市之间存在显著差异，且小城市的发展与中心城市差异越来越大。陈良文、杨开中、吴娇（2007）的研究得出了相似的结论，并将其称为城市体系的“扁平化趋势”，小城市无法成长为中大规模城市。范剑勇和邵挺（2011）利用211个城市的数据证实了中国城市体系的中心城市和小城市的差异，中心城市数量少并过度拥挤，小城市数量多，发展程度参差不齐。例如京津冀地区，城区人口超过800万的城市有两个，没有城区人口400万~800万的城市，城区人口200万~400万的城市仅有2个，城区人口100万~200万的仅有2个，城区人口50万~100万的城市有5个。西部中心城市和周边小城市的差距更大。我们将中心城市周边的小城市，因为中心城市的影响，局限于较小的规模，无法成长为中大规模城市的现象称为小城市的规模锁定效应。

小城市规模锁定效应的原因是什么？合理的城市体系布局来源于产业的适当分散。但是产业分散受到产业冰山成本高低的影响。小城市规模锁定效应来源于产业冰山成本的差异。冰山成本高的行业在空间上的不可移动性使得某些行业成为小城市规模锁定效应的重要原因。Krugman（1991）假设农业生产在空间上具有不可移动性，所以制造业能够集聚在城市，并形成稳定的均衡。Helpman（1998）是城市体系研究的开创者，他假设城市土地和住房在空间上具有不可移动性，将城市体系形成的原因归结于制成品运输成本的高低，运输成本高的制造业集中于中心城市，运输成本低的制造业集中于中心城市周边的中小城市。Mion（2004）、Brakman（2004）、Hanson（2005），沿用了城市土地和住房在空间上的不可移动性假设条件，扩展了Helpman（1998）的模型，得出了相似的结论，技术含量高，产品差异大的制造业运输成本高，集中于中心城市，一般制造业运输成本低，集中于中小城市。Ahlfeldt（2013）强调服务业的不可移动性，讨论了服务业在单一中心城市和多中心城市两种城市形成过程中的作用。

研究小城市规模锁定问题的文献大多以Helpman（1998）的模型为基础，在经济部门的假设方面进行扩展。Helpman（1998）假设经济中存在农业和制造业两个部门，Anderson and Ge（2005）在这一假设的基础上进行了扩展，假设制造业的不同部门因为技术含量的差异导致运输成本的差异，运输成本高的制造业是大城市集聚不足，小城市数量过多的主要原因。陈良文、杨开中、吴娇（2007）进一步扩展假设，将经济划分为制造业和服务业两个部门，服务业的运输成本高于制造业部门，认为服务业是小城市数量过多的原因。范剑勇和邵挺（2011）将经济划分为差异化部门（包括服务业和制造业）和同质部门（房地产），认为消费者对差异化产品的需求是导致小城市数量过多的主要原因。柯善咨和赵曜（2014，2015），梁婧、张庆华和龚六堂（2015）等则进一步探索了制造业和服务业内部不同行业的差异对中国城市体系的影响。

现有的文献无法对以下两个问题有令人信服的论述。第一个问题是根据Helpman（1998）的模型，我们可以得到推论，交通运输条件的改善会降低制造业的不可移动性，制造业应该在城市间得到更好的分散，从而缓解小城市的规模锁定效应。经济现实和该推论正好相反，随着高速公路、高速铁路等运输条件的改善，中心城市的“城市病”反而更加严重。因此不是制造业，而是其他产业的不可移动性造成了小城市的规模锁定效应。第二个问题是Helpman（1998）并没有把服务业差异纳入理论分析的基本框架，Mion（2004）、Brakman（2004）、Hanson（2005）把服务业看作一个行业纳入分析框架。现代经济中，把服务业看作一个行业是否能够刻画城市体系的产业结构特征？事实上服务行业之间冰山成本的显著差异对小城市的规模锁定效应有着重要的影响。

实际上很多学者关注了服务业内部不同行业之间也存在显著差异，服务业生产过程标准化程度的差异是 Pugno（2006）分析服务业时注意到了服务行业之间的差异。江小涓（2011）强调服务行业之间的差异主要体现在标准化程度的差异。李建华和孙蚌珠（2012，2014）深入分析了服务业标准化程度的差异及其对劳动生产率进步速度的差异的影响。本文旨在从服务行业之间差异的角度，讨论中国城市体系小城市规模锁定效应的原因。

二、服务业的异质性及其对小城市规模锁定效应的影响

1. 服务业的异质性主要体现为服务业标准化程度差异

服务业的异质性体现在生产过程的标准化程度上（江小娟，2011；李建华和孙蚌珠，2012，2014）。根据生产过程的标准化程度，我们将服务业划分为可标准化服务业和不可标准化服务业，具体定义如下：

假设 $a_1 \in R^L$，…，$a_{N_1} \in R^L$ 是能够生产服务 1 的 N_1 种基本活动，并规定生产要素 2，…，L 的初始水平为 z_2，…，z_L，那么在给定这些投入的情况下服务 1 的最大可能的产量 f（z_2，$\cdots z_L$）是如下问题的解：

$$Max a_1 a_{11} + \cdots + a_{N_1} a_{1N_1}$$

$$s.t. \ \sum_{m=1}^{N_1} a_n a_{1n} \geqslant -z_l, l = 2, \cdots, L \tag{1}$$

能够生产服务 1 的基本活动越多，服务生产越容易标准化，在 $N_1 \to +\infty$ 时，生产服务 1 所需的投入要素之间可以完全替代。$N_1 \to 1$ 时，服务 1 生产完全不能标准化。

可标准化服务业强调结果或过程的同质化，生产要素之间可以相互替代，可以使用提高效率的设备和实现规模生产，提高劳动生产率。不可标准化的服务业，不能用机器替代劳动和大规模同质化生产。

我们用投资就业的弹性统计指标划分不可标准化服务业和可标准化服务业。可标准化服务业的劳动和资本更容易替代，而不可标准化服务业的劳动和资本不容易替代。根据这一特点，我们设计投资就业弹性指标来测量可标准化和不可标准化服务业。

$$E_{ie}=\frac{投资增长率}{就业增长率}=\frac{\dfrac{计算期投资-基期投资}{基期投资}}{\dfrac{计算期就业-基期就业}{基期就业}} \tag{2}$$

我国服务业分行业的投资就业弹性计算结果如表 7.1。

表 7.1　2003—2014 中国服务业投资就业弹性分析

	投资增长率	就业增长率	投资就业弹性
批发和零售业*	16.12	0.41	38.88
交通运输、仓储和邮电业*	7.17	0.36	20.05
住宿和餐饮业*	13.73	0.68	20.16
金融业*	14.11	0.60	23.41
房地产业	8.99	2.35	3.83
租赁和商务服务业	20.23	1.45	13.96
科学研究、技术服务和地质勘探业	13.78	0.84	16.43
水利、环境和公共设施	9.59	0.56	17.12
居民服务和其他服务业*	8.82	0.43	20.60
教育	3.01	0.20	15.29
卫生、社会保障和社会福利业	8.84	0.67	13.22
文化、体育和娱乐业*	10.62	0.14	76.71
公共管理和社会组织业	2.34	0.37	6.41
制造业	9.05	0.45	20.11
不可标准化服务业	11.76	0.44	33.30
可标准化服务业	9.54	0.92	12.32

注：标*号的服务行业为可标准化服务业，未标*号的服务行业为不可标准化服务业

根据投资的就业弹性标准，我们将交通运输、仓储邮电业，批发和零售业，住宿和餐饮业，金融业，居民服务和其他服务业，文化、体育和娱乐业 6 个服务行业划分为可标准化服务业。我们将房地产，租赁和商务服务业，科学研究、技术服务和地质勘探业，水利环境和公共设施，教育，卫生、社会保障和社会福利业，公共管理和社会组织业 7 个服务行业划分为不可标准化服务业。两类服务业在冰山成本、劳动生产率和电子商务企业比例等方面存在较大差异。

2. 不可标准化服务业和可标准化服务业通过价格差异影响城市体系

根据我们前面的划分标准，家庭消费可以分为不可标准化服务业、可

标准化服务业和制造业三大类，三大类的价格变化存在显著差异，从而对地区价格指数的影响大小存在差异。我们将 2015 年不可标准化服务业、可标准化服务业和制造业的价格指数反映在图 7.1 中。图 7.1 的数据是根据《中国统计年鉴》各类价格指数，居民消费价格分类指数的数据整理而成。从图 7.1 中我们可以看到不可标准化服务业的价格指数最高，为 102.45；可标准化服务业其次，为 100.03；制造业最低，为 98.6。这一变化趋势符合 Baumol（1967）对美国“成本病”趋势的分析，服务业价格增长率高于制造业，同时图 7.1 也扩展了“成本病”的分析，从服务业内部来看，不可标准化服务业的“成本病”效应高于可标准化服务业。

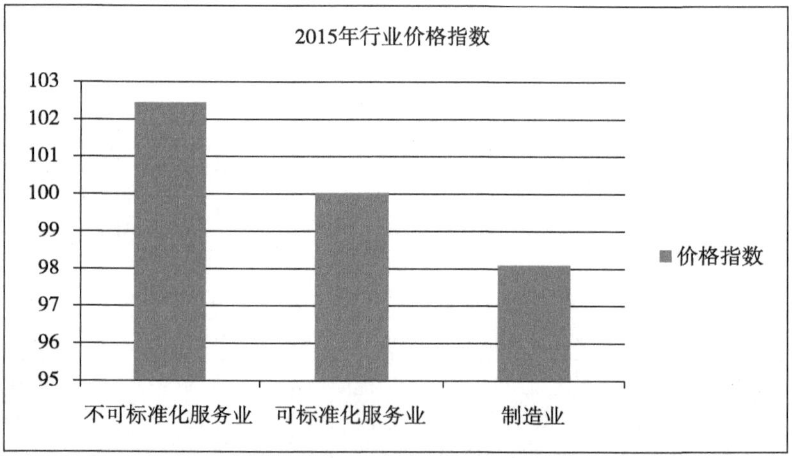

图 7.1　不可标准化服务业、可标准化服务业、制造业价格指数

注：根据《中国统计年鉴》（2015）各类价格指数，居民消费价格分类指数整理

我们可以构建如下模型来分析不可标准化服务业和可标准化服务业的价格差异及其原因。如果某种服务在生产地 1 的售价为 p_1^s，那么这种服务在消费地 2 的交货价或到岸价 p_{12}^s就是

$$p_{12}^s = p_1^s T_{12}^s \tag{3}$$

其中 T_{12}^s是冰山成本，记 n_1 和 n_2 分别表示本地生产的服务和非本地生产的服务，根据 Fujita M，Krugman P，Mori T（1995）的做法，我们构造一个加入冰山成本因素的地区价格指数，地区 1 和地区 2 的价格指数分别设定为

$$P_1 = [n_1 (p_1^s)^{1-\sigma} + n_2 (p_2^s T_{12}^s)^{1-\sigma}]^{\frac{1}{1-\sigma}} \tag{4}$$

$$P_2 = [n_1(p_1^s T_{12}^s)^{1-\sigma} + n_2(p_2^s)^{1-\sigma}]^{\frac{1}{1-\sigma}} \quad (5)$$

从公式（4）和（5）我们可以看出，冰山运输成本的高低是影响地区 1 和地区 2 的价格指数，冰山成本越高地区价格指数越高。而因为生产过程标准化程度的不同，不可标准化服务业和可标准化服务业的冰山成本存在显著的差异。冰山成本的差异造成不同地区加入冰山成本调整后的价格指数差异，理性的消费者向价格指数低的地区流动。我们假设短期内，家庭消费结构稳定，根据公式（3）（4）（5），地区生产结构对冰山成本调整后的地区价格指数有重要影响，进而对城市体系产生重要影响。

第一，不可标准化服务业和可标准化服务业服务价格的差异来源于冰山成本的差异，冰山成本差异影响城市体系中小城市和中心城市的关系。本地生产的不可标准化服务业比例越高，冰山成本调整后的价格指数越低；本地生产的不可标准化服务业比例越低，冰山成本调整后的价格指数越高。根据公式（3）（4）（5），本地消费本地不能生产的服务，到岸价格为 $p_{12}^s = p_1^s T_{12}^s$。假设不可标准化服务业，可标准化服务业的冰山成本 T_{12}^s 相同，则因为不可标准化服务本身价格指数较高，加入冰山成本后的到岸价格较高，所以本地生产的不可标准化服务比例越低，冰山成本调整后的地区价格指数影响越高。相反本地生产的不可标准化服务比例越高，冰山成本调整后的地区价格指数影响越低。假设城市体系内人口流动没有成本，则理性的消费者会向冰山成本调整后的地区价格指数低的城市流动，这就意味着不可标准化服务业生产比例高的城市会吸引更多的人口流动。从现实经济情况来看，高水平的不可标准化服务业，例如教育、医疗等，主要集中于中心城市，导致中心城市冰山成本调整后的地区价格指数较低，所以人口主要从小城市向中心城市流动。

现代经济中的冰山成本差异不仅体现在空间距离上，还体现为运输仓储邮政、信息传输、计算机服务和软件业投入占中间投入的比重。服务业的“冰山成本”和工业产品的“冰山成本”有显著区别。工业产品的“冰山成本”主要是生产完成后，在运输过程中产品本身的损耗，包括了数量的减少和品质的下降两种情况，损耗的产品成本要计算在到达运输目的地并出售的产品的成本中。服务业的“冰山成本”主要体现在实现生产过程的成本上。实现生产过程的成本不是服务的价格，而是要实现服务消费另外付出的成本，例如如果某些服务只在城市 1 提供，城市 2 没有该服务的供给，则服务消费的附加成本就是从城市 2 到城市 1 的交通费用，住宿费用等。

运输仓储邮政、信息传输、计算机服务和软件业投入占中间投入的比重可以反映出服务行业之间冰山成本的差异。运输仓储邮政、信息传输、计算机服务和软件业投入可以大致反映出服务行业冰山成本的信息，随着计算机和网络技术的进步，这三个行业是服务从厂商到消费者的三个重要环节。我国目前最新的投入产出表是 2012 年的投入产出表，我们将运输仓储邮政、信息传输、计算机服务和软件业在不同服务行业中间投入的比例反映在表 7. 2 中。受到投入产出表数据分类的限制，我们仅可以得到服务行业四个大类的数据，无法得到更细致的行业数据，但是该数据仍可以反映出可标准化服务业和不可标准化服务业冰山成本的差异。批发零售贸易、住宿餐饮业，房地产业、租赁和商务服务业、金融业都属于可标准化服务业，其他服务业大部分都属于不可标准化服务业。不可标准化服务业运输仓储邮政、信息传输、计算机服务和软件业投入占中间投入的比例为 10. 37%；而可标准化服务业的比例平均为 7. 85%，前者高于后者 2. 52%。

表 7. 2　服务业异质性表现

	不可标准化服务业	可标准化服务业	制造业	备注
运输仓储邮政、信息传输、计算机服务和软件业投入占中间投入比重	10. 15%	8. 28%	3. 11%	2012 年投入产出表（目前最新）

数据来源：《中国统计年鉴 2015》

第二，标准化程度的差异造成不可标准化服务业和可标准化服务业空间移动成本和收益的差异，空间移动的成本和收益的差异影响小城市和中心城市的关系。

从生产过程的标准化程度来看，可标准化服务业的“冰山成本”低于不可标准化服务业。可标准化服务业的资本和劳动的替代性较高，而不可标准化服务业的资本和劳动替代性较低。在技术进步和经济增长的条件下，资本的价格不断降低，而劳动成本不断提高。所以可标准化服务业更容易用机器替代劳动向消费者提供服务，不可标准化服务业很难用机器替代劳动向消费者提供服务。

不可标准化服务业的生产过程资本和劳动的替代性较低，导致不可标准化服务业空间迁移的收益小，而迁移成本高。不可标准化服务业的生产过程对个性化劳动的依赖性较高，服务产品的个性化特征较高，行业容易形成垄断竞争市场。在垄断竞争市场条件下，服务企业对价格有一定控制能力，并能够吸引一部分固定的消费者群体，且固定的消费者群体对个性化服务的需求价格弹性较低。服务企业的空间迁移并不能够吸引市场上更多的消费者群体，反而可能影响原有的消费者群体的消费成本，空间迁移的收益小。不可标准化服务业的资本容易迁移，复制一套厂房和设备等硬件条件相对比较容易，但是不可标准化服务业的劳动迁移的成本较高，主要是劳动者从一个城市向另外一个城市迁移，不仅涉及劳动者本身的空间迁移，还涉及劳动者家庭的空间迁移，生活环境的改变，甚至生活习惯的改变。劳动者迁移的成本有些可以用货币收入来补偿，有些是无法用货币收入来补偿的。例如医疗服务是不可标准化服务，重大疾病的诊断和治疗主要集中于中心城市，在现有技术条件下很难实现在中小城市享受中心城市的重大疾病诊断和治疗。或者高薪邀请高水平医生从中心城市转移到中小城市提供服务，或者病人从中小城市转移到中心城市接受重大疾病诊断和治疗。高水平综合性医院的房间和医疗设备很容易从中心城市迁移到小城市，甚至可以完全复制一套医院的房间和医疗设备，但是高水平综合性医院的医生很难从中心城市向小城市迁移。医生的迁移有两个途径：第一个途径是，原有高水平医生的空间迁移，货币收入补偿很高，而且未必能用货币收入补偿，很难实现原有高水平医生的空间迁移；第二，在迁移目的地城市重新培养，高水平医生的培养是一个漫长和复杂的过程，其培养过程的个性化特征明显。在小城市培养和中心城市高水平综合性医院相同或者相似的医生的成本高，时间长，也未必能达到效果。

可标准化服务业生产过程资本对劳动的替代性较高，导致可标准化服务业空间迁移的成本较低，收益较高。可标准化服务业的生产过程资本的依赖性较高，服务产品的一致性特征较高，行业竞争相对激烈。服务产品较强的一致性使得消费者服务消费的空间差异较小，迁移到新的城市可以吸引新的消费者群体，空间迁移的收益大。可标准化服务业的资本容易迁移，复制一套厂房和设备等硬件条件相对比较容易。可标准化服务业的劳动迁移的成本较低，因为可标准化服务业对个性化劳动的依赖性较低，服务企业空间迁移后，可以直接从空间迁移目的地城市直接雇佣劳动者。同时可标准化服务业的资本对劳动的替代性较高，如果劳动的迁移成本较高，可以使用更多的资本来替代劳动。例如电信服务是可标准化服务业，中长途电话服务业务，可以满足在一个城市享受另一个城市的电信服务，需要支付的长途话费相对不高而且成本有下降的潜力。

从服务产品的标准化程度来看，可标准化服务业的服务产品个性化要求较低，服务产品的差异越小，服务产品的交易成本低，更容易实现从一个城市向另一个城市的转移，“冰山成本”较低。而不可标准化服务业的服务产品个性化要求比较高，服务产品的差异较大，服务产品的交易成本较高，很难实现从一个城市向另一个城市的转移，“冰山成本”较高。

可标准化服务业和不可标准化服务业“冰山成本”的差异表明，从生产过程标准化程度和产品的标准化程度两个角度来看，可标准化服务业的“冰山成本”较低，不可标准化服务业的“冰山成本”较高。“冰山成本”越低，经过“冰山成本”调整后两个城市的实际收入差距越小，黑洞效应越小。反之如果“冰山成本”越高，经过“冰山成本”调整后的两个城市的实际收入差距越大，黑洞效应越大。不可标准化服务业是城市“黑洞”效应的主要原因。

第三，电子商务的应用和普及加深了可标准化服务业、不可标准化服务业和制造业冰山成本差异，进而加深了不可标准化服务业、可标准化服务业冰山成本调整后的地区价格指数差异，影响城市体系中小城市和中心城市的关系。

Carbonara（2005）认为信息技术形成产业的“虚拟集群”，而产业的“虚拟集群”在空间上可以不连续的分布，并通过意大利产业区的数据做了实证分析。Karisson（2004）认为现代网络技术降低了空间运输成本，扩展了市场边界，使得企业更容易实现内部规模经济。不同的服务行业对网络技术的依赖程度存在差异，因而空间运输成本的降低和产业扩散的程度也存在差异。多数服务业提供的服务都是无形的，无形的服务在空间上的交易不是依赖于交通运输服务，而是通过现代网络技术服务。可标准化服务业的生产过程标准化程度高，服务生产过程可以细分为若干简单的工作流程，电子设备可以更好的替代劳动者的简单劳动，因此可标准化服务业对网络的依赖性更高。不可标准化服务业生产过程标准化程度低，服务生产过程更多依赖于劳动者的整体把握，对劳动者个体的教育背景和工作经验依赖性较高，因此不可标准化服务业很难通过网络实现市场交易。电子商务是服务业通过现代网络技术在空间上交易的一种重要形式。电子商务不需要面对面的交易，扩展了服务业的空间服务范围。空间上不相邻的区域之间服务业可以实现交易，产业链可以在广阔的空间上分散。这一特征扩展了制造业对交通运输服务的依赖性，使得信息传输、计算机服务和软件中间投入更多地取代了交通运输服务的中间投入。

在网络技术不断进步的条件下，服务业的交易行为可以通过电子商务的形式完成，电子商务提高了服务业的生产效率，降低了服务业的生产成本。电子商务可以反映出不可标准化服务业、可标准化服务业和制造业“冰山成本”的差别。标准化服务业的生产过程标准化程度高，资本对劳动的替代性较高，企业更容易用电商商务的方式采购机器。标准化服务业服务产品的差异小，个性化要求少，更容易通过电子商务的形式实现服务的销售。表 7. 3 反映了服务业企业开展电子商务的情况，同时该指标也证明了李建华和孙蚌珠（2012）的结论，不可标准化服务业的可贸易程度较低，行业市场竞争性较低；而不可标准化服务业可贸易程度较高，行业市场竞争性较高。较高的竞争性使得可标准化服务业的生产率进步速度高于不可标准化服务业。另外还有其他数据可以反映出不可标准化服务业和可标准化服务业电子商务开展情况的差异，例如可标准化服务业有电子商务的企业比例、电子商务销售额、电子商务采购额都较高，而不可标准化服务业有电子商务的企业比例、电子商务销售额、电子商务采购额都较低。由于数据较多，没有在文中列举。

表 7. 3　服务业异质性表现

	不可标准化服务业	可标准化服务业	制造业	备注
有电子商务的企业比例	5. 01%	14. 72%	8. 6%	2015 年
劳动生产率进步速度	7. 16%	10. 27%	8. 45%	2003—2015 年平均值

数据来源：《中国统计年鉴 2015》

第二节　服务业结构对小城市规模锁定现象影响的理论研究

一、理论模型

考虑一个城市，经济由工业、可标准化服务业和不可标准化服务业构成的完全竞争市场经济。消费者的效用水平有不可标准化服务、可标准化服务和工业产品决定，效用函数为

$$U = S^{u}H^{\beta}M^{1-u-\beta} \tag{6}$$

S 表示不可标准化服务业，H 表示可标准化服务业，M 表示制造业。假定 S 是连续空间中的子效用函数，$s\ (i)$ 是每一种不可标准化服务的消费量，n 表示整个服务业的种类，不可标准化服务消费 S 符合不变替代弹性函数（CES）

$$S = \left[\int_0^n s\ (i)^{\rho} di\right]^{\frac{1}{\rho}}, 0 < \rho < 1 \tag{7}$$

参数 ρ 表示消费者对不可标准化服务业多样性的偏好的程度。当 $\rho \to 1$ 时，不可标准化服务产品几乎是完全替代的。当 $\rho \to 0$ 时，不可标准化服务产品几乎是完全不可替代的。

令 $\sigma \equiv \frac{1}{1-\rho}$，$\sigma$ 表示任意两种不可标准化服务之间的替代弹性

$h\ (i)$ 是每一种可标准化服务的消费量，m 表示整个服务业的种类，可标准化服务消费 S 符合不变替代弹性函数（CES）

$$H = \left[\int_0^m h\ (i)^{\varphi} di\right]^{\frac{1}{\varphi}}, 0 < \rho < 1 \tag{8}$$

参数 φ 表示消费者对可标准化服务多样性的偏好的程度。

消费者的预算约束为

$$p^{M}M + \int_0^n p^{s}(i)s(i)di + \int_0^m p^{h}(i)h(i)di = Y \tag{9}$$

假定制造品的价格不变则实际收入的全微分为

$$\frac{d\omega}{\omega} = \frac{dw}{w} - (\mu + \rho)\ \frac{dP^{S}}{P^{S}} - (\beta + \varphi)\ \frac{dP^{H}}{P^{H}} \tag{10}$$

消费者效用最大化的条件为

$$\frac{d\omega}{\omega}=(1-\mu-\beta)\frac{dY}{Y}+\left[\frac{\mu+\beta-\rho}{\rho}\right]\frac{dL}{L} \tag{11}$$

地区 2 对地区 1 生产的一种服务的消费需求为

$$\mu Y_2(p_1^s T_{12}^s)^{-\sigma}P_2^{\sigma-1} \tag{12}$$

地区 1 该种服务的总销售量

$$q_1^S=\mu\left[Y_1(p_1^s)^{-\sigma}P_1^{\sigma-1}+Y_2(p_1^s T_{12}^s)^{-\sigma}P_2^{\sigma-1}T_{12}^s\right] \tag{13}$$

将公式（5）（6）（7）联立，可以得到

$$\frac{dw}{w}=(1-\mu-\beta)\frac{dY}{Y}+\left[\frac{\mu+\beta-\rho-\varphi}{\rho+\varphi}\right]\frac{dL}{L}+(\mu+\rho)\frac{dP^S}{P^S}+(\beta+\varphi)\frac{dP^H}{P^H} \tag{14}$$

公式（14）是模型的主要结论，也是实证分析的基准模型。

二、单个城市稳定性条件分析

1. 黑洞条件

根据 Fujita，Krugman&Venables（1999）的分析，我们将$\frac{\mu+\beta-\rho-\varphi}{\rho+\varphi}$的符号定义为城市的黑洞条件，将 Y、L、P^S、P^H 等因素对工资 w 的影响大小定义为黑洞效应。如果满足条件$\frac{\mu+\beta-\rho-\varphi}{\rho+\varphi}>0$，城市满足黑洞条件。根据公式（11），当$\frac{\mu+\beta-\rho-\varphi}{\rho+\varphi}>0$时，则当某个城市的服务业劳动力供给增加时，其实际工资是不断增长的。实际工资的增长会导致服务业工人不断向中心城市流动，我们把这个条件称为黑洞条件。如果一个区域由若干城市构成，则当中心城市满足黑洞条件时，其周边城市的工人将被实际工资不断增加而被吸引到满足黑洞条件的城市。而随着工人从周边城市向黑洞条件城市的流动，其他相关的资本和技术等资源也源源不断的从周边城市向黑洞条件城市流动。满足黑洞条件城市将自己的经济边界延伸至地理边界之外，将周边城市纳入自己的经济边界之内。周边城市从黑洞条件发生前的小区域中心转变为黑洞条件城市的边缘。周边城市的“集聚”效应被黑洞条件城市破坏。

如果满足条件$\frac{\mu+\beta-\rho-\varphi}{\rho+\varphi}<0$，则中心城市的服务业劳动力供给增加

时，其实际工资是不断下降的。工资下降使得城市之间的工资水平没有差异时，工人的流动就会停止。工资继续下降时，劳动力将从中心城市向周边城市流动。

Hanson（2005）根据美国3075个城市的数据测算出，美国城市满足黑洞条件；Mion（2004）根据意大利103个城市的数据测算出，意大利的城市也满足黑洞条件；Brakeman（2004）根据德国151个城市的数据测算出，德国城市不满足黑洞条件。因为德国城市不满足黑洞条件，产业在城市间得到了合理的分散，逐渐弥合了东部地区和西部地区城市在统一之间存在的显著差异。

2. 不可标准化服务业和可标准化服务业对黑洞现象的影响

根据公式（14）参数值（$u+\rho$）和（$\beta+\varphi$）分别表示不可标准化服务业和可标准化服务业价格差异对黑洞条件的影响。根据我们第二部分的统计分析，我们可以得到推论，不可标准化服务业和可标准化服务业对小城市规模锁定效应的影响存在差异。

参数（$u+\rho$）表示不可标准化服务业对城市黑洞条件的影响，参数（$\beta+\varphi$）表示可标准化服务业对城市黑洞条件的影响。如果参数（$u+\rho$）>0，表明不可标准化服务业对黑洞条件的影响为正，不可标准化服务业的发展能够强化城市黑洞条件。如果参数（$u+\rho$）<0，表明不可标准化服务业对黑洞效应的影响为负，不可标准化服务业的发展能够弱化城市黑洞条件。如果参数（$\beta+\varphi$）>0，表明可标准化服务业对黑洞条件的影响为正，可标准化服务业的发展能够强化城市黑洞条件。如果参数（$\beta+\varphi$）<0，表明可标准化服务业对黑洞条件的影响为负，可标准化服务业的发展能够弱化城市黑洞条件。

三、小城市的规模锁定效应

一个城市体系由若干城市组成，城市体系是否稳定，取决于城市体系中各个城市的稳定条件和相邻城市稳定条件的比较。我们对范剑勇和邵挺（2011）的模型进行扩展，从单个城市的稳定性分析扩展为由两个城市组成的城市体系稳定性分析。我们不妨假设一个城市体系由两个城市构成，一个是人口规模较大的中心城市，一个是人口规模较小的小城市。通过比较两个城市稳定条件，我们可以分析该城市体系的稳定条件。该城市体系的中心城市和小城市的稳定条件的比较如下：

1. 中心城市满足黑洞条件，周边小城市不满足黑洞条件，形成小城市的规模锁定效应

如果中心城市满足条件$\frac{\mu+\beta-\rho-\varphi}{\rho+\varphi}>0$，小城市满足条件$\frac{\mu+\beta-\rho-\varphi}{\rho+\varphi}\leqslant 0$。中心城市达到黑洞条件，小城市的规模就会被锁定。如果中心城市满足条件$\frac{\mu+\beta-\rho-\varphi}{\rho+\varphi}>0$，意味着向中心城市迁徙的劳动力越多，中心城市的工资收入越高，从而吸引更多的劳动力向中心城市流动。中心城市周边的小城市成为劳动力迁徙的来源。此时如果小城市恰好满足条件$\frac{\mu+\beta-\rho-\varphi}{\rho+\varphi}\leqslant 0$，中心城市与小城市的工资差异，吸引小城市的劳动力向中心城市流动的同时，小城市的工资水平随着劳动力的流动也会提高。劳动力的流动趋势带动了中心城市和小城市工资水平的提高，而工资水平的提高会进一步强化劳动力从小城市向中心城市流动的趋势，直到小城市的工资水平加上冰山成本与中心城市的工资水平相等时，小城市的规模达到均衡水平。此时小城市的规模被锁定在较低的均衡水平，无法继续成长为较大的城市。

2. 中心城市不满足黑洞条件，周边小城市不满足黑洞条件，小城市跳出规模锁定效应

如果中心城市满足条件$\frac{\mu+\beta-\rho-\varphi}{\rho+\varphi}\leqslant 0$，小城市也满足条件$\frac{\mu+\beta-\rho-\varphi}{\rho+\varphi}\leqslant 0$。中心城市没有达到黑洞条件，小城市的规模就不会被锁定。如果中心城市满足条件$\frac{\mu+\beta-\rho-\varphi}{\rho+\varphi}\leqslant 0$，意味着向中心城市流动的劳动力越多，中心城市的工资水平越低，对劳动力向中心城市的流动有限制作用。此时如果小城市恰好满足条件$\frac{\mu+\beta-\rho-\varphi}{\rho+\varphi}\leqslant 0$，中心城市与小城市的工资差异吸引劳动力向中心城市流动，中心城市工资水平随劳动力的流动逐渐下降。小城市的工资水平随着劳动力的流出，逐渐上升。当中心城市的工资水平与小城市的工资水平加上冰山成本之和时，中心城市和小城市之间的劳动力流动趋势实现均衡。在人口自然增长率为正的条件下，小城市的规模会随着人口的增长不断扩大，从而跳出规模锁定效应。

3. 中心城市满足黑洞条件，周边城市满足黑洞条件，城市体系瓦解

如果中心城市满足条件$\frac{\mu+\beta-\rho-\varphi}{\rho+\varphi}>0$，小城市满足条件$\frac{\mu+\beta-\rho-\varphi}{\rho+\varphi}>0$。中心城市和小城市都达到黑洞条件，城市体系将会瓦解。如果中心城市满足条件$\frac{\mu+\beta-\rho-\varphi}{\rho+\varphi}>0$，意味着向中心城市迁徙的劳动力越多，中心城市的工资收入越高，从而吸引更多的劳动力向中心城市流动。中心城市周边的小城市成为劳动力迁徙的来源。此时如果小城市恰好也满足条件$\frac{\mu+\beta-\rho-\varphi}{\rho+\varphi}>0$，中心城市与小城市形成劳动力的争夺，由于中心城市和小城市都达到黑洞条件，无法从对方城市吸引劳动力向本城市流动。中心城市和小城市将从其他周边城市吸引劳动力流动，从而各自形成自己独立的城市体系，双方的相互经济影响将随着各自独立城市体系的形成逐渐减少。

第三节　服务业结构对小城市规模锁定现象影响的实证研究

一、计量经济学模型和数据来源

根据公式（12），我们建立如下量经济学模型，分别对中心城市和小城市进行回归。

$$W_{it}=\alpha_0+\alpha_1 Y_{it}+\alpha_2 L_{it}+\alpha_3 P_{it}^h+\alpha_4 P_{it}^s+\sum_{i=7}^{n}\alpha_{it}x_{it}+\varepsilon_{it} \tag{15}$$

W_{it}为城市 i 第 t 年的名义工资的对数，Y_{it}为城市 i 第 t 年的城市 GDP 的对数，L_{it}为城市 i 第 t 年的城市就业人数的对数，P_{it}^h为城市 i 第 t 年的不可标准化服务业价格指数的对数，P_{it}^s为城市 i 第 t 年的可标准化服务业价格指数的对数，$\sum_{i=7}^{n}\alpha_{it}x_{it}$为体现城市之间不可观测的异质性的变量，我们选取变量有公共财政支出，年末实有道路面积，当年实际使用外资金额。公共财政支出能够大致反映出该城市居民的公共福利水平，而公共福利水平是吸引居民从其他城市向本城市流动的重要原因。年末实有道路面积能够大致反映出城市的交通状况和吸引人口的潜力，年末实有道路面积越大的城市，人口容量的潜力越大。当年实际使用外资金额大致反映出城市未来若干年内技术进步的潜力。

我们的数据主要来自《中国统计年鉴》(2011—2015)，《中国城市统计年鉴》(2011—2015) 和2011—2015年各省份统计年鉴。我们采用刘学华、张学良和李鲁 (2015) 对“中心城市”的定义，中心城市主要指直辖市、省会城市，因海口、拉萨、西宁、乌鲁木齐周边小城市统计数据不足，忽略该四个城市及其周边城市，共计29个。小城市主要指直接与中心城市接壤的周边小城市，共选取29个。

表7.4 本文选取的中心城市和小城市样本列表

序号	地区	中心城市	小城市
1	东部	北京	保定
2	东部	天津	廊坊
3	东部	上海	嘉兴
4	西部	重庆	泸州
5	东部	石家庄	邯郸
6	东部	太原	沂州
7	西部	呼和浩特	乌兰察布
8	东部	沈阳	辽阳
9	东部	长春	吉林
10	东部	哈尔滨	大庆
11	东部	南京	马鞍山
12	东部	杭州	绍兴
13	东部	合肥	六安
14	东部	福州	莆田
15	东部	南昌	景德镇
16	东部	济南	泰安
17	东部	郑州	开封
18	东部	武汉	孝感
19	东部	长沙	湘潭
20	东部	广州	佛山

续表

序号	地区	中心城市	小城市
21	东部	南宁	贵港
22	西部	成都	德阳
23	西部	贵阳	安顺
24	西部	昆明	玉溪
25	西部	西安	咸阳
26	西部	兰州	白银
27	西部	银川	吴忠

注：因海口、拉萨、西宁、乌鲁木齐周边小城市统计数据不足，忽略该四个城市及其周边城市。

东部地区的中心城市包括北京、天津、上海、哈尔滨、长春、沈阳、石家庄、济南、南京、杭州、福州、广州、太原、郑州、武汉、合肥、南昌、长沙18个城市。西部地区的中心城市包括重庆、呼和浩特、银川、西安、兰州、乌鲁木齐、西宁、成都、贵阳、昆明、南宁11个城市。

为了保证实证结果的稳健性，我们采用四种方法进行分析，比较四种方法的回归结果。这四种分析方法分别为Pool OLS，固定效应模型，随机效应模型，GMM。

二、整体数据实证分析结果

中心城市计量经济学模型的估计结果反映在表7.5中。估计结果表7.5反映出中心城市的几个特征：

第一，使用随机效应模型，固定效应模型和GMM估计方法时，L_{it}的参数估计值都是大于零的数，而且都是显著的。使用Pool OLS方法估计时，L_{it}的参数估计值是大于零的数，但不显著。该结果表明，当城市的服务业劳动力供给增加时，其实际工资是不断增长的。实际工资的增长会导致服务业工人不断向中心城市流动。从经济增长的角度来看，城市在经济增长的集聚作用仍旧是中国经济增长的重要动力。

第二，使用Pool OLS和随机效应模型时，P_{it}^{h}的参数估计值为正数，且估计结果显著；使用固定效应模型和GMM估计方法时，P_{it}^{h}的参数估计值为负数，且估计结果显著。该结果表明，可标准化服务业对中心城市黑洞条件的影响存在差异。Pool OLS 和随机效应模型表明 P_{it}^{h} 的参数估计值大于0，表明可标准化服务业规模越大，中心城市的黑洞效应越大。固定效应模型和 GMM 表明 $P_{it}^{h}<0$，可标准化服务业规模越大，中心城市的黑洞效应越小。我们认为固定效应模型和 GMM 估计结果稳健性更好，原因有三点：首先，Hausman 检验值为 21.77，拒绝了随机效应模型的假设，说明固定效应模型更适合我们的分析；其次，计量经济模型可能存在内生性问题，工资增长能够吸引高素质劳动力向中心城市流动，同时高素质劳动力的集中可以推动劳动生产率提高，从而提高实际工资。工资增长和劳动力增长可能存在双向影响，从而带来内生性问题，GMM 方法可以更好的避免内生性问题的干扰。最后，从现实经济来看，以电信服务和银行服务为代表性的可标准化服务业在中心城市和小城市存在数量和质量两个维度的差异，但是两个维度的差异都较小。电信服务和银行服务的服务品质差异很难成为劳动力从小城市向中心城市流动的理由。

第三，使用 Pool OLS、随机效应模型、固定效应模型、GMM 估计方法时，P_{it}^{s} 的参数估计值都是正数，且估计结果显著。该结果表明，不可标准化服务业规模越大，中心城市的黑洞效应越大。而且从数值上比较，P_{it}^{s} 的参数估计值大于 P_{it}^{h} 的参数估计值，表明不可标准化服务业对中心城市黑洞效应的影响要大于可标准化服务业。从现实经济的视角来看，以医疗和教育为代表的不可标准化服务业在中心城市和小城市之间存在数量和质量两个维度的差异，数量维度的差异不大，但是质量维度的差异较大。高质量的医疗和教育服务主要集中于中心城市，低质量的医疗和教育服务主要集中于小城市。不可标准化服务业冰山成本是影响中心城市和小城市实际生活水平差异的主要原因，对于小城市的居民而言，向中心城市迁移是降低冰山成本的有效手段，同时在现有的交通网络条件下，由于向中心城市迁移的冰山成本和向中等城市迁移的冰山成本差不多，忽略中等城市直接向中心城市迁移是更好的选择。所以中心城市过度集聚，小城市数量众多，而中等城市停滞不前等城市体系扁平化的趋势越来越显著。

表 7.5　中心城市估计结果

	Pool OLS	Random Effect	Fixed Effect	GMM
Y_{it}	0.2913 (0.3867)	0.4804* (0.2194)	0.4874* (0.2675)	0.7688** (0.2130)
L_{it}	0.2967 (0.3481)	0.5521* (0.2976)	0.8246* (0.4823)	0.0977** (0.0155)
P^h_{it}	0.0423* (0.0071)	0.0308* (0.0112)	-0.0397** (0.0074)	-0.0319* (0.0078)
P^s_{it}	0.0638* (0.0207)	0.0526** (0.0273)	0.0492* (0.0118)	0.0418** (0.0052)
公共财政支出	0.0081** (0.0013)	0.0112 (0.0517)	0.0041* (0.0012)	—
年末实有道路面积	0.0002 (0.0008)	0.0009 (0.0012)	0.0008 (0.0053)	—
当年实际使用外资金额	0.0001 (0.0097)	0.0001 (0.0035)	0.0007* (0.0001)	—
常数项	1.3124* (0.9797)	1.1554 (1.6658)	0.8965 (0.7125)	0.8157 (0.3232)
R^2	0.76	0.88	0.54	0.53
Log - likelihood	755	684	384	597

注：1. *，** 和 *** 分别表示在 10%、5% 和 1% 的水平上显著

2. 括号内为标准误

3. GMM 估计中，工具变量为公共财政支出，年末实有道路面积，当年实际使用外资金额。

小城市计量经济学模型的估计结果反映在表 7.6 中。估计结果表 7.6 反映出小城市的几个特征：

第一，使用随机效应模型，固定效应模型和 GMM 估计方法时，L_{it} 的参数估计值都是小于零的数，尽管数值较小，但都是显著的。使用 Pool OLS 方法估计时，L_{it} 的参数估计值是大于零的数，但不显著。该结果表明，当小城市的服务业劳动力供给增加时，其实际工资是不断下降的。实际工资的下降会导致工人不断离开小城市，向中心城市流动。从经济增长的角度来看，小城市的市场规模较小，随着技术的进步，资本对劳动的替代，

小城市无法容纳更多的劳动力。

第二，使用 Pool OLS 和随机效应模型时，P_{it}^{h}的参数估计值为负数，且估计结果显著；使用固定效应模型和 GMM 估计方法时，P_{it}^{h}的参数估计值为正数，且估计结果显著。该结果表明，可标准化服务业的规模对小城市的黑洞效应的影响存在差异。Pool OLS 和随机效应模型表明，可标准化服务业规模越大，小城市的黑洞效应越大。固定效应模型和 GMM 表明，可标准化服务业的规模越大，小城市的黑洞效应越小。我们认为 GMM 估计结果稳健性更好，原因有两点：首先，计量经济模型可能存在内生性问题，工资增长能够吸引高素质劳动力留在小城市，同时高素质劳动力留在小城市可以推动小城市劳动生产率提高，从而提高实际工资。其次，工资增长和劳动力增长可能存在双向影响，从而带来内生性问题，GMM 方法可以更好的避免内生性问题的干扰。最后，从现实经济来看，以电信服务和银行服务为代表性的可标准化服务业在中心城市和小城市存在数量和质量两个维度的差异，但是两个维度的差异都较小。小城市既可以享受到和中心城市一样的可标准化服务，同时又不存在中心城市的雾霾和拥堵等问题，具有一定的吸引力。

第三，使用 Pool OLS、随机效应模型、固定效应模型、GMM 估计方法时，P_{it}^{s}的参数估计值尽管都是正数，但是只有随机效应模型的参数估计值是显著的，Pool OLS、随机效应模型、固定效应模型、GMM 估计方法的估计结果都不显著。该结果表明，不可标准化服务业对小城市黑洞效应的影响很小。从现实经济的视角来看，以医疗和教育为代表的不可标准化服务业在中心城市和小城市之间存在数量和质量两个维度的差异，数量维度的差异不大，但是质量维度的差异较大。高质量的医疗和教育服务只要集中于中心城市，低质量的医疗和教育服务主要集中于小城市。对于小城市的居民而言，本地的不可标准化服务并非是本地居民的全部选择。根据公式（3），向中心城市迁移是小城市居民降低冰山成本的有效手段，同时在现有的交通网络条件下，由于向中心城市迁移的冰山成本和向中等城市迁移的冰山成本差不多，忽略中等城市直接向中心城市迁移是更好的选择。所以中心城市过度集聚，小城市数量众多，而中等城市停滞不前等城市体系扁平化的趋势越来越显著。

表 7.6　小城市估计结果

	Pool OLS	Random Effect	Fixed Effect	GMM
Y_{it}	0.3285 (0.1125)	0.3394 * (0.3154)	0.5122 * (0.1998)	0.6217 ** (0.4126)
L_{it}	0.0394 (0.0154)	-0.0274 * (0.0094)	-0.0395 * (0.0105)	-0.0977 ** (0.0155)
P^h_{it}	-0.0123 * (0.0071)	-0.0104 * (0.0112)	0.0156 ** (0.0047)	0.0225 * (0.0065)
P^s_{it}	0.0015 (0.0107)	0.0026 * (0.0023)	0.0073 (0.0148)	0.0016 (0.0064)
公共财政支出	0.0024 ** (0.0011)	0.0017 (0.0575)	0.0039 * (0.0016)	—
市辖区土地面积	0.0001 (0.0014)	0.0011 (0.0017)	0.0009 (0.0083)	—
当年实际使用外资金额	0.0002 (0.0085)	0.0003 (0.0076)	0.0001 * (0.0001)	—
常数项	0.9724 * (0.7129)	1.5537 (1.7391)	1.3251 (1.9113)	1.2237 (1.4510)
R^2	0.68	0.69	0.62	0.71
Log - likelihood	177	96	112	136

注：1. *，** 和 *** 分别表示在 10%、5% 和 1% 的水平上显著

2. 括号内为标准误

3. GMM 估计中，工具变量为公共财政支出，年末实有道路面积，当年实际使用外资金额。

三、分时间、分区域实证分析结果

自改革开放以来，东部和西部城市的经济发展呈现显著的差异。经济增长的差异导致东部地区和西部地区城市体系发展的差异。我们分别对东部地区和西部地区的城市进行回归。东部地区的城市包括北京、天津、上海、哈尔滨、长春、沈阳、石家庄、济南、南京、杭州、福州、广州、太原、郑州、武汉、合肥、南昌、长沙 18 个城市。西部地区的城市包括重庆、呼和浩特、银川、西安、兰州、乌鲁木齐、青海省、成都、贵阳、昆

明、南宁11个城市。

从我国城市的空间分布来看，东部城市人口密集，城市空间距离普遍较短，交通更为便利，经济联系密切，适合发展以中城市为主的城镇化道路。西部城市地广人稀，城市空间距离普遍较远，交通不便，经济联系较弱，中城市不具备稳定性，适合发展人口规模100万以上的中型城市。

2006年中国城市房价开始迅速上涨的年份，城市房价上涨的原因是中国城镇化速度开始加快。我们对2005年和2015年两个年份的截面数据进行回归，分析房价快速上涨前后东部地区和西部地区小城市的规模锁定效应。我们将中心城市和小城市回归分析的结果分别反映在表7.7和表7.8中。

从中心城市的回归结果来看，中心城市的黑洞效应存在以下几个特点：

第一，从空间分布来看，东部地区和西部地区的中心城市都存在黑洞效应，但是西部地区的中心城市黑洞效应更显著。从表7.7的实证结果来看，东部地区和西部地区中心城市 L_{it} 的参数估计值都大于0，满足城市黑洞条件。从2015年的OLS估计结果来看，西部地区的 L_{it} 的参数估计值高于东部地区，表明西部地区中心城市的黑洞效应高于东部地区的塌缩效应。

第二，从时间来看，东部地区中心城市2015年的黑洞效应比2005有所缓解，西部地区中心城市2015年的黑洞效应比2005年时间段有所恶化。从表7.7的估计结果来看，东部地区中心城市的 L_{it} 的参数估计值从0.7569下降到0.4326，下降幅度达到42.85%。西部地区中心城市的 L_{it} 的参数估计值从0.3319上升到0.5817，上升幅度72.25%。

第三，不可标准化服务业是东部地区和西部地区中心城市黑洞效应的重要原因，可标准化服务业对东部地区中心城市黑洞效应有反向影响作用，对西部地区中心城市黑洞效应有正向影响，但不显著。从表7.7中，我们可以看到2015年东部地区和西部地区中心城市 P_{it}^{s} 的参数估计值都大于0，且估计结果都是显著的。从参数估计值来看，西部地区中心城市 P_{it}^{s} 的参数估计值明显高于东部地区。2015年东部地区中心城市 P_{it}^{h} 的参数估计值小于0，且估计结果不显著，西部地区中心城市的 P_{it}^{h} 的参数估计值大于0，且估计结果显著。从参数估计值的大小来看，东部地区和西部地区中

心城市的 P_{it}^{h} 的参数估计值没有显著区别，且数值都很小。从以上分析我们可以得出结论，不可标准化服务业是中心城市黑洞效应的重要原因，而且不可标准化服务业对西部地区中心城市的影响要高于东部地区城市。

表 7.7　分区域、时间的中心城市 OLS 估计结果

	东部中心城市 2005（年）	东部中心城市 2015（年）	西部中心城市 2005（年）	西部中心城市 2015（年）
Y_{it}	0.8332 * (0.6004)	0.7128 ** (0.3145)	0.7377 * (0.4232)	0.8123 ** (0.2939)
L_{it}	0.7569 ** (0.2256)	0.4326 * (0.3352)	0.3319 * (0.2251)	0.5817 * (0.3314)
P_{it}^{h}	0.0384 * (0.0126)	0.0362 * (0.0217)	0.0718 *** (0.0024)	0.0815 *** (0.0157)
P_{it}^{s}	-0.0158 (0.1192)	-0.0058 (0.0089)	0.0036 (0.0187)	0.0073 * (0.0039)
R^2	0.53	0.61	0.68	0.62

注：1. *，** 和 *** 分别表示在 10%、5% 和 1% 的水平上显著

2. 括号内为标准误

我们将小城市的回归结果反映在表 7.8 中。从表 7.8 中我们可以看出以下几点规律。

第一，东部地区和西部地区的小城市都不存在黑洞效应，东部地区小城市的发散效应比西部地区更大。从表 7.8 的实证结果来看，2015 年东部地区和西部地区小城市 L_{it} 的参数估计值都小于 0，不满足城市黑洞条件。从 2015 年的 OLS 估计结果来看，东部地区的 L_{it} 的参数估计值低于东部地区，表明东部地区小城市的发散效应高于西部地区。该实证结果的经济学意义可以理解为东部地区小城市的劳动力剩余状况要比西部地区严重，小城市劳动力供给越多，小城市的工资水平下降越快。

第二，从时间段来看，东部地区小城市 2015 年发散效应比 2005 年更为严重了，西部地区小城市 2015 年发散效应和 2005 年区别不大。从表 7.8 的估计结果来看，东部地区小城市 L_{it} 的参数估计值从 -0.0324 下降到 -0.0924，下降幅度达到 185.18%。西部地区小城市 L_{it} 的参数估计值从 -0.0313 下降到 -0.0427，下降幅度仅为 36.42。

第三，不可标准化服务业对东部地区和西部地区小城市发散效应的影响不显著，可标准化服务业显著强化了东部地区小城市的发散效应，弱化了西部地区小城市的发散效应。从表 7.8 中，我们可以看到 2015 年东部地区和西部地区小城市 P_{it}^{s} 的参数估计值都大于 0，但是都不显著。证明不可标准化服务业对于小城市发散效应的影响不显著。同时东部地区小城市的 P_{it}^{h} 的参数估计值，显著小于 0，西部地区小城市的 P_{it}^{h} 的参数估计值显著大于 0，表明可标准化服务业的发展让东部地区的小城市更加发散，但是能化解西部地区的小城市的发散效应。从实际经济来看，近年来，东部地区的可标准化服务业发展比较迅速，越来越快捷的交通运输条件，越来越发达的电信通讯，使得东部地区劳动力向中心城市的流动越来越多，让东部地区的小城市与中心城市的经济差距反而越来越大。而西部地区这一趋势不明显。

表 7.8　分区域、时间的小城市 OLS 估计结果

	东部小城市 2005 年	东部小城市 2015 年	西部小城市 2005 年	西部小城市 2015 年
Y_{it}	0.9017 * (0.6221)	0.8233 * (0.4028)	0.7027 ** (0.3828)	0.7291 * (0.4812)
L_{it}	-0.0324 * (0.0102)	-0.0924 ** (0.0210)	-0.0313 (0.2251)	-0.0427 * (0.0221)
P_{it}^{h}	0.0112 (0.0167)	0.0072 * (0.0053)	0.0071 (0.0104)	0.0015 (0.0133)
P_{it}^{s}	-0.0183 * (0.0107)	-0.0197 ** (0.0099)	0.0119 * (0.0087)	0.0143 ** (0.0096)
R^2	0.61	0.67	0.53	0.59

注：1. *, ** 和 *** 分别表示在 10%、5% 和 1% 的水平上显著

2. 括号内为标准误

第四节　结论和政策建议

第一，当中心城市满足黑洞条件，其周边小城市不满足黑洞条件时，小城市的城市规模被锁定。

对比我国和欧美发达国家经济增长过程，我们发现欧美国家的城市化进程和经济服务业化进程是分离的，分别在 19 世纪和 20 世纪完成，然而我国的城市化进程和经济服务业化进程是交织在一起的，同时我国用了 30 年走完欧美国家 100 年时间走过的城镇化进程，我国城市之间发展不平衡现象比欧美国家严重。传统产业结构分析理论都是把制造业和服务业分开来看，并且把服务业作为一个行业来分析。实际上从投资就业弹性来看，有的服务业投资就业弹性高于制造业，有的服务业投资就业弹性低于制造业。可标准化服务业在网络技术的帮助下，生产过程接近于制造业，甚至标准化程度高于制造业。不可标准化服务业无法与网络技术相融合，生产过程标准化程度更接近于传统意义上的服务业概念。

我们从两个方面对小城市规模锁定模型进行实证。一方面，我们使用 Pool OLS、固定效应模型、随机效应模型、GMM 等方法对 29 个中心城市和周边的小城市进行实证分析。Pool OLS、固定效应模型、随机效应模型和 GMM 实证分析结果表明，中心城市满足黑洞条件。小城市的黑洞效应存在不确定性、固定效应模型、随机效应模型、GMM 方法分析的结果表明小城市不满足黑洞条件，Pool OLS 的分析结果表明小城市满足黑洞条件。另一方面我们从时间点和地域两个维度对比了小城市规模锁定条件的变化。从 2015 年的分析结果来看，西部地区中心城市的黑洞效应高于东部地区中心城市。从 2005 年和 2015 年对比来看，东部地区的黑洞效应有所缓解，西部地区的黑洞效应略微有所严重。

第二，不可标准化服务业强化了中心城市的黑洞效应，可标准化服务业弱化了小城市的黑洞效应，经济增长使得产业从中心城市向周边小城市疏解时，要考虑周边小城市的承接能力。

我们使用了 Pool OLS、固定效应模型、随机效应模型和 GMM 等方法分析了不可标准化服务业和可标准化服务业对于中心城市和周边小城市黑洞效应的影响。实证分析结果表明，不可标准化服务业显著强化了中心城市的黑洞效应。可标准化服务业对中心城市黑洞效应的作用不能确定，Pool OLS 和随机效应模型的估计结果表明，可标准化服务业强化了中心城市的黑洞效应、固定效应模型和 GMM 估计结果表明，可标准化服务业弱化了中心城市的黑洞效应。不可标准化服务业对周边小城市黑洞效应的影响不显著，仅在随机效应模型中 10% 的显著水平下显著。可标准化服务业对周边小城市黑洞效应的作用不能确定，Pool OLS 和随机效应模型的估计结果表明，可标准化服务业弱化了小城市的黑洞效应，固定效应模型和 GMM 估计结果表明，可标准化服务业强化了小城市的黑洞效应。

实证结果表明，不可标准化服务业和可标准化服务业对于中心城市和周边小城市有完全不同的作用和意义，从三个方面影响服务业从中心城市向周边小城市的疏解。第一，服务业从中心城市向周边小城市疏解影响不可标准化服务业转移的成本和收益，不可标准化服务业从中心城市向周边小城市转移的收益较低，而成本较高，使得不可标准化服务业企业无法在市场经济条件下实现转移。第二，小城市无法承接不可标准化服务业的转移。通过实证分析，我们发现不可标准化服务业对于小城市的黑洞效应有负面效应。因此经济增长过程中，产业不断从中心城市向外扩，周边小城市承接从中心城市转移的不可标准化服务业越多，小城市越趋向于发散，越容易陷入规模锁定效应。综合两方面分析，不可标准化服务业无法顺利从中心城市向周边小城市实现产业转移。第三，服务业从中心城市向周边小城市疏解影响小城市的“成本病”。从表 7.3 可以看出，不可标准化服务业的劳动生产率进步速度低于制造业和可标准化服务业，不可标准化服务业对网络经济的依赖性也低于制造业和可标准化服务业。如果不可标准化服务业从中心城市向周边小城市疏解，小城市的劳动生产率进步速度可能会下降，同时也无法分享网络经济对劳动生产率进步速度的推动作用，也无法通过网络经济降低不可标准化服务业的冰山成本。小城市可能陷入“成本病”陷阱的泥潭，拉大小城市和中心城市的经济发展差距。

第三，从周边小城市的视角出发思考问题，改善中心城市周边小城市的条件，让小城市跳出城市规模的锁定，可以间接解决中心城市的“城市病”问题。

正如 Zipf 定律所揭示的，城市从大到小应该形成一个有规律的城市体系。但是短期内，由于快速的城市化进程和服务业发展的交织，中心城市和周边小城市出现了规模差异的现象。大多数现有的文献都是从中心城市视角出发，寻找解决中心城市的城市病问题的方法，忽略了城市是一个体系。我们从周边小城市的视角出发，去寻找如何解决小城市的规模锁定问题的方法。当小城市跳出了规模锁定的陷阱，中心城市的城市病问题也就被间接解决。

从周边小城市的视角来看，让小城市重复中心城市的功能是不合理的。从单一的服务行业产业转移过程来看，单一的不可标准化服务业从中心城市向周边小城市转移的难度较高，一方面体现于不可标准化服务业转移的成本和收益，另一方面体现于不可标准化服务业对小城市经济增长的作用不显著。

Pugno（2005）和李建华（2014）认为，不可标准化服务业消费对于人力资本的积累有推动作用。推动作用分为有意识和无意识两大类。有意识的推动作用是指消费者主动接受教育等不可标准化服务业，有意识积累人力资本，直接提高生产能力。无意识的推动作用主要是指消费者被动接受医疗、休闲等不可标准化服务消费，间接保护生产能力。当单一的服务行业转移，让周边小城市重复中心城市的功能无法实现，可以考虑复合的服务行业转移，让周边小城市实现中心城市无法实现的功能。中心城市由于城市功能密度较高，很难在较小的区域内实现复合的不可标准化服务消费功能，例如北京市，高校集中于海淀区，医院集中于东城和西城区，娱乐集中于石景山和通州。小城市则可以在较小的区域内实现复合的不可标准化服务消费功能，或者实现功能整合，例如高水平医院从北京向河北转移的难度较高，但是可以将医疗、教育和娱乐的功能整合，在河北小城市建立依托于高水平医院的疗养机构。提高不可标准化服务业产业从中心城市向周边小城市转移的收益，降低转移的成本。同时提高消费者到周边小城市消费不可标准化服务的效用，降低消费的成本。

第八章　城市体系的扁平化趋势

第一节　城市体系扁平化的理论模型

近年来，随着中国城镇化速度的加快，很多学者将研究焦点转移到中国城市体系，并发现中国的城市体系和 Zipf 定律存在显著差异。Anderson and Ge（2005）发现中国城市体系的两极分化趋势，大城市和小城市之间存在显著差异，且缺乏中等规模的城市。陈良文、杨开中、吴娇（2007）的研究得出了相似的结论，并将其称为城市体系的“扁平化趋势”，中小城市数量过多，而大型城市数量较少。

Helpman（1998）以制造业为分析核心，将城市体系形成的原因归结于制成品运输成本的高低，运输成本高的制造业集中于大城市，运输成本低的制造业集中于大城市周边的中小城市。Mion（2004）、Brakman（2004）、Hanson（2005），从不同的假设条件出发，扩展了 Helpman（1998）的模型，得出了相似的结论，技术含量高、产品差异大的制造业运输成本高，集中于大城市，一般制造业运输成本低，集中于中小城市。Ahlfeldt（2013）将服务业引入模型，讨论了服务业在单一中心城市和多中心城市两种城市形成过程中的作用。范剑勇和邵挺（2011）从产品差异化的角度扩展了 Helpman（1998）的模型，将经济划分为差异化部门（包括服务业和制造业）和同质部门（房地产），认为消费者对差异化产品的需求是导致中国城市体系扁平化的主要原因。柯善咨和赵曜（2014，2015）通过实证研究发现产业结构显著影响城市规模，且不同行业厂商的生产率差异也会影响城市规模。梁婧、张庆华和龚六堂（2015）认为城市规模和该城市不同产业部门的劳动生产率相关。

实际上不仅制造业和服务业之间的差异化程度存在显著差异，而且服务业内部不同行业之间的差异化程度也存在显著差异。Pugno（2006）分析服务业时注意到了服务行业之间的差异。江小涓（2011）强调服务行业之间的差异主要体现在标准化程度的差异。李建华和孙蚌珠（2012，2014）深入分析了服务业标准化程度的差异及其对劳动生产率进步速度的差异的影响。本文旨在讨论不同服务行业之间的差异对中国城市体系扁平化趋势的影响。

本章的贡献有两点。第一，本文分析了服务业异质性及其原因；第二，从服务业一致性的角度扩展 Helpman（1998）的模型，测算中国城市的多样化服务偏好及其对城市体系扁平化趋势的影响。

第二节　服务业偏好的多样化对服务业结构的影响

第一，服务业异质性主要表现为冰山成本差异。

服务业的“冰山成本”和工业产品的“冰山成本”有显著区别。工业产品的“冰山成本”主要是生产完成后，在运输过程中产品本身的损耗，包括了数量的减少和品质的下降两种情况，损耗的产品成本要计算在到达运输目的地并出售的产品的成本中。服务业的“冰山成本”主要体现在实现生产过程的成本上。实现生产过程的成本不是服务的价格，而是要实现服务消费另外付出的成本，例如如果某些服务只在城市 1 提供，城市 2 没有该服务的供给，则服务消费的附加成本就是从城市 2 到城市 1 的交通费用、住宿费用等。

从生产过程的标准化程度来看，可标准化服务业的“冰山成本”低于不可标准化服务业。可标准化服务业的资本和劳动的替代性较高，而不可标准化服务业的资本和劳动替代性较低。在技术进步和经济增长的条件下，资本的价格不断降低，而劳动成本不断提高。所以可标准化服务业更容易用机器替代劳动向消费者提供服务，不可标准化服务业很难用机器替代劳动向消费者提供服务。可标准化服务业生产过程比较容易从一个城市复制到另一个城市，跨城市消费的成本相对较低，即冰山成本较低。例如电信服务是可标准化服务业，中长途电话服务业务，可以满足在一个城市享受另一个城市的电信服务，需要支付的长途话费相对不高而且成本有下降的潜力。不可标准化服务业的生产过程很难从一个城市复制到另一个城市，跨城市消费的成本相对较高，即冰山成本较高。例如医疗服务是不可标准化服务，重大疾病的诊断和治疗主要集中于大城市，在现有技术条件下很难实现在中小城市享受大城市的重大疾病诊断和治疗。或者高薪邀请高水平医生从大城市转移到中小城市提供服务，或者病人从中小城市转移到大城市接受重大疾病诊断和治疗。无论前者还是后者，都需要较高的“冰山成本”，且这种“冰山成本”很难下降。

从服务产品的标准化程度来看，可标准化服务业的服务产品个性化要求较低，服务产品的差异越小，服务产品的交易成本低，更容易实现从一个城市向另一个城市的转移，“冰山成本”较低。而不可标准化服务业的服务产品个性化要求比较高，服务产品的差异较大，服务产品的交易成本较高，很难实现从一个城市向另一个城市的转移，“冰山成本”较高。

可标准化服务业和不可标准化服务业“冰山成本”的差异表明，从生产过程标准化程度和产品的标准化程度两个角度来看，可标准化服务业的“冰山成本”较低，不可标准化服务业的“冰山成本”较高。“冰山成本”越低，经过“冰山成本”调整后两个城市的实际收入差距越小，塌缩效应越小。反之如果“冰山成本”越高，经过“冰山成本”调整后的两个城市的实际收入差距越大，塌缩效应越大。不可标准化服务业是城市“塌缩”的主要原因。

运输仓储邮政、信息传输、计算机服务和软件业投入占中间投入的比重可以反映出服务行业之间冰山成本的差异。运输仓储邮政、信息传输、计算机服务和软件业投入可以大致反映出服务行业冰山成本的信息，随着计算机和网络技术的进步，这三个行业是服务从厂商到消费者的三个重要环节。我国目前最新的投入产出表是2012年的数据，我们将运输仓储邮政、信息传输、计算机服务和软件业在不同服务行业中间投入的比例反映在表8.1中。受到投入产出表数据分类的限制，我们仅可以得到服务行业四个大类的数据，无法得到更细致的行业数据，但是该数据仍可以反映出可标准化服务业和不可标准化服务业冰山成本的差异。批发零售贸易、住宿餐饮业，房地产业、租赁和商务服务业、金融业都属于可标准化服务业，其他服务业大部分都属于不可标准化服务业。不可标准化服务业运输仓储邮政、信息传输、计算机服务和软件业投入占中间投入的比例为10.37%；而可标准化服务业的比例平均为7.85%，前者高于后者 2.52%。

表 8.1　服务业冰山成本差异（亿元）

	不可标准化服务业	可标准化服务业	制造业	备注
冰山成本占中间投入比重	10.15%	8.28%	3.11%	2012 年投入产出表（目前最新）
劳动生产率进步速度	7.16%	10.27%	8.45%	2003—2015 年平均值
有电子商务的企业比例	5.01%	14.72%	8.6%	2015 年

数据来源：《中国统计年鉴 2015》

第二，服务业异质性表现为劳动生产率进步速度的差异。

从生产率角度看，可标准化服务业的人均增加值增长率高于工业人均增加值增长率；不可标准化服务业人均增加值增长率低于工业人均增加值增长率（见表 8.1）。这说明不可标准化服务业符合 Baumol（1967）、Pugno（2005）和程大中（2010）的假设，而可标准化服务业不符合。劳动生产率进步速度的差异使得中小城市可以调整服务业结构来获得更高的经济增长率从而拉近与大城市的经济差距。

第三，服务业的异质性表现为有电子商务的企业比例差异。

首先我们来看服务业企业的电子商务普及情况。在网络技术不断进步的条件下，服务业的交易行为可以通过电子商务的形式完成。电子商务可以反映出可标准化服务业和不可标准化服务业“冰山成本”的差别。标准化服务业的生产过程标准化程度高，资本对劳动的替代性较高，企业更容易用电子商务的方式采购机器。标准化服务业服务产品的差异小，个性化要求少，更容易通过电子商务的形式实现服务的销售。表 8.1 中服务行业有电子商务的企业比例、电子商务销售额、电子商务采购额证明了李建华和孙蚌珠（2012）的结论，可标准化服务业有电子商务的企业比例、电子商务销售额、电子商务采购额都较高，而不可标准化服务业有电子商务的企业比例、电子商务销售额、电子商务采购额都较低。

第三节　服务业偏好多样化对城市体系扁平化的影响

一、服务行业冰山成本差异对城市规模影响的理论模型

（一）基准模型

考虑一个由工业，可标准化服务业和不可标准化服务业构成的完全竞争市场经济。消费者的效用水平由不可标准化服务、可标准化服务和工业产品决定，效用函数为

$$U = S^{u} H^{\beta} M^{1-u-\beta} \tag{1}$$

S 表示不可标准化服务业，H 表示可标准化服务业，M 表示制造业。假定 S 是连续空间中的子效用函数，$s\ (i)$ 是每一种不可标准化服务的消费量，n 表示整个服务业的种类，不可标准化服务消费 S 符合不变替代弹性函数（CES）

$$S = \left[\int_0^n s\ (i)^{\rho} di\right]^{\frac{1}{\rho}}, 0 < \rho < 1 \tag{2}$$

参数 ρ 表示消费者对不可标准化服务业多样性的偏好的程度。当 $\rho \to 1$ 时，不可标准化服务产品几乎是完全替代的。当 $\rho \to 0$ 时，不可标准化服务产品几乎是完全不可替代的。

令 $\sigma \equiv \frac{1}{1-\rho}$，$\sigma$ 表示任意两种不可标准化服务之间的替代弹性

$h\ (i)$ 是每一种可标准化服务的消费量，m 表示整个服务业的种类，可标准化服务消费 S 符合不变替代弹性函数（CES）

$$H = \left[\int_0^m h\ (i)^{\rho} di\right]^{\frac{1}{\rho}}, 0 < \rho < 1 \tag{3}$$

参数 φ 表示消费者对可标准化服务多样性的偏好的程度。当 $\varphi \to 1$ 时，可标准化服务产品几乎是完全替代的。当 $\varphi \to 0$ 时，可标准化服务产品几乎是完全不可替代的。令 $\delta \equiv \frac{1}{1-\varphi}$，$\varphi$ 表示任意两种可标准化服务之间的替代弹性

消费者的预算约束为

$$p^M M + \int_0^n p^s(i)s(i)di + \int_0^m p^h(i)h(i)di = Y \tag{4}$$

假定制造品的价格不变则实际收入的全微分为

$$\frac{d\omega}{\omega} = \frac{dw}{w} - \mu\frac{dP^S}{P^S} - \beta\frac{dP^H}{P^H} \tag{5}$$

消费者效用最大化的条件为

$$\frac{d\omega}{\omega} = (1-\mu-\beta)\frac{dY}{Y} + \left[\frac{\mu+\beta-\rho}{\rho}\right]\frac{dL}{L} \tag{6}$$

如果某种可标准化服务在生产地 1 的售价为 p_1^s，那么这种服务在消费地 2 的交货价或到岸价 p_{12}^s 就是

$$p_{12}^s = p_1^s T_{12}^s \tag{7}$$

地区 2 的价格指数

$$P_1 = [n_1(p_1^s)^{1-\sigma} + n_2(p_2^s T_{12}^s)^{1-\sigma}]^{\frac{1}{1-\sigma}} \tag{8}$$

$$P_2 = [n_1(p_1^s T_{12}^s)^{1-\sigma} + n_2(p_2^s)^{1-\sigma}]^{\frac{1}{1-\sigma}} \tag{9}$$

地区 2 对地区 1 生产的一种服务的消费需求为

$$\mu Y_2(p_1^s T_{12}^s)^{-\sigma} P_2^{\sigma-1} \tag{10}$$

地区 1 该种服务的总销售量

$$q_1^S = \mu[Y_1(p_1^s)^{-\sigma}P_1^{\sigma-1} + Y_2(p_1^s T_{12}^s)^{-\sigma}P_2^{\sigma-1}T_{12}^s] \tag{11}$$

将公式（5）（6）（7）联立，可以得到

$$\left[\frac{\mu+\beta-\rho}{\rho}\right]\frac{dL}{L} - \frac{dw}{w} = (\mu+\beta-1)\frac{dY}{Y} - \mu\frac{dP^S}{P^S} - \beta\frac{dP^H}{P^H} - T_h - T_s \tag{12}$$

我们用$\left[\frac{\mu+\beta-\rho}{\rho}\right]\frac{dL}{L} - \frac{dw}{w}$来刻画一个城市的“塌缩”现象。当一个城市的就业增长率超过工资增长率，说明工资以外的原因导致劳动力向该城市流动，且流动趋势不可逆转，我们将这种现象称为城市“塌缩”。公式（12）是模型的主要结论，也是实证分析的基准模型。

（二）服务行业冰山成本差异对城市“塌缩”的影响

我们考虑一种极端情况，有两个城市相邻，分别称为城市 1 和城市 2，某一种不可标准化服务只在城市 1 生产，但是城市 1 和城市 2 都有该服务消费需求，城市 2 的家庭必须支付冰山成本才能消费，根据公式（22），城市 1 和城市 2 的服务价格指数变为

$$P_1 = n_1(p_1^s) \tag{13}$$

$$P_2 = n_2 \ (p_1^s T_{12}^s) \tag{14}$$

城市 1 和城市 2 的实际工资可以表示为：

$$\omega_1 = w_1 P_1^{-\mu} \ (p^h) \ (p^M)^{-(1-\mu)} \ ) \ = w_1 \ (n_1 p_1^s)^{-\mu} (p^h)^{-\beta} (p^M)^{-(1-\mu-\beta)} \tag{15}$$

$$\omega_2 = w_2 P_2^{-\mu} \ (p^h)^{-\beta} (p^M)^{-(1-\mu)} = w_2 \ (n_2 p_1^s T_{12}^s)^{-\mu} (p^h)^{-\beta} (p^M)^{-(1-\mu)} \ ) \tag{16}$$

我们用城市 1 和城市 2 实际工资之比表示两地实际工资差异，根据上式，我们可以得到

$$\frac{\omega_1}{\omega_2} = \frac{w_1}{w_2}(T_{12}^s)^{\mu} \tag{17}$$

同理，我们可以得到可标准化服务两地实际工资差异：

$$\frac{\omega_1}{\omega_2} = \frac{w_1}{w_2}(T_{12}^h)^{\beta} \tag{18}$$

从公式（17）我们可以看出，当满足 $T > 1$ 时，冰山成本 T 越大，实际工资差异越大。因为冰山成本由不生产该服务的城市 2 承担，所以在工业品价格相同的条件下，服务生产地城市 1 的价格指数低于城市 2，实际工资高于城市 2，实际工资的差异吸引城市 2 的劳动力向地区 1 转移。即便两个城市名义工资相同，即 $\frac{w_1^S}{w_2^S} = 1$，实际工资之比也会在冰山成本 $(T_{12}^s)^{\mu}$ 的影响下导致两地实际工资差异。对于服务的生产地城市 1 而言，吸引劳动力向城市 1 转移的原因有两个，一个是名义工资的增长，另一个是冰山成本 $(T_{12}^s)^{\mu}$ 的实际工资差异效应，两种效应叠加，就业增长率一定大于名义工资增长率。由于冰山成本 $(T_{12}^s)^{\mu}$ 的实际工资差异效应是外生因素，由服务业本身的性质决定，无法逆转劳动力转移的方向，类似于天体物理学中的“塌缩”现象，所以我们把就业增长率超过名义工资增长率的部分叫做“塌缩”效应。

根据公式（1）的假设，参数 μ 的数值反映了家庭对不可标准化服务消费的偏好强度，参数 β 的数值反映了家庭对可标准化服务消费的偏好强度。Fuchs（1964）通过大量的统计数据计算得到结论，服务的需求收入弹性大于 1。意味着当收入增长 1%，家庭服务消费增长将超过 1%。李建华和孙蚌珠（2014）通过统计数据发现不可标准化服务业的偏好强度高于可标准化服务业，即 $\mu > \beta$。参数 μ 数值大于参数 β 数值的主要原因在于不

可标准化服务和可标准化服务的需求价格弹性的差异。需求价格弹性的差异有两方面的原因。

李建华、王振全和孙蚌珠（2012）认为，随着技术的进步，很多服务可以被工业产品替代，例如对于一个非专业人士来说，随着音响技术的发展，音乐会 CD 可以替代现场听音乐会。但是不同的服务种类，被工业产品替代的能力有显著差异。不可标准化服务被工业产品替代的难度较高，可标准化服务被工业产品替代的难度较低。不可标准化服务产品具有极高的个性化要求，例如医疗诊断服务是不可标准化服务，在现有的技术水平下，尽管很多化验环节可以被机器替代，但是核心诊断环节仍是医生和患者之间的直接沟通。可标准化服务产品的个性化要求较少，例如银行服务是可标准化服务，大部分存取款服务都可以被 ATM 机替代。

如果不可标准化服务价格上升，家庭的不可标准化服务消费不会有很大波动，因为服务的生产商无法降低成本，服务的消费方也无法找到替代品。如果可标准化服务的价格上升，家庭的可标准化服务消费会有很大波动，因为服务的生产商可以在生产过程中选择机器替代劳动来降低成本和售价，在市场上占据有利位置。消费者可以选择家庭成员之间互相提供服务替代市场购买服务。

由于不可标准化服务的冰山成本高于可标准化服务业，即 $T_s > T_h$，不可标准化服务的偏好强度高于可标准化服务业，即 $\mu > \beta$。因此我们可以得到结论$\frac{w_1}{w_2}(T_{12}^s)^{\mu} > \frac{w_1}{w_2}(T_{12}^h)^{\beta}$。如果一线城市与周边地区的收入差距为 1%，其服务消费数量差距将超过 1%。中心与周边城市的服务消费差距大于两个地区之间的收入差距，使得服务业劳动力从周边地区向中心城市流动。也就是说不可标准化服务业的“塌缩”效应要高于可标准化服务业。

从直观的经济学意义来看，两个城市相邻，分别为城市 1 和城市 2，高质量医疗服务集中在城市 1，一个住在城市 2 的消费者如果想要消费高质量的医疗服务必须付出较高的冰山成本。如果消费者迁徙到城市 1，并且可以得到和在城市 2 相同的名义收入，则由于不必再付出冰山成本，消费者的实际收入提高了。对于消费者而言，从城市 2 向城市 1 迁徙在经济上是理性选择。服务业，特别是高质量的不可标准化服务业主要集中在大城市。例如北京服务业法人单位分布密度为每平方公里 22 个，而河北省保定市服务业法人单位分布密度为每平方公里 3 个。北京第三产业就业人口占总就业人口的比例高达 77% 。在冰山成本的作用下，消费者理性的选择是从保定市向北京市迁徙，直至消费者向北京迁徙后工资收入的下降和冰山成本相同。北京成为京津冀地区塌缩的中心，而周边河北城市变成北京的吸积盘，劳动力不断向北京流动。

根据公式（12），参数 ρ 的数值体现了服务业对城市发展的“斥力”作用。参数 ρ 的数值体现了家庭对服务消费多样化的偏好。根据公式（2），参数 ρ 的数值越小，家庭对服务消费多样化的偏好越强，参数 ρ 的数值越大，家庭对服务消费多样化的偏好越弱。在家庭收入水平既定的情况下，消费偏好满足凸性假设，即边际效用递减规律导致的商品边际替代率递减，使得消费者更偏好于多样化的消费。随着收入的增长，家庭对消费多样化的偏好会越来越强。参数 ρ 的数值表示服务业分工潜力。从供给的角度来看，家庭对服务消费多样化的偏好是否能够得到满足取决于服务行业的供给特征。参数 ρ 表的数值越小，对于服务生产厂商来说，其利润最大化的均衡价格越高，也就意味着，家庭服务消费的偏好多样化程度越高，则需要支付的价格越高。从厂商的角度来看，多样化消费偏好导致服务价格提高的主要原因是生产过程的标准化程度发生变化。同一种服务的生产过程是标准的，在现有技术的条件下，服务生产过程中资本和劳动的比例相同。当生产的服务种类增加时，在现有技术条件下，服务生产过程中必然调整资本和劳动的比例。生产过程的调整必然带来生产成本的增加和均衡价格的提高。

二、实证分析

（一）计量经济学模型和数据来源

根据公式（12），我们建立经济学模型：

$$\left(\frac{dw}{w}-\frac{dL}{L}\right)=\alpha_0+\alpha_1\frac{dY}{Y}+\alpha_2\frac{dp^h}{p^h}+\alpha_3\frac{dp^s}{p^s}+\alpha_4T_h+\alpha_5T_s+\sum_{i=6}^{n}\alpha_ix_i+\varepsilon \tag{19}$$

其中 $\left(\frac{dw}{w}-\frac{dL}{L}\right)$ 是城市塌缩率，我们用城市塌缩率来刻画城市的塌缩效应，城市塌缩率越高，表示城市的塌缩效应越大。$\frac{dY}{Y}$ 是服务业增加值增长率，$\frac{dp^h}{p^h}$是可标准化服务业的价格上涨率，$\frac{dp^s}{p^s}$是不可标准化服务业价格上涨率，T是冰山成本，服务业的冰山成本无法直接测量，我们用2012年投入产出表中交通运输邮政，信息传输，计算机服务和软件业投入占总中间投入的比例和服务业增加值的乘积作为冰山成本的间接测量指标。T_h是可标准化服务业的冰山成本的测量指标，T_s是不可标准化服务业的冰山成本的测量指标。$\sum_{i=7}^{n}\alpha_i x_i$表示体现城市异质性的指标，我们选取了人口规模、城市面积和人均收入三个指标。

我们数据来源于2005～2015年《中国统计年鉴》《中国城市统计年鉴》和《中国第三产业统计年鉴》。我们选取人口规模排名前100名的城市作为研究对象，将100个城市划分为四组：北京、上海和广州作为普遍接受的超大城市分为一组，人口规模排名4～25名的城市为一组，人口规模排名26～50名的分为一组，人口规模排名51～100名的分为一组。

（二）计量结果分析

基础面板数据分析有随机效应和固定效应两种方法，我们分别用随机效应和固定效应对计量模型（19）进行估计，然后用hausman检验值来确定采用哪种方法更为合适。因为hausman检验值均在1%的显著水平下拒绝了固定效应与随机效应估计无差异的假设（见表8.2），所以固定效应方法更适合我们的分析，我们将固定效应的估计结果反映在表8.2中。

从固定效应的估计结果来看，四个城市组的不可标准化服务业冰山成本和城市塌缩呈正相关关系。城市规模越大，不可标准化服务业冰山成本的塌缩效应越大。北京、上海和广州不可标准化服务业冰山成本提高1个单位，城市塌缩率将提高0.0513个单位，人口规模排名4～25城市组不可标准服务业冰山成本提高1个单位，城市塌缩率将提高0.0491个单位。人口规模排名26～50城市组不可标准化服务业冰山成本提高1个单位，城市塌缩率将提高0.0224个单位。人口规模排名51～100名的城市组不可标准化服务业冰山成本提高1个单位，城市塌缩率将提高0.0118个单位。

不同规模城市的不可标准化服务业冰山成本的塌缩效应存在差异。北京、上海和广州的估计值和人口规模排名4～25名不可标准化服务业塌缩效应平均值为0.0502，而人口规模排名26～50城市组和51～100城市组不可标准化服务业他所效应平均值为0.0171。前者是后者的3倍，这说明不可标准化服务的塌缩效应和城市人口规模之间存在正相关关系。控制变量人口规模的参数估计值也证明了这个结论，北京、上海和广州城市组和人口规模4～25城市组人口规模参数估计值分别为0.0097和0.0104，人口规模排名26～50和51～100城市组人口规模参数估计值分别为0.0038和0.0052，前两个城市组大致上是后两个城市组的2倍。

可标准化服务冰山成本塌缩效应小于不可标准化服务业的塌缩效应，且不同城市组可标准化服务业冰山成本的塌缩效应存在显著差异。北京、上海和广州，人口规模排名4～25名的城市组，人口规模排名26～50城市组可标准化服务业冰山成本塌缩效应是正值，而人口规模排名51～100城市组，可标准化服务冰山成本塌缩效应为负值。实证结果证明了我们在理论模型中的理论假设，可标准化服务业的塌缩效应小于不可标准化塌缩效应。同时实证结果也说明可标准化服务业在规模较小的城市存在“反塌缩”效应，意味着可标准化服务业冰山成本越高，规模较小的城市塌缩效应越小。对于人口规模排名51～100城市组来说，可标准化服务业冰山成本的提高，使得劳动力流动的难度提高，在这种情况下，劳动力的理性选择是一步到位向人口规模更大的城市流动，通过降低冰山成本来提高实际收入水平，冰山成本和塌缩效应呈现反相关关系。

表8.2　固定效应估计结果

	北上广	4～25	26～50	51～100
$\frac{dY}{Y}$	0.5298**	0.2463*	0.2076*	0.3987**
	(0.3002)	(0.2119)	(0.1927)	(0.1294)
$\frac{dp^h}{p^h}$	0.0218**	0.0496**	0.0479***	0.0212
	(0.0025)	(0.0187)	(0.0097)	(0.0168)
$\frac{dp^s}{p^s}$	-0.0413*	-0.0434	0.0487	0.0397
	(0.0112)	(0.0893)	(0.0317)	(0.078)
T_h	0.0764**	0.0673**	0.0811*	-0.0593***
	(0.0163)	(0.0102)	(0.0325)	(0.0099)
T_s	0.0513*	0.0491*	0.0224	0.0118***
	(0.0331)	(0.0228)	(0.0076)	(0.0045)
population	0.0097**	0.0104	0.0038*	0.0052**
	(0.0017)	(0.0537)	(0.0009)	(0.0007)

续表

	北上广	4~25	26~50	51~100
City size	0.0007 (0.0008)	0.0005 (0.0017)	0.0007 (0.0053)	0.0001 (0.0077)
income	0.0001 (0.0038)	0.0001 (0.0027)	0.0012* (0.0003)	0.0009 0.0012
constant	0.2762 (0.8724)	0.7394** (0.0493)	0.9283 (1.4625)	1.0876* (0.9776)
R^2	0.37	0.42	0.37	0.41
Log-likelihood	118	221	227	143
Wooldbridge test	0.024 (0.721)	0.038 (0.398)	0.021 (0.536)	0.017 (0.824)
Hausman test	19.17 (0.003)	21.78 (0.007)	22.13 (0.009)	14.88 (0.007)

注：1. *，** 和 *** 分别表示在 10%、5% 和 1% 的水平上显著

2. 括号内为标准误

城市之间的发展不是孤立的，而是相互影响的，相互之间影响较大的城市构成城市群。这种相关性和地理距离直接相关，一般来说距离越近的城市是相互之间影响较大，而距离较远的呈相互之间的影响较小。如果考虑到城市之间的相互影响，基础的面板模型分析的效果会受到城市之间相互影响的干扰，导致估计结果的偏差。而空间误差面板模型可以有效解决这个问题，因此我们用空间误差面板模型对模型重新估计，对比与基础面板模型的估计结果，分析结果。我们用城市之间的地理距离作为空间权重，将计量经济学模型修改为：

$$\frac{dw}{w}-\frac{dL}{L}=\alpha_0+\alpha_1\frac{dY}{Y}+\alpha_2\frac{dp^h}{p^h}+\alpha_3\frac{dp^s}{p^s}+\alpha_4T_h+\alpha_5T_s+\sum_{i=6}^{n}\alpha_ix_i+u$$

其中 $u_i=\lambda Wu_i+\varepsilon_i$，$\varepsilon_i\sim N\ (0,\ \sigma^2I_n)$

空间误差面板模型估计结果反映在表 8.3 中。估计结果反映出服务冰山成本对塌缩效应影响的三个特征：

首先，四个城市组的不可标准化服务业的冰山成本塌缩效应都是正值，而且估计值和城市人口规模成正比。北京、上海和广州城市组不可标准化服务业冰山成本塌缩效应最大，估计值达到 0.0637。人口规模排名

4～25 城市组其次，估计值为 0.0577，人口规模排名 25～50 再次，估计值为 0.0485，人口规模排名 50～100 城市组最后，估计值为 0.0421。和基础面板数据模型的估计结果相比，把空间距离作为空间权重后，空间误差面板模型的估计结果不存在显著差异。这以结果说明空间距离是形成冰山成本的主要原因。从表 8.1 的服务行业就业的边际投资倾向来看，不可准化服务业就业的边际投资倾向较小，意味着不可标准化服务业的劳动投入个性化特征较强，很难被投资替代。同时，不可标准化服务业提供的服务个性化特征比较显著，其需求价格弹性较小。城市规模越大，市场容量越大，高水平服务越容易集中在规模大城市，而劳动投入的个性化和服务产品的个性化，其他城市无法提供相同的服务产品，只能支付较大的冰山成本才可以消费高水平服务。例如医疗服务行业，医生的服务过程个性化程度极高，同时对病人的诊断和治疗过程个性化程度也极高，导致医疗服务行业的冰山成本极高。

其次，北京、上海和广州城市组和人口规模排名 4～25 城市组可标准化服务业冰山成本的塌缩效应，并且人口规模排名 4～25 城市组可标准化服务业冰山成本塌缩效应高于北京、上海和广州城市组。人口规模排名 4～25 的估计值 0.0653，北京、上海和广州城市组的估计值仅为 0.0455。说明不可标准化服务业的冰山成本是北京、上海和广州城市组塌缩的主要原因，而可标准化服务业是人口规模排名 4～25 城市组城市塌缩的主要原因。从表 8.1 的服务行业就业的边际投资倾向来看，可标准化服务业就业边际投资倾向较大，意味着可标准化服务业的劳动投入和资本投入之间的替代性较高，因此资本的风雨程度成为影响这两个城市组“向心力”的重要影响因素。同时，可标准化服务业的服务个性化程度低，相似度较高，需求价格弹性较高。资本对劳动的替代意味着大规模的资本投资，其最低产出有较高的门槛，对市场容量有较高的要求。北京、上海和广州城市组和人口规模排名 4～25 城市组的可标准化服务业市场资本充足程度相似，且人口规模排名 4～25 城市组的土地、资本的投入成本相对较低，同时人口规模排名 4～25 城市组可以提供和北京、上海和广州城市组相同，甚至质量更高的服务。

最后，人口规模排名 26～50 城市组和排名 51～100 城市组的可标准化服务服务业的冰山成本塌缩效应为负值，前者估计值为 -0.0727，后者的

估计值为 -0.0639。该结果反映出人口规模排名 26～50 城市组和排名51～100 城市组的可标准化服务业市场状况不同于北京、上海和广州城市组和人口规模排名 4～25 城市组。实证结果表明，受到市场规模的限制，前两个城市组无法容纳资本对劳动替代的最小市场规模，也就无法提供和后两个城市组相同或者质量更高的服务。人口排名 26～50 城市组和排名 51～100 城市组可标准化服务的冰山成本越高，这些城市的“向心力”越低。无法吸引更高质量的劳动力和资本向这两个城市组流动。

表 8.3　空间误差面板数据模型估计结果

	北上广	4-25	26～50	51～100
$\frac{dY}{Y}$	0.3871 (0.4827)	0.4937 (0.9475)	0.3947 (5.2976)	0.7498** (0.3979)
$\frac{dp^h}{p^h}$	-0.0422 (0.0538)	0.0774* (0.0386)	-0.1973 (0.7573)	0.2387 (0.3028)
$\frac{dp^s}{p^s}$	0.7593** (0.1138)	0.8586* (0.3729)	0.7332* (0.3002)	0.6345*** (0.0872)
T_h	0.0455** (0.0097)	0.0653*** (0.0071)	-0.0727** (0.0116)	-0.0639** (0.0144)
T_s	0.0637* (0.0219)	0.0577** (0.0217)	0.0485* (0.0177)	0.0421** (0.0072)
population	0.0081** (0.0013)	0.0112 (0.0517)	0.0041* (0.0012)	0.0059** (0.0011)
City size	0.0002 (0.0008)	0.0009 (0.0012)	0.0008 (0.0053)	0.0002 (0.0036)
income	0.0001 (0.0097)	0.0001 (0.0035)	0.0007* (0.0001)	0.0013 (0.0014)
constant	0.9172 (0.9876)	1.0137 (1.7354)	0.8037 (0.9152)	0.7284** (0.2229)
R^2	0.54	0.49	0.55	0.46
Log - likelihood	812	663	347	562

注：1. *，** 和 *** 分别表示在 10%、5% 和 1% 的水平上显著

2. 括号内为标准误

第四节 结论和政策建议

首先，服务业异质性是城市出现塌缩现象的主要原因。塌缩效应是就业增长率超过名义工资增长率的部分，当一个城市的就业增长率超过工资增长率，说明工资以外的原因导致劳动力向该城市流动，且流动趋势不可逆转，我们将这种现象称为城市“塌缩”。服务业的冰山成本是指服务业中间投入中，运输仓储邮政、信息传输、计算机服务和软件业投入占的比重，是服务生产和消费过程中不可缺少的环节。当服务业集中于某一个中心城市，在中心城市和周边城市名义收入相同的情况下，服务业的冰山成本会导致中心城市的实际收入水平高于周边城市，导致劳动力从周边城市向中心城市流动。劳动力的流动是由服务业本身的性质决定的，具有不可逆转的特征。

其次，不可标准化服务业和可标准化服务业之间冰山成本塌缩效应存在显著差异。不可标准化服务业和可标准化服务业的生产过程和服务产出存在较大差异，不可标准化服务业的劳动投入个性化较强，资本和劳动的替代性较低，服务产品的个性化程度较高。不可标准化服务业很难通过在不同的城市复制，来为不同的城市提供相同品质的服务。如果一种不可标准化服务仅在中心城市提供，而周边城市无法复制该项不可标准化服务，周边城市的消费者需要付出较大的冰山成本才能实现该项不可标准化服务空间上的转移。在较大的冰山成本条件下，如果该项服务需求价格弹性较低，消费者从周边城市向中心城市迁徙可以有效降低冰山成本，提高自己的实际收入水平。可标准化服务的劳动投入个性化较弱，资本和劳动替代性较高，服务产品的个性化程度较低。可标准化服务业容易在不同的城市复制来为不同的城市提供相同质量的服务。如果一种可标准化服务仅在中心城市提供，则周边城市可以通过资本的投入实现相同品质服务的供给，周边城市的消费者用较低的冰山成本即可在当地消费相同的服务，不需要通过向中心城市迁徙来降低冰山成本，提高实际收入水平。

再次，可标准化服务业冰山成本对不同规模城市的“塌缩效应”存在较大差异。人口规模排名 4 ~ 25 城市组可标准化服务业冰山成本对城市

“塌缩效应”的正向影响作用最大，北京、上海和广州城市组的作用其次。人口规模排名26～50城市组和人口规模排名51～100城市组的可标准化服务业对城市“塌缩效应”呈现负向影响。可标准化服务业的显著特征是劳动和资本之间可替代性较高，周边城市能否通过资本和劳动的替代来复制中心城市的可标准化服务业实现本地供给，取决于周边城市的市场规模能否容纳资本对劳动的替代。如果市场规模足够容纳资本对劳动的替代，则周边城市可以实现可标准化服务业的准确复制实现本地供给。如果市场规模不足以容纳资本对劳动的替代，则中心城市仍旧是可标准化服务的唯一供给城市，周边城市的可标准化服务业无法形成“塌缩效应”。从基础面板数据模型和空间误差面板数据模型的分析结果来看，北京、上海和广州城市组是可标准化服务业的初始供给城市，人口规模排名4～25城市组的市场规模可以容纳可标准化服务业资本对劳动的替代。人口规模排名26～50城市组处于临界点，因为基础面板数据结果显示该城市组的城市规模可以容纳资本对劳动的替代，而空间误差面板数据模型结果显示该城市组无法容纳。人口规模排名51～100城市组的城市规模无法容纳可标准化服务业资本对劳动的替代。

最后，不可标准化服务业和可标准化服务业解决“大城市病”的路径存在较大差异。由于不可标准化服务业和可标准化服务业冰山成本对城市“塌缩”的影响存在差异，所以从服务业结构的角度分析，解决“大城市病”的路径也不一样。因为不可标准化服务业的冰山成本是其生产过程和服务产品的个性化特征决定的，所以很难通过跨空间的复制来实现不可标准化服务的多空间供给。例如：近年来，各大医院的分院建设，各高校的分校建设并未很好的解决“就医难”和“上学难”问题。解决不可标准化服务业带来的“大城市病”问题的正确思路是根据其冰山成本较高的特征，超过单个城市的视角，从一个大的区域重新布局不可标准化服务业，使不同城市的消费者实现不可标准化服务消费的冰山成本相同，从而避免了不可标准化服务业向单一中心城市的过度集中。因为可标准化服务业的冰山成本是由其生产过程劳动和资本的较高替代性，服务产品的较高相似性决定，所以解决可标准化服务业带来的“大城市病”的正确思路是发展人口规模中等的城市，使其城市规模足以容纳资本对劳动的替代，市场本身可以实现可标准化服务业跨空间的复制，使周边城市形成“向心力”。

第九章　服务业差异对城市经济边际影响

第一节　引言和文献综述

近年来，我国大城市的“城市病”问题日益严重，而且“城市病”逐渐从北京、上海和广州等一线大城市向二线城市蔓延。“城市病”主要表现为劳动力在大城市的过度集中超过了城市的承载能力。劳动力向大城市流动的原因可以分解为两部分，一部分是名义工资差异，大城市的名义工资水平高于周边城市导致劳动力从周边城市向中心城市流动。另一部分是服务业冰山成本导致的实际生活水平的差异，有些服务业只有大城市提供，迁徙到大城市可以节省冰山成本，实际上提高生活水平。服务业冰山成本导致的城市间实际生活水平差异是由服务业本身的性质决定的，是不可逆转的过程，所以我们把服务业冰山成本导致的实际生活水平的差异叫做“黑洞效应”。

冰山成本高的行业在空间上的不可移动性使得服务行业之间存在较大差异。Pugno（2006）分析服务业时注意到了服务行业之间的差异。江小涓（2011）强调服务行业之间的差异主要体现在标准化程度的差异。李建华和孙蚌珠（2012，2014）深入分析了服务业标准化程度的差异及其对“冰山成本”的影响。

新经济地理学关注到了服务行业的不可移动性差异对城市影响作用。Helpman（1998）是城市体系研究的开创者，他假设城市土地和住房在空间上具有不可移动性，将城市体系形成的原因归结于制成品运输成本的高低，运输成本高的制造业集中于中心城市，运输成本低的制造业集中于中心城市周边的中小城市。Mion（2004）、rakman（2004）、Hanson（2005），沿用了城市土地和住房在空间上的不可移动性假设条件，扩展了 Helpman（1998）的模型，得出了相似的结论，技术含量高、产品差异大的制造业运输成本高，集中于中心城市，一般制造业运输成本低，集中于中小城市。Ahlfeldt（2013）强调服务业的不可移动性，讨论了服务业在单一中心城市和多中心城市两种城市形成过程中的作用。现代城市逐步转向服务业主导经济，不同的城市的服务业分布存在差异，导致一些城市服务业向单一中心城市集中，另外一些城市发展为多中心城市体系。柯善咨和赵曜（2014，2015）通过实证研究发现产业结构显著影响城市规模，且不同行业厂商的生产率差异也会影响城市规模。何建武通过实证研究得出了和柯善咨和赵曜相似的结论。梁婧、张庆华和龚六堂（2015）通过城市规模和劳动生产率之间研究发现不同地区城市规模和劳动生产率之间的关系存在较大差异。王俊和李佐军（2014）认为城市集聚产生正效应和拥挤效应带来负效应之间的比较决定了城市的最优规模。魏守华等（2015）分析了城市规模的最优值，并分析了现有城市是否超过了最优值。

第二节　城市之间人均 GDP 的空间相关性

随着计算机和网络技术的发展，现代经济中的服务业的冰山成本和传统意义的冰山成本出现显著差异。传统意义的冰山成本主要指的是运输成本，现代经济中服务业的冰山成本除了运输成本以外，信息传输、计算机服务和软件的作用越来越显著（李建华和孙蚌珠，2014；赵曜和柯善咨，2015）。所以我们将投入产出表中，交通运输、仓储和邮政、信息传输、计算机服务和软件投入比例作为反映冰山成本的一个指标。由于中国的投入产出表大致 5 年编制一次，最新的投入产出表，编制于 2012 年。

Moran's I 指数是判断城市间人均 GDP 的空间相关性的权威指标，该指标计算公式为：

$$I = \frac{\sum_{i=1}^{n}\sum_{j=1}^{n} W_{ij}(Y_i - \bar{Y})(Y_j - \bar{Y})}{S^2 \sum_{i=1}^{n}\sum_{j=1}^{n} W_{ij}}$$

其中 $S^2 = \frac{1}{n}\sum_{i=1}^{n}(Y_i - \bar{Y})^2$，$\bar{Y} = \frac{1}{n}\sum_{i=1}^{n} Y_i$，$Y_i$ 表示第 i 地区的观测值，本文中为城市人均 GDP，n 为地区数，W 为空间权矩阵。我们按不同城市之间直线距离的倒数作为 W 的取值。根据 Moran's I 指数的定义，指数值

越接近于1，表示城市之间的人均GDP呈正相关，接近于-1，城市之间的人均GDP呈负相关。

我们采用刘学华、张学良和李鲁（2015）对“中心城市”的定义，中心城市主要指直辖市、省会城市，因海口、拉萨、西宁、乌鲁木齐周边小城市统计数据不足，忽略该4个城市及其周边城市，共计29个。我们与中心城市距离小于100公里的城市合称为一级影响区域，与中心城市距离大于100公里、小于150公里的城市合称为二级影响区域，与中心城市距离大于150公里、小于200公里的城市称为三级影响区域。我们使用搜狗地图的空间距离测量工具测量城市之间的直线距离作为空间距离的测量数据。

我们将中心城市的直接影响区域、间接影响区域、远程影响区域的Moran's I指数反映在表9.1中。

表9.1　本文选取的城市样本列表

序号	地区	中心城市	一级影响区域	二级影响区域	三级影响区域
1	东部	北京	廊坊	保定	张家口、承德、唐山、沧州
2	东部	天津	廊坊、沧州	唐山、	保定
3	东部	上海	嘉兴、苏州	南通、无锡、湖州	宁波、绍兴、舟山、常州
4	西部	重庆	无	泸州、内江、遂宁、广安、南充	自贡、资阳
5	东部	石家庄	阳泉	保定、衡水、邢台	沂州、晋中、德州、邯郸
6	东部	太原	沂州、阳泉、晋中	吕梁	朔州、长治、邢台
7	西部	呼和浩特	无	乌兰察布	包头、鄂尔多斯、朔州、大同
8	东部	沈阳	辽阳、铁岭、抚顺、本溪、鞍山	阜新、盘锦	营口、辽源、四平
9	东部	长春	吉林	四平、辽源、松原	无
10	东部	哈尔滨	无	绥化	大庆、松原
11	东部	南京	马鞍山、滁州、扬州、镇江、芜湖	扬州、常州、铜陵、池州	盐城、泰州、无锡、湖州

续表

序号	地区	中心城市	一级影响区域	二级影响区域	三级影响区域
12	东部	杭州	绍兴、绍兴、嘉兴	宁波、苏州、无锡	金华、黄山、宣城、常州、衢州
13	东部	合肥	六安、淮南	蚌埠、滁州、马鞍山、芜湖、铜陵、池州	安庆、宣城、阜阳
14	东部	福州	莆田、宁德	南平、泉州	三明
15	东部	南昌	抚州	九江、鹰潭、新余、景德镇、咸宁	黄石、吉安、宜春
16	东部	济南	泰安、莱芜、聊城、淄博	德州、滨州、济宁	潍坊、沧州、衡水、东营
17	东部	郑州	开封、许昌、新乡、焦作	晋城、济源、漯河、平顶山、鹤壁	长治、安阳、濮阳、菏泽、商丘、驻马店、周口
18	东部	武汉	咸宁、黄冈	随州、天门	岳阳、荆州、信阳、九江
19	东部	长沙	湘潭、益州	娄底、萍乡、岳阳	常德、邵阳、衡阳、新余
20	东部	广州	佛山、清远、东莞、深圳、中山、江门、惠州	珠海、云浮	河源、韶关、阳江
21	东部	南宁	无	崇左、来宾、贵港、钦州、防城港	北海、玉林
22	西部	成都	德阳、眉州、资阳	绵阳、遂宁、乐山、雅安	内江、自贡、南充
23	西部	贵阳	安顺	遵义	毕节、六盘水
24	西部	昆明	玉溪	曲靖	攀枝花
25	西部	西安	咸阳、铜川、渭南	商洛	宝鸡、安康
26	西部	兰州	白银、定西	无	西宁
27	西部	银川	吴忠、石嘴山	乌海、中卫	无

注：因海口、拉萨、西宁、乌鲁木齐周边小城市统计数据不足，忽略该4个城市及其周边城市。

表 9.2　城市空间自相关 Moran’s I 指数计算结果

序号	地区	中心城市	一级影响区域	二级影响区域	三级影响区域
1	东部	北京	0.1975 (0.0084)	0.1759 (0.1024)	0.1452 (0.0248)
2	东部	天津	0.1977 (0.0105)	0.1799 (0.0525)	0.1371 (0.0541)
3	东部	上海	0.2018 (0.0427)	0.1816 (0.0665)	0.1375 (0.2221)
4	西部	重庆	无	0.1867 (0.0441)	0.1517 (0.0859)
5	东部	石家庄	0.2019 (0.0714)	0.1874 (0.0716)	0.1443 (0.0258)
6	东部	太原	0.1245 (0.1152)	0.1054 (0.1251)	0.0958 (0.1042)
7	西部	呼和浩特	无	0.1231 (0.0012)	0.0827 (0.009)
8	东部	沈阳	0.1429 (0.0283)	0.0927 (0.0827)	0.0827 (0.0938)
9	东部	长春	0.1528 (0.1122)	0.1745 (0.1623)	无
10	东部	哈尔滨	无	0.2312 (0.0915)	0.0234 (0.1231)
11	东部	南京	0.2524 (0.1145)	0.2312 (0.0872)	0.1728 (0.1726)
12	东部	杭州	0.2873 (0.1355)	0.2419 (0.1345)	0.2109 (0.1428)
13	东部	合肥	0.2198 (0.1289)	0.1826 (0.0276)	0.1638 (0.2981)
14	东部	福州	0.2319 (0.1873)	0.2019 (0.1456)	0.1873 (0.1726)
15	东部	南昌	0.1826 (0.0864)	0.1728 (0.0827)	0.1624 (0.0978)
16	东部	济南	0.2098 (0.0276)	0.1832 (0.0287)	0.1573 (0.0736)

续表

序号	地区	中心城市	一级影响区域	二级影响区域	三级影响区域
17	东部	郑州	0.1729 (0.0829)	0.1628 (0.1009)	0.1209 (0.0028)
18	东部	武汉	0.2310 (0.0027)	0.1762 (0.0287)	0.1324 (0.2233)
19	东部	长沙	0.1826 (0.0038)	0.1537 (0.0982)	0.1222 (0.0067)
20	东部	广州	0.2198 (0.0287)	0.1826 (0.0674)	0.1346 (0.0843)
21	东部	南宁	无	0.1524 (0.0027)	0.1423 (0.0093)
22	西部	成都	0.1927 (0.0036)	0.1625 (0.0826)	0.1027 (0.0045)
23	西部	贵阳	0.1328 (0.0016)	0.1017 (0.1236)	0.0987 (0.0016)
24	西部	昆明	0.1826 (0.0893)	0.1636 (0.0782)	0.1355 (0.0037)
25	西部	西安	0.1826 (0.0047)	0.1789 (0.0027)	0.1527 (0.1002)
26	西部	兰州	0.1435 (0.0182)	无	0.1209 (0.0482)
27	西部	银川	0.1129 (0.0038)	0.0836 (0.0044)	无

注：括号内为 P – value 检验值

从表 9.2 的统计结果来看，27 个样本城市的直接影响区域、间接影响区域和远程 Moran's I 指数呈现三个特征。第一，从时间序列来看，一级影响区域 Moran's I 指数较高，反映出大城市之间的经济联系越来越密切。第二，二级影响区域 Moran's I 指数呈现不稳定的波动，而且波动趋势略微下行。反映出二级影响区域的城市的经济联系有逐渐弱化的趋势，城市经济的重心越来越向规模较大的城市转移。第三，从城市组之间的横向比较来看，城市规模越大，Moran's I 越高，反映出城市规模对城市之间经济联系的正向影响，城市规模越大，市场潜力越大，和其他城市的经济联系越密切。

第三节 服务业差异对城市经济边际影响的理论模型

一、基准模型

考虑一个由工业、可标准化服务业和不可标准化服务业构成的完全竞争市场经济。消费者的效用水平由不可标准化服务、可标准化服务和工业产品决定，效用函数为

$$U = S^{u} H^{\beta} M^{1-u-\beta} \tag{1}$$

S 表示不可标准化服务业，H 表示可标准化服务业，M 表示制造业。假定 S 是连续空间中的子效用函数，$s\ (i)$ 是每一种不可标准化服务的消费量，n 表示整个服务业的种类，不可标准化服务消费 S 符合不变替代弹性函数（CES）

$$S = [\int_0^n s\ (i)^{\rho} di]^{\frac{1}{\rho}}, 0 < \rho < 1 \tag{2}$$

参数 ρ 表示消费者对不可标准化服务业多样性的偏好的程度。当 $\rho \to 1$ 时，不可标准化服务产品几乎是完全替代的。当 $\rho \to 0$ 时，不可标准化服务产品几乎是完全不可替代的。

令 $\sigma \equiv \frac{1}{1-\rho}$，$\sigma$ 表示任意两种不可标准化服务之间的替代弹性

$h\ (i)$ 是每一种可标准化服务的消费量，m 表示整个服务业的种类，可标准化服务消费 S 符合不变替代弹性函数（CES）

$$H = [\int_0^m h\ (i)^{\rho} di]^{\frac{1}{\rho}}, 0 < \rho < 1 \tag{3}$$

参数 φ 表示消费者对可标准化服务多样性的偏好的程度。当 $\varphi \to 1$ 时，可标准化服务产品几乎是完全替代的。当 $\varphi \to 0$ 时，可标准化服务产品几乎是完全不可替代的。令 $\delta \equiv \frac{1}{1-\varphi}$，$\varphi$ 表示任意两种可标准化服务之间的替代弹性

消费者的预算约束为

$$p^{M} M + \int_0^n p^{s}(i) s(i) di + \int_0^m p^{h}(i) h(i) di = Y \tag{4}$$

假定制造品的价格不变则实际收入的全微分为

$$\frac{d\omega}{\omega}=\frac{dw}{w}-\mu\frac{dP^S}{P^S}-\beta\frac{dP^H}{P^H} \tag{5}$$

消费者效用最大化的条件为

$$\frac{d\omega}{\omega}=(1-\mu-\beta)\frac{dY}{Y}+\left[\frac{\mu+\beta-\rho}{\rho}\right]\frac{dL}{L} \tag{6}$$

如果某种可标准化服务在生产地 1 的售价为 p_1^s，那么这种服务在消费地 2 的交货价或到岸价 p_{12}^s就是

$$p_{12}^s=p_1^sT_{12}^s \tag{7}$$

将公式（5）（6）（7）联立，可以得到

$$\frac{dw}{w}=(1-\mu-\beta)\frac{dY}{Y}+\left[\frac{\mu+\beta-\rho}{\rho}\right]\frac{dL}{L}+\mu T\frac{dP^S}{P^S}+\beta T\frac{dP^H}{P^H} \tag{8}$$

当一个城市的就业增长率超过工资增长率，说明工资以外的原因导致劳动力向该城市流动，且流动趋势不可逆转，我们将这种现象称为城市“黑洞”。公式（10）是模型的主要结论，也是实证分析的基准模型。

二、服务行业差异对城市经济边界的影响

不可标准化服务业、可标准化服务业、制造业对城市之间的经济联系的影响不同。不可标准化服务业在不同规模的城市之间存在着服务质量和服务价格的显著差异。例如医疗服务，京津冀地区高水平综合性医院主要分布在北京市，每年有大量河北省的疑难杂症患者赴京求医，而根据北京市发展和改革委员会与河北省发展和改革委员会公布的医疗服务价格标准，北京市门诊挂号为50/次，河北省省级医院和市级医院为15/次。相比较而言，可标准化服务业的服务质量和价格差异很小，优质资源容易在空间上向大城市集中。例如电信行业 4G 通信服务，中国移动和中国联通已经基本做到，全国的服务价格一致。不同地区 4G 网络通信质量依据电信基础设施建设水平的高低略有差异。电信服务更容易实现空间上的平均分布。制造业的产品质量和价格差异几乎可以忽略不计，例如汽车的零售价在全国各地是统一的，售后服务的质量在全国也是统一的，差异几乎可以忽略不计。制造业空间上更容易实现在一个地区集中生产，在全国范围内分散销售。

我们考虑一种极端情况，有两个城市相邻，分别称为城市 1 和城市 2，某一种不可标准化服务只在城市 1 生产，但是城市 1 和城市 2 都有该服务消费需求，城市 2 的家庭必须支付冰山成本才能消费，根据公式，城市 1 和城市 2 的服务价格指数变为

$$P_1 = n_1 \ (p_1) \tag{9}$$

$$P_2 = n_2 \ (p_1 T_{12}) \tag{10}$$

城市 1 和城市 2 的实际工资可以表示为：

$$\omega_1 = w_1 P_1^{-\mu} \ (p^h) \ (p^M)^{-(1-\mu)}) \ = w_1 \ (n_1 p_1^s)^{-\mu} (p^h)^{-\beta} (p^M)^{-(1-\mu-\beta)} \tag{11}$$

$$\omega_2 = w_2 P_2^{-\mu} \ (p^h)^{-\beta} (p^M)^{-(1-\mu)} = w_2 \ (n_2 p_1^s T_{12})^{-\mu} (p^h T_{12})^{-\beta} (p^M)^{-(1-\mu-\beta)}) \tag{12}$$

我们用城市 1 和城市 2 实际工资之比表示两地实际工资差异，根据上式，我们可以得到

$$\frac{\omega_1}{\omega_2} = \frac{w_1}{w_2} (T_{12})^{\mu+\beta} \tag{13}$$

从公式（13）我们可以看出，当满足 $T > 1$ 时，冰山成本 T 越大，实际工资差异越大。因为冰山成本由不生产该服务的城市 2 承担，所以在工业品价格相同的条件下，服务生产地城市 1 的价格指数低于城市 2，实际工资高于城市 2，实际工资的差异吸引城市 2 的劳动力向地区 1 转移。即便两个城市名义工资相同，即 $\frac{w_1^S}{w_2^S} = 1$，实际工资之比也会在冰山成本 $(T_{12}^s)^{\mu}$ 的影响下导致两地实际工资差异。对于服务的生产地城市 1 而言，吸引劳动力向城市 1 转移的原因有两个，一个是名义工资的增长，另一个是冰山成本 $(T_{12}^s)^{\mu}$ 的实际工资差异效应，两种效应叠加，就业增长率一定大于名义工资增长率。由于冰山成本 $(T_{12}^s)^{\mu}$ 的实际工资差异效应是外生因素，由服务业本身的性质决定，无法逆转劳动力转移的方向，类似于天体物理学中的“黑洞”现象，所以我们把就业增长率超过名义工资增长率的部分叫做“黑洞”效应。

根据公式（1）的假设，参数 μ 的数值反映了家庭对不可标准化服务消费的偏好强度，参数 β 的数值反映了家庭对可标准化服务消费的偏好强度。Fuchs（1964）通过大量的统计数据计算得到结论，服务的需求收入弹性大于 1。意味着当收入增长 1%，家庭服务消费增长将超过 1%。李建

华和孙蚌珠（2014）通过统计数据发现不可标准化服务的偏好强度高于可标准化服务业，即$\mu > \beta$。参数μ数值大于参数β数值的主要原因在于不可标准化服务和可标准化服务的需求价格弹性的差异。需求价格弹性的差异有两方面的原因。

首先，李建华、王振全和孙蚌珠（2012）认为，随着技术的进步，很多服务可以被工业产品替代，例如对于一个非专业人士来说，随着音响技术的发展，音乐会CD可以替代现场听音乐会。但是不同的服务种类，被工业产品替代的能力有显著差异。不可标准化服务被工业产品替代的难度较高，可标准化服务被工业产品替代的难度较低。不可标准化服务产品具有极高的个性化要求，例如医疗诊断服务是不可标准化服务，在现有的技术水平下，尽管很多化验环节可以被机器替代，但是核心诊断环节仍是医生和患者之间的直接沟通。可标准化服务产品的个性化要求较少，例如银行服务是可标准化服务，大部分存取款服务都可以被ATM机替代。

其次，部分可标准化服务的市场消费可以被家庭内部成员互相提供来替代，但是不可标准化服务的市场消费行为很难被家庭内部成员互相提供来替代。例如，餐饮服务是可标准化服务，家庭既可以到餐馆饭店消费，也可以自己在家做饭，给家庭带来的效用差异很小。医疗服务是不可标准化服务，家庭必须到医院就诊，无法由家庭成员互相诊断疾病，或者说从医院购买医疗诊断服务和家庭成员之间互相提供医疗诊断服务给家庭带来的效用差异很大。

从以上两个方面可以看出，如果不可标准化服务价格上升，家庭的不可标准化服务消费不会有很大波动，因为服务的生产商无法降低成本，服务的消费方也无法找到替代品。如果可标准化服务的价格上升，家庭的可标准化服务消费会有很大波动，因为服务的生产商可以在生产过程中选择机器替代劳动来降低成本和售价，在市场上占据有利位置。消费者可以选择家庭成员之间互相提供服务替代市场购买服务。

由于不可标准化服务的偏好强度高于可标准化服务业，即$\mu > \beta$。因此我们可以得到结论$\frac{w_1}{w_2}(T_{12})^{\mu} > \frac{w_1}{w_2}(T_{12})^{\beta}$。如果一线城市与周边地区的收入差距为1%，其服务消费数量差距将超过1%。中心与周边城市的服务消费差距大于两个地区之间的收入差距，使得服务业劳动力从周边地区向中心城市流动。也就是说不可标准化服务业的“黑洞”效应要高于可标准化服务业。

从直观的经济学意义来看，两个城市相邻，分别为城市 1 和城市 2，高质量医疗服务集中在城市 1，一个住在城市 2 的消费者如果想要消费高质量的医疗服务必须付出较高的冰山成本。如果消费者迁徙到城市 1，并且可以得到和在城市 2 相同的名义收入，则由于不必再付出冰山成本，消费者的实际收入提高了。对于消费者而言，从城市 2 向城市 1 迁徙在经济上是理性选择。服务业，特别是高质量的不可标准化服务业主要集中在大城市。例如北京服务业法人单位分布密度为每平方公里22 个，而河北生保定市服务业法人单位分布密度为每平方公里 3 个。北京第三产业就业人口占总就业人口的比例高达77%。在冰山成本的作用下，消费者理性的选择是从保定市向北京市迁徙，直至消费者向北京迁徙后工资收入的下降和冰山成本相同。北京成为京津冀地区黑洞的中心，而周边河北城市变成北京的吸积盘，劳动力不断向北京流动。

三、标准化程度的“离心力”作用

根据公式（10），参数 ρ 的数值体现了服务业对城市发展的“离心力”作用。参数 ρ 的数值体现了家庭对服务消费多样化的偏好。根据公式，参数 ρ 的数值越小，家庭对服务消费多样化的偏好越强，参数 ρ 的数值越大，家庭对服务消费多样化的偏好越弱。在家庭收入水平既定的情况下，消费偏好满足凸性假设，即边际效用递减规律导致的商品边际替代率递减，使得消费者更偏好于多样化的消费。随着收入的增长，家庭对消费多样化的偏好会越来越强。参数 ρ 的数值表示服务业分工潜力。从供给的角度来看，家庭对服务消费多样化的偏好是否能够得到满足取决于服务行业的供给特征。参数 ρ 表的数值越小，对于服务生产厂商来说，其利润最大化的均衡价格越高，也就意味着，家庭服务消费的偏好多样化程度越高，则需要支付的价格越高。从厂商的角度来看，多样化消费偏好导致服务价格提高的主要原因是生产过程的标准化程度发生变化。同一种服务的生产过程是标准的，在现有技术的条件下，服务生产过程中资本和劳动的比例相同。当生产的服务种类增加时，在现有技术条件下，服务生产过程中必然调整资本和劳动的比例。生产过程的调整必然带来生产成本的增加和均衡价格的提高。

第四节　服务业差异对城市经济边际影响的实证分析

一、不考虑空间效应的计量经济学模型

根据公式（12），我们建立计量经济学模型：

$$W = \alpha_0 + \alpha_1 Y + \alpha_2 L + \alpha_3 P^s + \alpha_4 P^h \sum_{i=5}^{n} \alpha_i x_i + \varepsilon \tag{14}$$

W 表示城市的平均工资水平，Y 表示城市 GDP 水平，P^h 表示可标准化服务业价格上涨率，P^s 表示不可标准化服务业价格上涨率。$\sum_{i=6}^{n} \alpha_i x_i$ 表示不可观测的异质性的指标，包括人口规模、城市面积和受高等教育人口比例。

$\sum_{i=7}^{n} \alpha_i x_i$ 表示体现城市异质性的指标，根据柯善咨和赵曜（2014，2015）的做法，我们选取了公共财政支出、市辖区土地面积和当年实际使用外资金额三个指标。公共财政支出能够大致反映出该城市居民的公共福利水平，而公共福利水平是吸引居民从其他城市向本城市流动的重要原因。市辖区土地面积能够大致反映出城市的人口容量和吸引人口的潜力，市辖区土地面积越大的城市，人口容量的潜力越大。当年实际使用外资金额大致反映出城市未来若干年内技术进步的潜力。我们数据来源于 2012 ~ 2015 年《中国统计年鉴》《中国城市统计年鉴》和《中国第三产业统计年鉴》。

二、计量结果分析

基础面板数据分析有随机效应和固定效应两种方法，我们分别用随机效应和固定效应对计量模型进行估计，然后用 hausman 检验值来确定采用哪种方法更为合适。因为 hausman 检验值为 19. 17，在 1% 的显著水平下拒绝了固定效应与随机效应估计无差异的假设，所以固定效应方法更适合我

们的分析，我们将固定效应的估计结果反映在表9.3中。

表9.3　固定效应估计结果

	中心城市	一级影响区域	二级影响区域	三级影响区域
Y	0.5298** (0.3002)	0.2463* (0.2119)	0.2076* (0.1927)	0.3987** (0.1294)
L	0.0218** (0.0025)	0.0496** (0.0187)	0.0479*** (0.0097)	0.0212 (0.0168)
P^h	0.0764** (0.0163)	0.0673** (0.0102)	0.0811* (0.0325)	-0.0593*** (0.0099)
P^s	0.0513* (0.0331)	0.0491* (0.0228)	0.0224 (0.0076)	0.0118*** (0.0045)
公共财政支出	0.0097** (0.0017)	0.0104 (0.0537)	0.0038* (0.0009)	0.0052** (0.0007)
市辖区土地面积	0.0007 (0.0008)	0.0005 (0.0017)	0.0007 (0.0053)	0.0001 (0.0077)
当年实际使用外资总额	0.0001 (0.0038)	0.0001 (0.0027)	0.0012* (0.0003)	0.0009 0.0012
constant	0.2762 (0.8724)	0.7394** (0.0493)	0.9283 (1.4625)	1.0876* (0.9776)
R^2	0.37	0.42	0.37	0.41
Log-likelihood	118	221	227	143
Wooldbridge test	0.024 (0.721)	0.038 (0.398)	0.021 (0.536)	0.017 (0.824)
Hausman test	19.17 (0.003)	21.78 (0.007)	22.13 (0.009)	14.88 (0.007)

注：1. *，** 和 *** 分别表示在10%、5%和1%的水平上显著

2. 括号内为标准误

从固定效应的估计结果来看，四个城市组的不可标准化服务业冰山成本和城市黑洞呈正相关关系。城市规模越大，不可标准化服务业冰山成本的黑洞效应越大。中心城市不可标准化服务业冰山成本提高1个单位，城市黑洞率将提高0.0513个单位，一级影响区域不可标准化服务业冰山成本提高1个单位，城市黑洞率将提高0.0491个单位。二级影响区域不可标准

化服务业冰山成本提高 1 个单位，城市黑洞率将提高 0. 0224 个单位。三级影响区域不可标准化服务业冰山成本提高 1 个单位，城市黑洞率将提高 0. 0118 个单位。

不同规模城市的不可标准化服务业冰山成本的黑洞效应存在差异。一级影响区域的估计值和二级影响区域不可标准化服务业黑洞效应平均值为 0. 0502，而二级影响区域和三级影响区域不可标准化服务业他所效应平均值为 0. 0171。前者是后者的 3 倍，这说明不可标准化服务的黑洞效应和城市影响区域之间存在正相关关系。控制变量人口规模的参数估计值也证明了这个结论，中心城市和一级影响区域人口规模参数估计值分别为 0. 0097 和 0. 0104，二级影响区域和三级影响区域人口规模参数估计值分别为 0. 0038 和 0. 0052，前两个影响区域大致上是后两个影响区域的 2 倍。

可标准化服务冰山成本黑洞效应小于不可标准化服务业的黑洞效应，且不同城市组可标准化服务业冰山成本的黑洞效应存在显著差异。中心城市，一级影响区域，二级影响区域可标准化服务业冰山成本黑洞效应是正值，而人口规模排名 51 ~ 100 城市组，可标准化服务冰山成本黑洞效应为负值。实证结果证明了我们在理论模型中的理论假设，可标准化服务业的黑洞效应小于不可标准化黑洞效应。同时实证结果也说明可标准化服务业在规模较小的城市存在“反黑洞”效应，意味着可标准化服务业冰山成本越高，规模较小的城市黑洞效应越小。对于三级影响区域来说，可标准化服务业冰山成本的提高，使得劳动力流动的难度提高，在这种情况下，劳动力的理性选择是一步到位向人口规模更大的城市流动，通过降低冰山成本来提高实际收入水平，冰山成本和黑洞效应呈现反相关关系。

三、考虑空间效应的计量经济学模型

城市之间的发展不是孤立的，而是相互影响的，相互之间影响较大的城市构成城市群。如果考虑到城市之间的相互影响，基础的面板模型分析的效果会受到城市之间相互影响的干扰，导致估计结果的偏差。

空间计量经济分析大致有两种思路。第一种思路是从具体到一般的分析，第二种思路是从一般到具体的分析（Mur and Angulo，2009）。第一种思路的具体分析模型是空间误差模型和空间滞后模型，第二个思路的具体分析模型是空间德宾模型。空间德宾模型是无约束的一般空间计量模型，优点是不需要严格的假设条件约束，缺点是模型估计结果不容易满足无偏性要求。考虑到对无偏性的要求，我们不考虑空间德宾模型。

空间误差面板模型和空间滞后面板模型都是对假设条件要求比较严格的模型，前者假设模型残差存在空间相关性，后者假设残差存在空间滞后性，我们需要根据 *LM - error* 检验和 *LM - lag* 检验来选择哪一种模型更适合我们的分析（Anselin and Florax，1995）。

我们将空间计量经济分析检验的结果反映在表 9.4 中。首先我们使用空间加权矩阵，对数据做简单的 OLS 回归，对回归的结果进行 Moran I 检验。Moran I 指数本身是反映空间自相关的指数（Moran，1950），Cliff and Ord（1972）在空间相关性的基础上，将其扩展为利用回归结果的残差进行检验的方法。本文的 Moran I 检验指的是 Cliff and Ord（1972）扩展的检验方法，而不是 Moran I 指数本身。从 OLS 模型残差的 Moran I 检验结果来看，四个城市组都存在较为显著的空间依赖性。

Moran I 检验只能说明数据满足空间误差面板模型和空间滞后面板模型的假设，并不能区分使用哪种模型适合我们的分析。所以我们需要借助于 *LM - error* 检验和 *LM - lag* 检验两个检验工具。从表 9.4 我们可以看出，四个城市组都通过 *LM - error* 检验和稳健性 *LM - error* 检验，证明四个城市组都可以采用空间误差面板模型。中心城市和二级影响区域没有通过 *LM - lag* 检验，说明中心城市和二级影响区域不适合采用空间滞后面板模型，一级影响区域和三级影响区域通过了 *LM - lag* 检验，但是未能通过稳健性 *LM - lag* 检验，一级影响区域和二级影响区域也不适合采用空间滞后面板模型。同时，表 9.4 空间误差面板模型的估计结果中，表示空间误差效应的参数 λ 通过了 5% 显著性水平的检验。综上所述，空间误差面板模型更适合我们的分析。

表 9.4　空间计量经济学检验

	中心城市	一级影响区域	二级影响区域	三级影响区域
Moran I 检验	9.4273 (0.0001)	7.3933 (0.0031)	4.4823 (0.0038)	5.2247 (0.0087)
LM - error 检验	37.2234 (0.0017)	27.3892 (0.0009)	42.3247 (0.0078)	31.8224 (0.0012)

续表

	中心城市	一级影响区域	二级影响区域	三级影响区域
稳健性 *LM* - *error* 检验	74.1212 (0.0008)	81.3274 (0.0092)	66.7938 (0.0067)	58.9379 (0.0027)
LM - *lag* 检验	7.2399 (0.1397)	6.4727 (0.0237)	6.3726 (0.4116)	8.4836 (0.0323)
稳健性 *LM* - *lag* 检验	24.3566 (0.1219)	33.8276 (0.2217)	9.4827 (0.1123)	13.3583 (0.1912)

注：括号内为 p 值

我们用城市之间的地理距离作为空间权重，将计量经济学模型修改为：

$$W = \alpha_0 + \alpha_1 Y + \alpha_2 L + \alpha_3 P^s + \alpha_4 P^h + \sum_{i=5}^{n} \alpha_i x_i + u \quad (15)$$

其中 $u_i = \lambda W u_i + \varepsilon_i$，$\varepsilon_i \sim N(0, \sigma^2 I_n)$

空间误差面板模型估计结果反映在表 9.5 中。估计结果反映出服务冰山成本黑洞效应的三个特征：

首先，四个区域的不可标准化服务业的冰山成本黑洞效应都是正值，而且估计值和城市人口规模成正比。中心城市不可标准化服务业冰山成本黑洞效应最大，估计值达到 0.0637。一级影响区域，估计值为 0.0577，二级影响区域再次，估计值为 0.0485，三级影响区域最后，估计值为 0.0421。和基础面板数据模型的估计结果相比，把空间距离作为空间权重后，空间误差面板模型的估计结果不存在显著差异。这以结果说明空间距离是形成冰山成本的主要原因。从表 5.1 的服务行业就业的边际投资倾向来看，不可标准化服务业就业的边际投资倾向较小，意味着不可标准化服务业的劳动投入个性化特征较强，很难被投资替代。同时，不可标准化服务业提供的服务个性化特征比较显著，其需求价格弹性较小。城市规模越大，市场容量越大，高水平服务越容易集中在规模大城市，而劳动投入的个性化和服务产品的个性化，其他城市无法提供相同的服务产品，只能支付较大的冰山成本才可以消费高水平服务。例如医疗服务行业，医生的服务过程个性化程度极高，同时对病人的诊断和治疗过程个性化程度也极高，导致医疗服务行业的冰山成本极高。

其次，中心城市和二级影响区域可标准化服务业冰山成本的黑洞效应，并且二级影响区域可标准化服务业冰山成本黑洞效应高于中心城市。二级影响区域的估计值0.0653，中心城市的估计值仅为0.0455。说明不可标准化服务业的冰山成本是中心城市黑洞的主要原因，而可标准化服务业是二级影响区域黑洞的主要原因。从表5.1的服务行业就业的边际投资倾向来看，可标准化服务业就业边际投资倾向较大，意味着可标准化服务业的劳动投入和资本投入之间的替代性较高，因此资本的丰裕程度成为影响这两个城市组“黑洞效应”的重要影响因素。同时，可标准化服务业体用的服务个性化程度低，相似度较高，需求价格弹性较高。资本对劳动的替代意味着大规模的资本投资，其最低产出有较高的门槛，对市场容量有较高的要求。中心城市和一级影响区域的可标准化服务业市场资本充足程度相似，且一级影响区域的土地、资本的投入成本相对较低，同时一级影响区域可以提供和中心城市相同，甚至质量更高的服务。

最后，二级影响区域和三级影响区域的可标准化服务业的冰山成本黑洞效应为负值，前者估计值为-0.0727，后者的估计值为-0.0639。该结果反映出二级影响区域和三级影响区域的可标准化服务业市场状况不同于中心城市和一级影响区域。实证结果表明，受到市场规模的限制，前两个区域无法容纳资本对劳动替代的最小市场规模，也就无法提供和后两个区域相同或者质量更高的服务。二级影响区域和三级影响区域可标准化服务的冰山成本越高，这些城市的“黑洞效应”越低。无法吸引更高质量的劳动力和资本向这两个城市组流动。

表9.5 空间误差面板数据模型估计结果

	中心城市	一级影响区域	二级影响区域	三级影响区域
Y	0.3871	0.4937	0.3947	0.7498**
	(0.4827)	(0.9475)	(5.2976)	(0.3979)
L	-0.0422	0.0774*	-0.1973	0.2387
	(0.0538)	(0.0386)	(0.7573)	(0.3028)
P^h	0.0455**	0.0653***	-0.0727**	-0.0639**
	(0.0097)	(0.0071)	(0.0116)	(0.0144)
P^s	0.0637*	0.0577**	0.0485*	0.0421**
	(0.0219)	(0.0217)	(0.0177)	(0.0072)

续表

	中心城市	一级影响区域	二级影响区域	三级影响区域
公共财政支出	0. 0081 ** (0. 0013)	0. 0112 (0. 0517)	0. 0041 * (0. 0012)	0. 0059 ** (0. 0011)
市辖区土地面积	0. 0002 (0. 0008)	0. 0009 (0. 0012)	0. 0008 (0. 0053)	0. 0002 (0. 0036)
当年实际使用外资总额	0. 0001 (0. 0097)	0. 0001 (0. 0035)	0. 0007 * (0. 0001)	0. 0013 (0. 0014)
λ	0. 2013 *** (0. 0037)	0. 1826 ** (0. 0065)	0. 1044 * (0. 0215)	0. 0693 * (0. 0138)
constant	0. 9172 (0. 9876)	1. 0137 (1. 7354)	0. 8037 (0. 9152)	0. 7284 ** (0. 2229)
R^2	0. 54	0. 49	0. 55	0. 46
Log – likelihood	812	663	347	562

注：1. *，** 和 *** 分别表示在 10%、5% 和 1% 的水平上显著

2. 括号内为标准误

第五节　结论和政策建议

首先，城市的经济边界大致在 150 公里左右，影响区域主要是和中心城市直接相邻的城市和间接相邻的城市。

实际上从中心城市之间的空间距离来看，除了拉萨以外，中心城市和空间距离最近的中心城市之间的空间距离平均在 400 公里左右，空间距离最近的中心城市是北京和天津，空间距离 110 公里。空间距离最远的是广州和南宁，空间距离 510 公里。冰山成本是城市出现黑洞现象的主要原因。黑洞效应是就业增长率超过名义工资增长率的部分，当一个城市的就业增长率超过工资增长率，说明工资以外的原因导致劳动力向该城市流动，且流动趋势不可逆转，我们将这种现象称为城市“黑洞”。服务业的冰山成本是指在服务业中间投入中，运输仓储邮政、信息传输、计算机服务和软件业投入占的比重，是服务生产和消费过程中不可缺少的环节。当服务业集中于某一个中心城市，在中心城市和周边城市名义收入相同的情况下，

服务业的冰山成本会导致中心城市的实际收入水平高于周边城市，导致劳动力从周边城市向中心城市流动。劳动力的流动是由服务业本身的性质决定的，具有不可逆转的特征。

其次，不可标准化服务业和可标准化服务业对城市边界的影响存在显著差异。不可标准化服务业和可标准化服务业的生产过程和服务产出存在较大差异，不可标准化服务业的劳动投入个性化较强，资本和劳动的替代性较低，服务产品的个性化程度较高。不可标准化服务业很难通过在不同的城市复制，来为不同的城市提供相同品质的服务。如果一种不可标准化服务仅在中心城市提供，而周边城市无法复制该项不可标准化服务，周边城市的消费者需要付出较大的冰山成本才能实现该项不可标准化服务空间上的转移。在较大的冰山成本条件下，如果该项服务需求价格弹性较低，消费者从周边城市向中心城市迁徙可以有效降低冰山成本，提高自己的实际收入水平。可标准化服务的劳动投入个性化较弱，资本和劳动替代性较高，服务产品的个性化程度较低。可标准化服务业容易在不同的城市复制来为不同的城市提供相同质量的服务。如果一种可标准化服务仅在中心城市提供，则周边城市可以通过资本的投入实现相同品质服务的供给，周边城市的消费者用较低的冰山成本即可在当地消费相同的服务，不需要通过向中心城市迁徙来降低冰山成本，提高实际收入水平。

再次，可标准化服务业冰山成本对不同规模城市的“黑洞效应”存在较大差异。一级影响区域可标准化服务业冰山成本对城市“黑洞效应”的正向影响作用最大，中心城市的作用其次。二级影响区域和三级影响区域的可标准化服务业对城市“黑洞效应”呈现负向影响。可标准化服务业的显著特征是劳动和资本之间可替代性较高，周边城市能否通过资本和劳动的替代来复制中心城市的可标准化服务业实现本地供给，取决于周边城市的市场规模能否容纳资本对劳动的替代。如果市场规模足够容纳资本对劳动的替代，则周边城市可以实现可标准化服务业的准确复制实现本地供给。如果市场规模不足以容纳资本对劳动的替代，则中心城市仍旧是可标准化服务的唯一供给城市，周边城市的可标准化服务业无法形成“黑洞效应”。从基础面板数据模型和空间误差面板数据模型的分析结果来看，中心城市是可标准化服务业的初始供给城市，一级影响区域的市场规模可以容纳可标准化服务业资本对劳动的替代。二级影响区域处于临界点，因为基础面板数据结果显示该城市组的城市规模可以容纳资本对劳动的替代，而空间误差面板数据模型结果显示该城市组无法容纳。三级影响区域的规模无法容纳可标准化服务业资本对劳动的替代。

最后，不可标准化服务业和可标准化服务业解决“大城市病”的路径存在较大差异。由于不可标准化服务业和可标准化服务业冰山成本对城市“向心力”的影响存在差异，所以从服务业结构的角度分析，解决“大城市病”的路径也不一样。因为不可标准化服务业的冰山成本是其生产过程和服务产品的个性化特征决定的，所以很难通过跨空间的复制来实现不可标准化服务的多空间供给。例如：近年来，各大医院的分院建设，各高校的分校建设并未很好的解决“就医难”和“上学难”问题。解决不可标准化服务业带来的“大城市病”问题的正确思路是根据其冰山成本较高的特征，超过单个城市的视角，从一个大的区域重新布局不可标准化服务业，使不同城市的消费者实现不可标准化服务消费的冰山成本相同，从而避免了不可标准化服务业向单一中心城市的过度集中。因为可标准化服务业的冰山成本是由其生产过程劳动和资本的较高替代性，服务产品的较高相似性决定，所以解决可标准化服务业带来的“大城市病”的正确思路是发展人口规模中等的城市，使其城市规模足以容纳资本对劳动的替代，市场本身可以实现可标准化服务业跨空间的复制，使周边城市形成“向心力”。

第十章　城市“塌缩”的微观动力：农村居民家庭消费

第一节　引言和文献综述

近年来农村居民家庭的收入不断提高，消费也在不断增加。农村居民人均年纯收入从 2000 年的 2253.4 元增长到 2013 年的 8895.9 元，增长 294.78%；同期人均年消费从 1670.1 元增长到 6625.5 元，增长 296.71%。人均消费增长的幅度大于人均年纯收入的增长幅度。按照凯恩斯的消费理论，消费随着收入增长而增长，但是消费增长的幅度应该低于收入增长的幅度。如何理解我国农村消费数据和收入数据与经典消费理论之间的差异？

在城镇化高速发展的背景下，农村居民家庭的消费约束逐渐形成两个来源，一是通过工资和经营等收入增长，带动家庭消费的增长；二是已经购置的资产价值的不断增值，由于资产价格在两个时间点的差异带来的收益，家庭财富增加推动消费的增长。城镇化带动房地产价格的不断攀升，进而带动其他形式的资产价格的不断上升。随着城镇化程度的不断提高，家庭消费约束的第二个来源的作用越来越大。

根据生命周期消费理论（Ando and Modigliani，1963）和持久收入消费理论（Friedman，1957；Hall，1978），家庭对消费行为进行决策时，不仅会考虑收入的变化，而且也会考虑资产的变化。二者的区别在于，生命周期消费理论更多考虑如何将资产在整个生命过程中平均分配，而持久收入消费理论侧重于资产的变化对消费行为的影响。在城镇化背景下，农村居民家庭的消费行为呈现两种不同的现象。第一种现象是农村居民收入增长速度较慢，较低的收入水平和较慢的收入增长速度使得农村居民消费增长速度比较慢。我们把这种现象称为“收入效应”。2013 年城镇居民人均纯收入 24518.3 元，而农村居民人均纯收入只有 6625.5 元。从 2004 年至 2013 年城镇居民人均收入年均增长率 12.45%，同期农村居民人均纯收入年均增长率只有 11.32%。第二种现象是随着城镇化高速发展，很多农村地区的土地被征收。在农村土地征收过程中，拆迁补偿直接将土地价值转化为金融资产，农村居民资产突然和较大数量的增加提高农村居民的消费水平。即便没有拆迁的地区，在理性预期条件下，农村居民家庭也会对土地和房屋的价值作乐观的估计。资产的突然增加或者预期未来资产的突然增加会影响农村居民家庭的消费。我们将这种现象叫做“资产效应”。房屋价值增长与房屋竣工面积增长的比较充分说明了农村居民家庭“资产效应”的增长。1995 年至 2013 年全社会房屋竣工面积从 187357.1 万平方米增长至 349895.8 万平方米，增长 86.75%，同期房屋价值从 9498.7 亿元增长至 61754.9 亿元，增长 550.14%。房屋价值的增长是房屋竣工面积增长的 6.34 倍。1985 年至 2013 年，农村农户建房竣工面积从 78973 万平方米增长至 92661.7 万平方米，增长 17.33%，单位面积价值从每平方米 44 元增长至 782.9 元，增长 1679.32%。单位面积价值增长是竣工面积增长的 96.90 倍。

国内外大量文献讨论和分析了“积累效应”和“资产效应”。早期的文献注意力集中在不同的群体收入和资产对消费影响的异质性分析上。例如早期的文献 Elliott（1980）认为非金融资产的价值变化不影响居民家庭的消费决策，金融资产价值的变化影响居民家庭的消费决策。Skinner（1996）发现不同年龄阶段的家庭资产对消费的影响作用是不同的，年轻人的消费对资产的变化更加敏感。Engelhardt（1996）通过实证发现，资产价值的增加和减少对居民家庭的消费的影响存在差异。Starr - McCluer（1998）股票资产较高的家庭在股价上升时消费会显著上升，而股票资产较少的家庭消费行为受到股价变化的影响较小。

20 世纪 90 年代末期和 21 世纪初期，欧美国家的股票市场经历了一段高涨的时间，普通家庭的金融资产增长较快。金融资产的增长带动了房地产市场的繁荣。这个时期文献的注意力转向金融资产的价值变化和房地产资产价值的变化对家庭消费的影响。Mehra（2001）分析了美国 1960 ~ 2000 年期间工资收入、资产水平和总消费之间的长期关系。Raphael（2009）发现 1989 ~ 2001 年期间家庭房地产资产水平对消费有显著的影响。Bover（2005）利用西班牙的横截面数据分析了资产和收入对消费的影响。Homson（2004）分析了澳大利亚家庭资产水平对消费的影响，发现房地产资产水平对消费有显著影响。Case（2005）通过对美国州层面的数据研究发现非金融资产，特别是房地产价值的变化显著影响居民家庭的消费，且房地产价值变化对居民家庭消费的影响超过金融资产价值变化对居民家庭消费的影响。Bositc（2009）的研究得出了和Case近似的结论，特别是房地产价值的变化对耐用消费品消费的影响要超过非耐用消费品。Dynan（2011）发现拥有股票资产的家庭在股价变化时消费会发生显著变化。Carroll（2011）详细研究了不同类型资产对居民消费的影响，认为不同类型资产的属性对于居民消费的影响差异较大。Sousa（2010）发现欧洲居民家庭金融资产对消费的影响要大于房地产资产对消费的影响。

随着亚洲新兴市场经济形势的看好，亚洲新兴市场国家的金融资产和房地产增长速度好于欧美国家，研究文献也关注到了这些国家收入和资产对消费者的影响。Raymond（2007）分析了1983～2005年期间香港居民家庭的资产对消费的影响。Kim（2003）分析了1988～2003年期间韩国居民的家庭资产对消费的影响。Peltonen（2012）对比了亚洲新兴工业化国家和欧美国家资产对消费的影响，他认为亚洲新兴国家的房地产价格近年来显著提高，房地产资产对居民的消费影响比较显著，而欧美国家金融资产价值对居民的消费影响比较显著。胡永刚、郭长林（2012）深入研究了金融资产对我国居民消费决策的影响。陈斌开、李涛（2012，2014）将未预期到资产价值变化界定为“资产效应”与收入效应区分开，并深入研究了我国居民家庭消费中的“资产效应”和收入效应。骆祚炎（2007）经过实证发现房地产价值对我国城镇居民家庭的消费影响大于金融资产对我国城镇居民家庭消费的影响。田青（2011）将资产划分为实物资产和金融资产，实物资产价值对我国家庭消费的影响显著，而金融资产对家庭消费的影响不显著。黄静、图梅曾（2009）利用CHNS数据实证发现，房地产资产对我国家庭耐用品消费有显著地影响。

研究文献较少关注农村居民家庭的收入和资产对消费的影响，原因在于欧美国家，包括亚洲新兴国家城镇化程度比较高，农村人口比较少。我国城镇化速度一直滞后于经济增长速度，直到近年来城镇化速度开始加快。在城镇化高速发展的背景下，尽管我国农村家庭收入增长仍落后于城镇家庭，但是我国农村家庭的资产发生了较大的变化。这些变化如何影响农村居民家庭的消费行为，值得我们深入研究。

第二节　城市“塌缩”中的农村居民消费动力

一、理论模型

我们假设农村居民家庭的偏好和禀赋是相同的，这样我们可以通过研究代表性居民家庭来分析问题。每一个代表性家庭有数量相同的一笔资产。在城镇化进程中，农村家庭的资产主要表现为人均面积基本相等的一块土地。在土地使用权的基础上能够出让土地使用权，将土地使用权转化为现实的资产，资产的增加会使消费者重新考虑消费决策，提高家庭消费水平。如果土地使用权还未转让，预期未来土地使用权可以转化资产同样可以使居民家庭提高消费水平。Poterba（2000）分析了尚未转化为现实资产的房地产对消费的影响。他认为尚未转化为现实资产的房地产提高了资产的贴现价值。居民家庭会在预期他们比以前富裕的时候就会增加当期消费，这种效应比已经转化的现实资产对消费的影响要小一些。已经转化的资产和预期未来土地使用权转化的资产都可以影响农村居民的消费水平。我们假设面积基本相等的土地在t时期生产相同的红利 d_t，我们假定红利 d_t 有一个马尔科夫过程决定，分布函数为 $prob\ \{d_{t+1} \leqslant \dot{x} \mid d_t = x\} = F\ (\dot{x},\ x)$。

我们假设农村土地使用权转让是竞争性市场，t期初土地的所有权使所有者有权在第t期获得红利，并有权在第t期以价格 p_t 转让土地使用权，如果我们令 s_t 为t期初消费者所拥有的土地的数量，那么该消费者在t期的消费受到下式约束

$$c_t + p_t s_{t+1} \leqslant (p_t + d_t)\ s_t \tag{1}$$

农村居民家庭要实现自身的期望效用的最大化。

$$E_0 \sum_{t=0}^{\infty} \beta^t u(c_t) \tag{2}$$

我们假定土地价格 p_t 的定价函数为

$$p_t = h\ (x_t) \tag{3}$$

其中h为连续、有界函数，它定义在本期状态 x_t 的定义域上，而 $x_t = d_t$。假设 $v\ (s\ [h\ (x)\ + x])$ 是最优解，此时消费者最初拥有s单位土地，本

期红利等于 x，且本期土地价格为 $h(x_t)$。

贝尔曼方程为

$$v(s[h(x)+x]) = \max_{\dot{s}}\{u([h(x)+x]s - h(x)\dot{s}) + \beta\int v([h(\dot{x})+\dot{x}]\dot{s})dF(\dot{x},x)\} \quad (4)$$

其中，$c=(p+x)s-p\dot{s}$ 和 $p_t=h(x_t)$，变量带上点标的表示下期的数值一阶条件为

$$h(x)u'([h(x)+x]s-h(x)\dot{s}) = \beta\int[h(\dot{x})+\dot{x}]v'([h(\dot{x})+\dot{x}]\dot{s})dF(\dot{x},x) \quad (5)$$

将条件 $v'([h(x)+x]s)=u'(c)$ 和 $c(x)=[h(x)+x]s-h(x)\dot{s}$ 代入一阶条件得到

$$h(x)u'[c(x)] = \beta\int[h(\dot{x})+\dot{x}]u'[c(\dot{x})]dF(\dot{x},x) \quad (6)$$

令

$$w(x)=h(x)u'[c(x)] \quad (7)$$

则（6）可以写为

$$w(x) = \beta\int w(\dot{x})dF(\dot{x},x) + \beta\int\dot{x}u'[c(\dot{x})]dF(\dot{x},x) \quad (8)$$

在均衡状态下，$s=\dot{s}=1$，每个消费者都有相同的单位面积土地，因为

$$c(x)=[h(x)+x]s-h(x)\dot{s}=x \quad (9)$$

所以，（8）可以写为

$$w(x) = \beta\int w(\dot{x})dF(\dot{x},x) + \beta\int\dot{x}u'(\dot{x})dF(\dot{x},x) \quad (10)$$

Lucas（1978）假设 $u(0)=0$，且 $u(c)$ 是凹函数，有界且边界为 B，其中 $0<B<+\infty$，因此 $xu'(x)$ 也是以 B 为界的，因此令

$$g(x) = \beta\int\dot{x}u(\dot{x})dF(\dot{x},x) \leqslant \beta B \quad (11)$$

函数 $g(x)$ 是连续的，所以（10）可以写为

$$w(x) = \beta\int w(\dot{x})dF(\dot{x},x) + g(x) \quad (12)$$

该函数方程通解可以通过对 $w^j(x)$ 的迭代来趋近

$$w^{j+1}(x) = \beta\int w^j(\dot{x})dF(\dot{x},x) + g(x) \tag{13}$$

根据前面的条件，（13）可以还原为

$$h^{j+1}(x)u'(x) = \beta\int h^j(\dot{x})u'(\dot{x})dF(\dot{x},x) + g(x) \tag{14}$$

可以认为上式将观察到的定价函数 h^j（x）映射为实际定价函数 h^{j+1}（x），一个理性预期均衡时从觉察到的定价函数向实际定价函数的映射的一个不动点。

二、收入、偏好和资产价格变动对消费的影响机制

根据理论模型的推导，收入、偏好、资产价格变动对消费的影响机制阐述如下。根据凯恩斯的消费理论，家庭收入是影响消费决策的最重要的影响因素。在短期内，消费行为符合凯恩斯的消费理论，消费随着收入的提高而提高，但是消费提高的速度比收入提高的速度慢一些，表现为边际消费倾向小于 1。

凯恩斯的消费理论不能很好地解释长期消费行为。根据凯恩斯的理论，国民收入的提高应该带来平均储蓄倾向的上升，而实际上经过 Kuznets（1979）的计算，从 1869 ~ 1938 年西方国家国民收入大致增长了 7 倍左右，而平均消费倾向始终在 0.11 – 0.16 的狭窄区间内徘徊。永久收入假说和生命周期假说更好地解释长期的消费行为。长期以来，永久收入假说和生命周期假说是互相平行的两个解说，在收入、偏好和资产价格变动对消费的影响机制中，我们尝试将永久收入假说和生命周期假说放在同一理论框架内分析。

我们将公式（14）等号右边的部分拆分为两部分，第一部分 $\beta\int h^j(\dot{x})u'(\dot{x})dF(\dot{x},x)$ 表示生命周期效应；第二部分 $g(x) = \beta\int xu(\dot{x})dF(\dot{x},x) \leqslant \beta B$ 表示永久收入效应。两种效应共同影响家庭消费行为，影响机制可以用图 10.1 来表示。

永久收入是居民家庭可以预计到的长期内可以得到的收入。永久收入主要是居民家庭所拥有的生产要素在投入生产过程中得到的报酬。由于居民家庭所拥有的生产要素一般情况下是家庭可以估计的数量，因此正常生产条件下，投入生产要素可以得到的报酬也是可以估计的数量。既然生产

要素报酬可以估计，那么居民家庭的预算约束是既定的。居民家庭在既定的预算约束下，根据家庭偏好做出最优的消费决策。例如一个普通农村居民家庭，家里的劳动力数量和生产性固定资产数量是可以估计的数量，在既定的劳动力数量和生产性固定资产数量条件下，其产出是可以合理预期的，也就是说家庭的年收入是可以合理预期的。

我们将资产价格的变动分为两部分：一部分是可以“事前”预期到的资产价值变动，例如银行存款和债券收益等；另一部分是“事前”无法预期到的资产价值变动，例如股票价格和房地产价格等。居民家庭无法“事前”准确预测部分资产价格变动，原因在于两点。首先这部分资产价格波动非常频繁，波动的方向和幅度变化较大。这部分资产价格的波动和复杂的宏观形势和微观因素的变化有关，其中有很多因素是不可预计的。其次居民家庭掌握的信息有限，数据信息的处理能力有限，无法像金融机构一样对这部分资产价格变动的方向和变动幅度进行技术分析。因此家庭只能在这部分资产价格波动“事后”估计自己拥有的资产的价值变化。一般来说农村家庭会给子女留下一笔遗产，我们假设遗产是一笔固定数量的财富，则理性的农村家庭会将除遗产之外的资产在整个生命周期内消费完，以实现家庭效用的最大化。根据生命周期假说，在估计了自己所有的资产价值变化后，居民家庭可以从生命周期的角度考虑增值的资产如何平滑地分配到整个生命周期中进行消费。

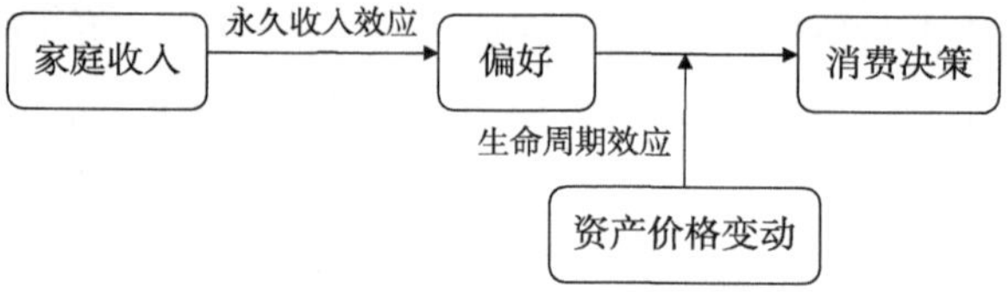

图 10.1　收入、偏好、资产价格变动对消费决策的影响

收入、偏好、资产价格变动对农村家庭的消费影响的具体影响表现如下三方面：

第一方面是“资产效应”，表现为土地使用权出让的定价 $p_t = h\ (x_t)$。通过定价公式，土地使用权可以转化为其他形式的资产，例如金融资产和房地产资产等形式。土地使用权转化的其他形式的资产影响居民家庭的消费水平。

因为我国的土地采取集体所有制，与农村家庭有直接关系的定价表现为拆迁的补偿机制。土地使用出让价格的定价面临的第一个问题是土地使用权出让是否能够出让，取决于土地在城镇化进程中得到的收益和土地使用权出让价格的比较。如果土地使用权出让后得到的收益高于土地使用权出让价格，则开发商愿意开发土地；如果土地使用权出让价格高于土地使用得到的收益，则开发商不愿开发土地。从区位因素来看，距离城市中心越近的农村土地使用权出让价格越高，农村居民家庭得到的收入越高，根据经济学的一般假设，农村居民家庭的消费也会提高。反之距离城市中心距离越远的农村土地使用权出让价格越低，农村居民家庭得到的收入越低，根据经济学的一般假设，农村居民家庭的消费也会降低。从土地用途来看，商业开发用途利润最大，土地使用权出让价格越高，非商业开发用途利润相对较小，土地使用权出让价格越低。在单位土地出让价格一定的条件下，建筑面积与土地使用权出让支出成正比。

城镇化的本质是随着生产力水平的进步，城市用地的经济效益要高于农村用地，经济效益推动城市规模的扩张和农村规模的收缩。实际上我国的城镇化过程中，有两种力量推动农村土地转化为城市用地。第一种力量是市场，城市用地的高效率和农村土地的低效率之间的差异，使得将农村土地转化为城市用地可以带来客观的经济收益。第二种力量是政府，城镇化作用是我国经济未来发展的重要方向，各级地方政府用行政力量去推动农村土地转化为城市用地。两种力量并不是平行的，而是地方政府和土地开发商之间利益交织在一起，形成城镇化的强大力量。城镇化对土地的需求推动与土地结合在一起的房地产价格的不断攀升，房地产价格的攀升可以由全社会竣工房屋的单位面积价值来体现，1999 年至 2013 年全社会竣工房屋的单位面积价值变化体现在图 10. 2 中。1999 年单位面积价值为 506. 98 元，2013 年增长到 1764. 95 元，增长 248. 13%。城镇化对农村土地使用权转让的需求也体现在农村竣工房屋的单位面积价值上，1999 年至 2013 年农村竣工房屋单位面积价值变化体现在图 10. 3 中。1999 年农村竣工房屋单位面积价值为 229. 2 元，2013 年农村竣工房屋单位面积价值 782. 4 元，增长 241. 36%。

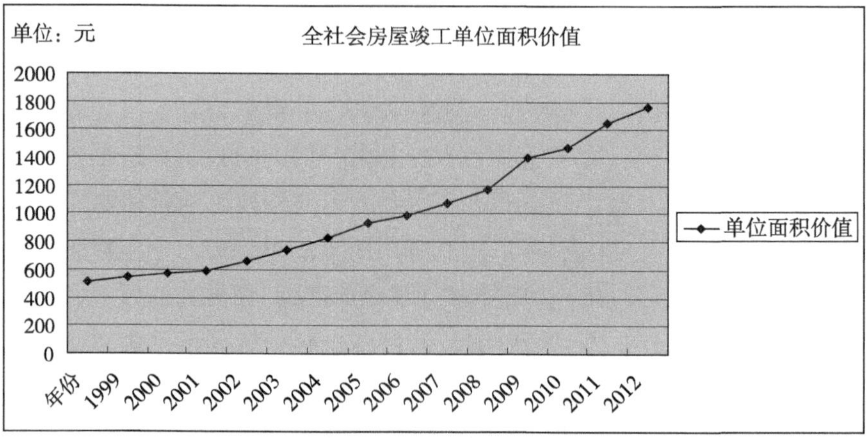

图 10.2　全社会竣工房屋单位面积价值

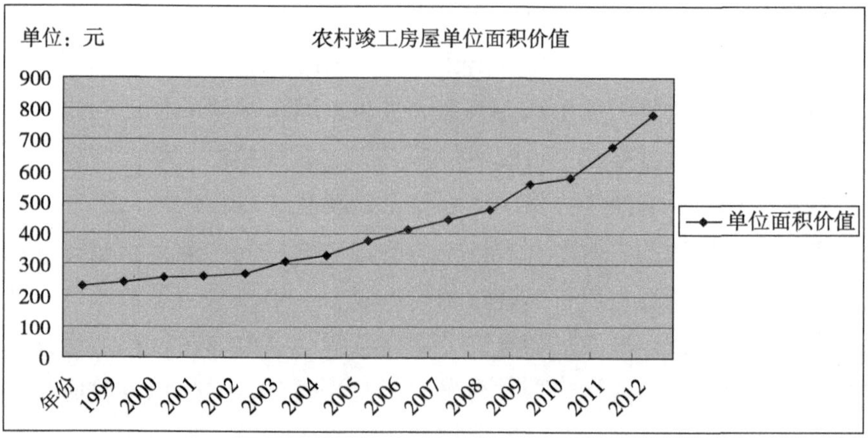

图 10.3　农村竣工房屋单位面积价值

第二方面是“收入效应”。表现为 $g(x) = \beta\int \dot{x}u(\dot{x})dF(\dot{x},x) \leqslant \beta B$。围绕土地的使用，农村居民家庭可以得到工资性收入和经营性收入。而这两项收入是农村居民家庭的主要收入来源。土地作为农业用地能为所有者带来的收入就成为决定农村居民家庭消费的重要因素。2013 年我国城镇和农村居民家庭收入结构比较反映在图 10.4 中。2013 年农村家庭的工资性收入和经营性收入占总收入的 87.89%，且工资性收入和经营性收入的比例差不多，工资性收入占总收入 45.25%，经营性收入占总收入 42.64%。与此形成明显对比的是，城镇居民家庭工资性收入占总收入的 64.07%，而经营性收入仅占总收入9.47%。

与城镇居民家庭的收入相比，农村居民家庭呈现两个特点。第一个特点是基数比较低，2013年农村居民家庭纯收入8895.9元，仅为同期城镇居民家庭收入的30%左右。第二个特点是增长速度慢，从2004年至2013年城镇居民人均收入年均增长率12.45%，同期农村居民人均纯收入年均增长率只有11.32%。2000~2013年的城镇和农村居民家庭收入变化对比反映在图10.5中。图10.5可以明显看出城镇和农村居民家庭在收入水平和增长速度方面的差异。较低的收入基数和较慢的增长速度，使得农村居民家庭消费的“收入效应”比“资产效应”要低一些。这一点从金融机构对城镇和农村居民的业务差异看出，金融机构的贷记卡业务主要面向城市白领阶层开展业务，因为其收入比较高，资产积累比较低。而近年来，金融机构的理财业务却逐渐向农村居民拓展，甚至有专门向土地使用权转让后的家庭提供“迁喜得利”理财产品，因为这些家庭的收入不高，但是资产积累水平较高。

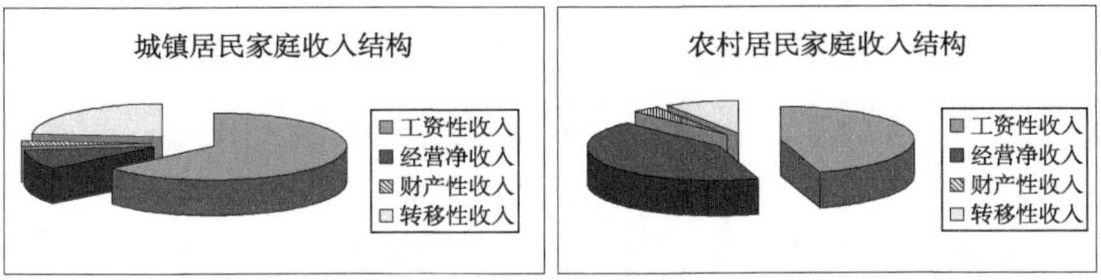

图10.4　城镇居民家庭和农村居民家庭收入结构比较

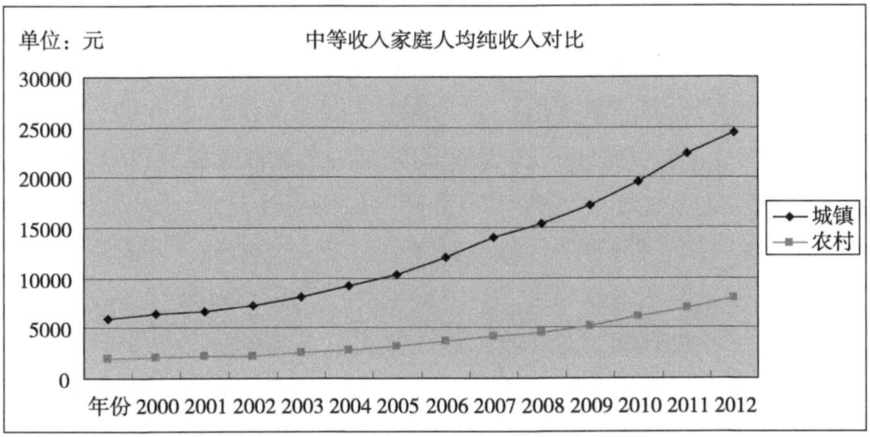

图10.5　城镇和农村中等收入家庭人均纯收入对比

第三方面是农村家庭的消费偏好 $u(x)$，由于两方面的原因，农村生活习惯区别于城市。首先，传统文化、血缘关系和社会关系对消费行为的影响较大，这方面的差异可以用年龄变量来控制。改革开放以来，市场经济带来的社会巨变对传统文化、血缘关系和社会关系的冲击非常大，而且对不同年龄阶段的人口冲击的水平存在差异。年龄越大的人口传统文化、血缘关系和社会关系保留得越完整，年龄越小的人口传统文化、血缘关系和社会关系保留得越少。其次，信息对消费行为的影响较大，这方面的差异可以用教育水平变量来控制。根据相对收入消费理论（Duesenberry，1949），消费行为存在“示范效应”，也就是说一个群体的消费行为会通过信息的传播影响另一个群体的消费行为。一般来说，接受教育的年限越长，教育水平越高，对外部信息的接受程度也越高，受到其他群体消费行为的影响也就越大。从我国农村居民家庭的消费行为来看，接受过更高教育水平的青年人是改变原有消费行为的主要的推动力。

第三节　城镇“塌缩”中农村消费动力的实证研究

本文使用的数据来自于中国收入分配研究院中国收入调查数据（CHIP）。该数据库详细调查了农村、城镇、迁徙人口三个群体的家庭经济情况。且 CHIP2009 的数据采集中包含了 CHIP2008 的数据采集样本家庭，形成两年连续的调查数据。

消费数据是我们感兴趣的被解释变量。CHIP2009 所调查的消费数据主要包括副食品支出、衣服支出、子女教育支出和医疗费支出四个方面，计算单位是人民币元。资产是我们感兴趣的第一类解释变量。CHIP2009 所调查的资产变量主要包括生产性固定资产、住房市场价值、金融资产余额、存款余额、家庭耐用消费品价值、家庭负债等六个方面。计算单位是人民币元。收入是我们感兴趣的第二类解释变量。CHIP2009 所调查的收入变量主要包括工资性收入和经营净收入两个方面。计算单位是人民币元。消费偏好是我们感兴趣的第三类解释变量。我们选取了 CHIP2009 所调查的两个变量作为消费偏好的工具变量，分别是年龄和教育程度。我们将所感兴趣变量的一些基本统计指标反映在表 10.1 中。

表 10.1　关键性指标描述性统计

变量含义	均值	标准差	观测值
总消费支出	7013	1017	6394
副食品支出	2684	2225	6394
衣服支出	1396	1237	6394
子女教育支出	1603	2235	6394
医疗费支出	1486	3129	6394
生产性固定资产价值	10888	43329	6394
住房价值	103685	2819694	6394
金融资产余额	26478	54662	6394
存款	21756	118744	6394
耐用消费品价值	7199	20370	6394
负债	4176	24370	6394
工资性收入	12184	10973	6394
经营净收入	4379	16203	6394

根据公式（14），我们首先建立基本的计量经济学模型（15）。

$$consume = \alpha_0 + \alpha ASSET_i + \beta INCOME_i + \eta X_i + \varepsilon \qquad (15)$$

计量经济学模型（15）的被解释变量为农村居民家庭的消费数量。为了更为深入地理解农村居民家庭的消费行为，我们将农村居民家庭的消费支出分别设定为总消费支出、副食品消费支出、衣服消费支出、子女教育支出和医疗支出五项。分别考察解释变量对以上五项支出的影响。计量经济学模型（15）的解释变量包括三类。第一类解释变量表示资产对消费的影响，我们用 ASSET 来表示，包括生产性固定资产、住房价值、金融资产余额、存款、耐用消费品价值、负债六个解释变量。第二类解释变量表示收入对消费的影响，我们用 INCOME 来表示，包括农村居民家庭工资性收入和经营性收入两个解释变量。第三类解释变量表示消费偏好对消费的影响，我们用 X_i 来表示，包括年龄和接受教育的程度两个解释变量。ε 为误差项。计量经济学模型（15）的回归结果反映在表 10.2 中。

表 10.2　收入和资产对消费的影响：基础回归

	总消费	副食品	衣服	子女教育	医疗
生产性固定资产	0.05*	-0.002	0.001	0.001	0.006***
	(0.03)	(0.001)	(0.001)	(0.001)	(0.001)
住房价值	0.003**	0.002***	0.014*	-0.001	-0.001*
	(0.001)	(0.000)	(0.000)	(0.001)	(0.000)
金融资产余额	0.011	-0.001	0.001	0.003*	-0.001
	(0.035)	(0.001)	(0.001)	(0.001)	(0.001)
存款	0.018***	0.009***	0.066***	0.006**	-0.003
	(0.006)	(0.003)	(0.001)	(0.003)	(0.003)
耐用消费品价值	0.029***	0.012**	0.006**	0.008**	0.009**
	(0.010)	(0.004)	(0.002)	(0.004)	(0.004)
负债	0.030***	0.005*	0.006***	0.008***	0.009***
	(0.008)	(0.003)	(0.001)	(0.003)	(0.003)
工资收入	-0.012*	-0.007**	-0.002	-0.001	0.001
	(0.009)	(0.004)	(0.001)	(0.004)	(0.004)
经营收入	-0.006	0.003	-0.002	-0.004**	-0.005*
	(0.010)	(0.004)	(0.001)	(0.001)	(0.002)
年龄	-0.003	0.001	-0.005*	0.002*	0.011**
	(0.003)	(0.002)	(0.003)	(0.001)	(0.003)
教育水平	0.012**	0.004	0.016**	0.002	0.007*
	(0.007)	(0.005)	(0.007)	(0.008)	(0.004)
R^2	0.53	0.42	0.69	0.21	0.29

注：1. *，** 和 *** 分别表示在 10%、5% 和 1% 的水平上显著

2. 括号内为标准误

从表 10.2 的回归结果来看，呈现出三个显著的特征：

第一个特征是资产和消费之间有显著的正相关关系。由于我们没有采用自然对数的形式进行回归，因此该回归结果可以理解为，资产水平高的家庭消费水平较高，资产水平低的家庭消费水平较低。我们来具体分析，首先，生产性固定资产对总消费支出和医疗消费支出有显著的正向影响。生产性固定资产是农村居民家庭用来获得经营性收入的持有期在一年以上的投资。生产性固定资产的支出反映了农村居民家庭资本投入的能力，即

目前的资产水平；也反映了农村居民家庭未来产出的能力，即未来的资产水平。其次，住房价值和总消费支出、副食品消费支出、衣服消费支出、医疗消费支出有显著的正向影响。一方面住房价值的高低可以体现出家庭的富裕程度，另一方面住房价值的高低和房间数量的多少呈正相关关系，而房间数量的多少和家庭人口数量相关。人口多的家庭，副食品、衣服、子女教育和医疗费用消费支出相对较多。这也是住房价值影响消费的一个重要方面。再次，金融资产余额对子女教育消费支出有显著的正向影响。金融资产余额主要指的是股票、债券和基金等金融市场产品的持有数量。由于股票、债券和基金的投资需要相应的理财知识作为基础，且需要完善的配套设施，例如股票、债券和基金的交易场所等。在我国多数农村地区，数量掌握理财知识的家庭和完善的交易场所相对较少。投资于金融资产的农村居民家庭数量相对有限，所以金融资产余额对农村居民家庭消费的影响较小。数量掌握理财知识的家庭受教育程度相对较高，对子女教育的投入和要求也会较高。再次，存款余额对总消费支出、副食品消费支出、衣服消费支出、子女教育支出有正向的影响。存款是农村居民家庭流动性最高的资产。根据生命周期消费理论，理性的消费者会从一生的角度考虑消费问题，在短期收入较高的时候，并不会立即提高消费水平，而是将收入转化为储蓄，留在收入较低的时候维持消费水平。所以存款也体现出了农村居民家庭短期收入水平的变化。再次，耐用消费品价值对总消费支出、副食品消费支出、衣服消费支出、子女教育支出、医疗支出有显著的正向影响。耐用消费品使用时间长，价格较高，可以在一定的流动性程度上转换为现金，因此会在一定程度上影响农村居民家庭的消费行为。最后，负债支出对总消费支出、副食品消费支出、衣服消费支出、子女教育支出、医疗支出有显著的正向影响。负债支出体现了农村居民家庭的融资能力，而融资能力体现了农村居民家庭的经营能力，而经营能力的高低和资产水平相关，可以影响农村居民家庭的消费水平。在合理的债务范围内，负债同时也能体现出在土地使用权尚未转让时，对居民家庭资产的合理预期。这种合理的资产预期会提高居民家庭的消费。

第二个特征是收入和消费之间呈现不太显著的负相关关系。由于我们没有采用自然对数的形式进行回归，因此该回归结果可以理解为，收入高的家庭消费水平较低，而收入低的家庭消费水平较高。从我国农村家庭的实际情况来看，2013 年我国农村居民人均纯收入最低的省份是贵州省和甘肃省，贵州省农村居民的工资性收入和家庭经营性收入占人均纯收入的 91%，甘肃省该比例为 87%。农村居民人均纯收入最高的省份是北京和上海，北京农村居民的工资性收入和家庭经营性收入占人均纯收入的比例仅为 70%，上海该比例仅为 67%。从这个角度来看，依赖于工资性收入和经营性收入的家庭的总收入水平往往相对较低，而相对较低收入水平的家庭消费水平也相对较低。这就可以解释表 10.2 中回归结果。具体来说，工资性收入和总消费支出、副食品消费支出之间呈不太显著的负相关关系。经营性收入和子女教育支出、医疗支出之间呈不太显著的负相关关系。

第三个特征是偏好和消费之间存在复杂的相关关系。首先年龄与衣服支出呈负相关关系，与子女教育支出、医疗支出呈正相关关系。年龄越大的人对衣着的讲究越少，衣服支出相对较小，但是随着子女接受教育程度的提高，相应教育的支出越高，同时随着年龄的增加，身体状况逐渐下降，医疗支出逐渐增加。反之，年龄越小的人子女教育负担越小，在九年制义务教育阶段，国家负担了大部分教育支出。青年人对衣着的要求也较高，这也带来衣服支出的增加。同时青年人身体状况要优于其他年龄段人口，医疗费用支出也相对较少。其次，教育水平与总消费支出、衣服消费支出、医疗支出呈正相关关系。接受教育水平越高的农村居民家庭，生活品质的要求较高，对衣着的要求也相对较高，衣服支出相对较大，对疾病的预防意识较高，医疗支出也相对较高。两方面支出也带动总消费支出的提高。

李涛和陈斌开（2014）将“资产效应”进一步分解为资产价值水平和未预期到的资产价值变化两个因素，两个因素对家庭消费决策的影响存在差异。Hall（1978），李涛、陈斌开（2014）假设居民家庭会根据现有的信息做出最优的消费决策，在该假设条件下，在计量经济学模型（15）中引入上期的消费水平可以有效控制上期信息的因素，包括容易造成内生性问题的家庭成员能力、偏好和预期等。我们建立计量经济学模型（16）

$$consume = \alpha_0 + \alpha ASSET_i + \beta INCOME_i + \eta CONSUME_{t-1} + \varepsilon \quad (16)$$

计量经济学模型（15）和计量经济学模型（16）的差异主要是引入了 CHIP 数据中上一年的消费数据。在控制了上期居民消费数据后，计量经济学模型（16）中生产性固定资产价值、房地产资产价值、金融资产余额、存款、负债的回归系数可以理解为当期新增信息造成的家庭资产对居民消费的“净影响”。因为上期已经知道生产性固定资产价值、房地产资产价值、金融资产余额、存款、负债的价值和预期到的价值变化都已经在上期消费中得到体现了。所以生产性固定资产价值、房地产资产价值、金融资产余额、存款、负债的回归系数是未预期到的生产性固定资产价值、房地产资产价值、金融资产余额、存款、负债的资产价值变化对居民消费的影响。计量经济学模型（16）的回归结果反映在表 10. 3 中。

从表 10. 3 的估计结果来看，在控制了上一期消费数据后进行回归，我们发现回归结果有以下两个特征：

第一个特征是工资收入和经营收入对消费的影响变得显著。其中工资收入对副食品支出、衣服支出、子女教育支出、医疗支出有显著影响，而且对衣服支出、子女教育支出、医疗支出的影响变为正向。经营收入对总消费支出、副食品消费支出、衣服支出、医疗支出有显著影响，且副食品支出、衣服支出、子女教育支出、医疗支出的影响变为正向。根据 Hall（1978），李涛、陈斌开（2014）的分析思路，我们可以用上一期的消费控制了可以预期的资产价格变动对消费的影响，同时用本期生产性固定资产价值、房地产资产价值、金融资产余额、存款、负债变量来控制未预期到的资产价格变化对消费的影响。剩下的纯粹是工资收入和经营收入对消费的影响。

第二个特征是大部分生产性固定资产价值、房地产资产价值、金融资产余额、存款、负债的回归系数估计值都变大，显著程度提高。根据 Hall（1978），李涛、陈斌开（2014）的分析思路，我们可以用上一期的消费控制了可以预期的资产价格变动对消费的影响。所以生产性固定资产价值、房地产资产价值、金融资产余额、存款、负债的回归系数是未预期到的生产性固定资产价值、房地产资产价值、金融资产余额、存款、负债的资产价值变化对居民消费的影响。由此可以看出，未预期到的资产价值变化对农村居民家庭消费的影响是非常显著的。从可以观察到的农村居民家庭资产价值变动对消费影响的事实来看，在城市周边地区拆迁后，这些地区的豪华轿车和奢侈品的消费都会显著提高。像“拆二代”和开着豪华轿车做黑车司机这样的事例不在少数。

表 10.3　未预期到的资产变化对消费的影响

	总消费	副食品	衣服	子女教育	医疗
生产性固定资产	-0.004 (0.004)	-0.004** (0.002)	0.000 (0.001)	0.001 (0.002)	-0.001 (0.001)
住房价值	0.004* (0.001)	0.027*** (0.001)	0.001*** (0.000)	-0.001 (0.001)	0.001 (0.001)
金融资产余额	0.002 (0.003)	0.001 (0.001)	0.001 (0.001)	0.002* (0.001)	0.001 (0.001)
存款	0.020*** (0.008)	0.012*** (0.003)	0.009*** (0.002)	0.003* (0.002)	-0.006** (0.003)
耐用消费品价值	0.023** (0.0104)	0.010** (0.005)	0.004* (0.002)	0.006** (0.003)	0.005* (0.004)
负债	0.047*** (0.106)	0.009** (0.004)	0.009*** (0.002)	0.014** (0.005)	0.011** (0.004)
工资收入	0.001 (0.011)	-0.003* 0.001	0.003* (0.002)	0.004* (0.001)	0.001* (0.000)
经营收入	-0.008** (0.001)	0.003* (0.002)	0.016*** (0.002)	-0.003 (0.006)	0.006* (0.004)
$Consumet_{-1}$	0.037** (0.004)	-0.009 (0.019)	-0.003 (0.015)	0.034* (0.019)	-0.007 (0.016)
R^2	0.60	0.32	0.77		

注：1. *，** 和 *** 分别表示在 10%、5% 和 1% 的水平上显著

2. 括号内为标准误

第四节　结论和政策建议

一、“资产效应”显著提高了农村居民家庭的消费水平

经济高速增长和城镇化程度的快速提高使近年来资产价格快速提高，资产价格的提高使得农村居民家庭的资产价值快速膨胀。根据生命周期消费理论，理性的家庭会从生命周期和跨期优化的角度把资产的增值部分平

滑地分配到整个生命周期内。资产价值的膨胀推动了农村居民家庭消费水平的提高。通过实证分析，我们发现生产性固定资产、住房、金融资产、存款、耐用消费品等资产价值的提高显著推动了农村居民家庭总消费、副食品、衣服、子女教育、医疗等消费支出的增加。实际上除了在资产价值膨胀中已经实现的财富可以提高家庭消费水平，尚未转化为现实财富的资产对消费也有不可忽视的影响。尚未转化为现实财富的资产提高了资产的贴现价值。居民家庭会在预期他们比以前富裕的时候就会增加当期消费，这种效应要比已经转化的显示资产对消费的影响要小一些。因此资产价值对农村居民的消费影响要大于我们的估计值。

二、未预期到的资产价值变化对农村居民家庭的消费有显著影响

部分资产价值变动是“事前”无法预期到的资产价值变动，例如股票价格和房地产价格等。通过实证分析，我们发现，未预期到的资产价值的变动对农村居民家庭的消费有显著的影响。居民家庭无法“事前”准确预测部分资产价格变动，原因在于两点。首先，这部分资产价格波动非常频繁，波动的方向和幅度变化较大。这部分资产价格的波动和复杂的宏观形势和微观因素的变化有关，其中有很多因素是不可预计的。其次，居民家庭掌握的信息有限，数据信息的处理能力有限，无法像金融机构一样对这部分资产价格变动的方向和变动幅度进行技术分析。理性的农村家庭会将除遗产之外的资产在整个生命周期内消费完，以实现家庭效用的最大化。根据生命周期假说，在估计了自己所有的资产价值变化后，居民家庭可以从生命周期的角度考虑增值的资产如何平滑地分配到整个生命周期中进行消费。当资产价值上升时，相对收入消费理论（Duesenberry，1949）和生命周期消费理论均可以解释未预期到的资产价值上升对农村居民家庭消费的显著推动作用，资产价值的上升让农村居民家庭对未来财富的变化持有乐观的态度，从而增加消费。当资产价值下降时，相对收入消费理论和生命周期消费理论对农村居民家庭的消费行为的解释存在差异。相对收入消费理论认为农村居民家庭消费下降幅度小于资产价值的下降幅度，不依赖于金融约束。生命周期消费理论则认为农村居民家庭会通过融资将资产价值的下降平滑地分配到整个生命周期内。资产价值下降时，相对收入消费

理论和生命周期消费理论的实证分析已经超出了 CHIP 数据的范围，是我们进一步分析的方向。

三、“收入效应”对农村居民家庭消费水平的影响有限

与城镇居民家庭的收入相比，农村居民家庭收入基数比较低，增长速度比较慢，使得农村居民家庭消费的“收入效应”比“资产效应”要低一些。从永久收入消费理论的视角出发，在政策不发生巨变的条件下，农村居民家庭可以预计到的长期内可以得到的收入也必然呈现收入基数较低，增长速度较慢的特征。从现实情况看，我国农村居民家庭的永久收入主要是居民家庭所拥有的生产要素在投入生产过程中得到的报酬。由于居民家庭所拥有的生产要素一般情况下是家庭可以估计的数量，因此正常生产条件下，投入生产要素可以得到的报酬也是可以估计的数量。由于农村居民家庭永久收入基数低，增长速度慢，永久收入居民家庭消费水平的影响有限。通过我们的实证研究，我们发现目前收入对我国农村居民家庭的消费的影响比较小，而资产价值对我国农村居民家庭的消费影响比较大。“资产效应”波动比较大，资产价值的变化和宏观经济形势有很大关系，在经济增长的上行期间，资产价格普遍上升带来资产价值的提高，资产价值的提高通过“资产效应”推动农村居民家庭的消费。但是经济增长不会处于上行期，一旦处于经济增长的下行期，资产价格的普遍下降会通过“资产效应”减少农村居民家庭的消费。只有通过提高农村居民家庭的“收入”效应才能够稳定地提高我国农村居民家庭的消费水平。

四、相对收入假说的“示范效应”是青年农民家庭向城镇“塌缩”的动力

因为资产价格增值是影响农村居民家庭消费的重要因素，而青年农民家庭的资产数量是相对较少的。同时农村居民的聚居特性使得不同年龄的人口居住在一起。根据相对收入消费理论（Duesenberry，1949），消费行为存在“示范效应”，也就是说一个群体的消费行为会通过信息的传播影响另一个群体的消费行为。由于“资产效应”的显著影响，农村地区资产数量多的家庭在城镇化的进程中资产价值得到快速提高，资产价值的增值带动了消费水平的提高。从农村经济现实来看，能够掌握较大资产价值的

家庭，都是年龄相对较大的农村家庭。这些家庭通过长期的积累形成较大数量的资产，而这些资产在城镇化的背景下价值迅速膨胀。而资产价值比较小的家庭都是年龄相对较小的青年农民家庭，这部分家庭主要依赖工资收入和经营收入来提高消费水平。而工资收入和经营收入的增长速度较慢，实现不了和资产价值较大家庭同样的消费水平。相对复杂的血缘关系和社会关系，比邻而居的居住环境，更为显著的“示范效应”，使得青年农民家庭在农村地区生活相对辛苦。根据我们的测算，城镇居民家庭的收入对消费的影响要高于农村居民家庭，而资产价格变动对消费的影响要低于农村居民家庭。相比之下，青年农民家庭迁往城市居住，特别是迁往大城市居住，相对较高的收入增长速度、相对简单的社会关系、陌生的邻里关系使得生活相对轻松一些。因此青年农民家庭更希望向城镇迁徙，在这个过程中，资源逐渐向大城市集中，形成了“塌缩”效应。青年农民家庭向城镇的“塌缩”带来一系列经济和社会问题。人口和资源过度集中于大城市，使得大城市的规模日趋扩大，城市病日益凸显，生活环境逐渐恶化。同时出生地与生活地的差异，使得每年节日期间交通压力很大，而分布不均匀的交通压力不利于公用交通设施的长期使用。很多城市的政府部门出台相关政策，利用行政手段控制人口和资源的过度集中，但是效果并不明显，原因在于“塌缩”是微观个体成本收益比较的结果，是他们的最优选择。有两种思路可以改变“塌缩”现象，第一个思路是改变微观个体的偏好，让微观个体感觉大城市并非好的选择；第二个思路是改变成本收益，或者减低大城市生活的收益，或者提高大城市生活的成本。

主要参考文献

[1] Chandrasekhar, S. *The mathematical theory of black holes* [D]. Vol. 69. Oxford University Press, 1998.

[2] M. M. R. Williams. A simple method for calculating the moments of Chandrasekhar H function [J]. *Annals of nuclear energy*, 36 (2012): 232 – 233.

[3] Krugman, P. *Geography and Trade* [D]. Cambridge, M. A.: MIT Press, 1991.

[4] M. Fujita, P. Krugman & A. Venables, *The Spatial Economy*, Cambridge, M. A.: MIT Press, 1999.

[5] Herfindahl O C. *Concentration in the steel industry* [D]. Columbia University, 1950.

[6] Glenn Ellison & Edward Glaeser. Geographic concentration inU. S. manufacturing industrial clusters: a dartboard approach. *Journal of Political Economy*, 1997, 105 (5): 889 – 927.

[7] 陈建军，陈国亮，黄洁．新经济地理学视角下的生产性服务业集聚及其影响因素研究——来自中国222个城市的经验证据 [J]. 管理世界，2009 (4): 315 – 48.

[8] 张军，刘晓峰，谢露露．中国服务业的新经济地理学特征 [J]. 统计研究，2012 (5): 66 – 72.

[9] 李惠娟，中国城市服务业集聚测度，经济问题探索，2013 (4), 13 – 19.

[10] 任英华，邱碧槐，王耀中．服务业集聚现象测度模型及应用．数理统计与管理，2011 (11): 1089 – 96.

[11] 任英华，陈雪梅．现代服务业集聚演化的 Logistic 模型分析．统计与决策，2011 (2): 108 – 11.

[12] 任英华，游万海，徐玲．现代服务业集聚形成机理空间计量分析．人文地理，2011 (2): 82 – 87.

[13] Yuan, X. L., Y. X. Fan & J. Qin. A positive research on spatial agglomeration of China's cultural industries. *Adv. in Manag. & Appl. Economics*, 3 (3): 245 – 257.

[14] 程大中，黄雯．中国服务业区位分布与地区的专业化．财贸经济，2005 (7):

73 - 81.

[15] 胡霞. 中国城市服务业空间集聚变动趋势研究. 财贸经济, 2008 (6): 103 - 107.

[16] 李文秀, 谭立文. 服务业集聚的二维评价模型及实证研究. 中国工业经济, 2008 (4): 55 - 63.

[17] Brülhart M, Mathys N A. Sectoral agglomeration economies in a panel of European regions [J]. *Regional Science and Urban Economics*, 2008, 38 (4): 348 - 362.

[18] Berkoz L, Eyuboglu E. Intrametropolitan location of producer - service FDI in Istanbul [J]. European Planning Studies, 2007, 15 (3): 357 - 381.

[19] Johansson B, Klaesson J. Agglomeration dynamics of business services [J]. The annals of regional science, 2011, 47 (2): 373 - 391.

[20] Freedman, M. L. & R. Kosova. Agglomeration, product heterogeneity and firm entry, *J. Economic Geography*, 12 (2012) : 601 - 626.

[21] Wrede, Matthias. Heterogeneous skills and homogeneous land: segmentation and agglomeration, *J. Economic Geography*, Sep. 2013, 13 (5): 767 - 98.

[22] Ahlfeldt, G. M. & N. Wendland. How polycentric is a monocentric city? centers, spillovers and hysteresis. *J. Economic Geography*, Jan. 2013, 13 (1): 53 - 83.

[23] 王耀中, 任英华, 姚莉媛. 服务业集聚机理研究新进展, 经济学动态, 2010 (4): 104 - 109.

[24] 陈立泰, 张祖妞. 服务业集聚与区域经济增长的实证研究. 山西财经大学学报, 2010 (10): 65 - 71.

[25] Illeris, S. & P. Sjoholt. The Nordic countries: high quality service in a low density environment [J]. Progress in Planning, 1995, 43 (2): 205 - 221.

[26] Desmet K, Fafchamps M. Changes in the spatial concentration of employment across US counties: a sectoral analysis 1972 - 2000 [J]. Journal of Economic Geography, 2005, 5 (3): 261 - 284.

[27] O'Donoghue, D. , Gleave B. A note on methods for measuring industrial agglomeration [J]. Regional Studies, 2004, 38 (4): 419 - 427.

[28] Bennett, R. J. D. J. Graham & W. Bratton. The location and concentration of businesses in Britain: business clusters, business services, market coverage and local economic development [J]. Transactions of the Institute of British Geographers, 1999, 24 (4): 393 - 420.

[29] Grimes C A. Synthesis and application of highly ordered arrays of TiO2 nanotubes [J]. Journal of Materials Chemistry, 2007, 17 (15): 1451 - 1457.

[30] Sokol M. Space of flows, uneven regional development, and the geography of financial services inIreland, Growth and Change, 38 (2): 224 – 259.

[31] Giacinto, V. D. & M. Pagnini. Local and global agglomeration patterns: two econometrics – based indicators. *Reg. Sci. & Urban Economics*, 41 (2011): 266 – 80.

[32] Koen, V., R. Herd, X. Wang, & T. Chalaux. Policies for inclusive urbanization in China. *OECD Publishing*, *OECD Economics Department Working Papers*: 1090.

[33] Wätzold, F. & M. Drechsler. Agglomeration payment, agglomeration bonusor homogeneous payment? *Resource and Energy Economics*, Nov. 2013: 17 – 34.

[34] Cuadrado – Roura, Juan R., ed. *Service Industries and Regions: Growth, Location and Regional Effects*, New York and Heidelberg: Springer, 2013.

[35] Garcia – Lopez, M. & I. Muniz. Urban spatial structure, agglomeration economies, and economic growth in Barcelona: an ntra – metropolitan perspective, *Papers in Regional Science*, Aug. 2013, 92 (3): 515 – 34.

[36] 王小鲁，夏晓琳. 优化城市规模，推动经济增长 [J]. 经济研究，1999 (9): 22 – 29.

[37] 王小鲁，中国城市化路径与城市规模的经济学分析 [J]. 经济研究，2010 (10): 20 – 32.

[38] 孙平军，丁四保，修春亮. 北京市人口 – 经济 – 空间城市化耦合协调性分析. 城市规划，2012 (5): 38 – 45.

[39] 李建华，孙蚌珠. 服务业结构与成本病克服 [J]. 财经研究，2012 (10): 27 – 37.

[40] 李建华，孙蚌珠，王振全. 家庭消费偏好结构变化对服务业的影响 [J]. 山西财经大学学报，34 (10): 1 – 27.

[41] 李建华. 中国服务业结构变化对劳动生产率的影响，北京大学，博士学位论文，2013.

[42] 李建华. 都市圈竞争力研究. 河北大学，硕士学位论文，2005.

[43] 黄静，屠梅曾. 房地产财富与消费：来自于家庭微观调查数据的证据 [J]. 管理世界，2009 (7): 35 – 45.

[44] 李涛，陈斌开. 家庭固定资产、财富效应与居民消费：来自中国城镇家庭的经验证据 [J]. 经济研究，2014 (3): 62 – 75.

[45] 骆祚炎. 城镇居民金融资产与不动产财富效应比较分析 [J]. 数量经济技术经济研究，2007 (11): 34 – 42.

[46] 田青. 资产变动对居民消费的财富效应分析 [J]. 宏观经济研究，2011 (5) 11 – 23.

[47] 张大永，曹红. 家庭财富与消费：基于微观调查数据的分析 [J]. 经济研究，

2012（增1）：53－58.

[48] Ando，A.，and F. Modigliani，The life cycle hypothesis of savings：aggregate implication and test [J]. American Economic Review，1963（54）：55－84.

[49] Bover，O.，Wealth effects on consumption：micro econometric estimates from the Spanish surgery of house hold finances [J]. Working Paper of European Central Bank，No. 0522，2005.

[50] Campbell，J.，and J. Cocco. How do house prices affect consumption? Evidence from micro data [J]. Journal of Monetary Economics，2007（54）：591－621.

[51] Carroll，C. D.，M. Otsuka，and J. Slacalek. How large is the housing wealth effect：a new approach [J]. Journal of Money Credit，and Banking，2011（43）：55－79.

[52] Case，K. E.，J. M. Quigley and R. Shiller. Comparing wealth effects：the stock market versus the housing market [J]. Advances in Macroeconomics，2005（5）：1235－1236.

[53] Dynan，K.，Maki，D.. Does the stock market wealth matter for consumption，Working Paper Federal Reserve System，NO. 2561，2001.

[54] Engelhardt，Gary V.. House price and home owner saving behavior，Regional Science and Urban Economics. 1996（52）：313－336.

[55] Elliott，J.. Wealth and wealth proxies in a permanent income model [J]. Quarterly Journal of Economics，1980（95）：509－535.

[56] Friedman，M.. A theory of the consumption [M]. Princeton：Princeton University Press，1957.

[57] Hall，R. E. Stochastic implications of life cycle－permanent income hypothesis：theory and evidence [J]. Journal of Political Economy，1978（86）：971－987.

[58] Kim，K. H. Housing and the Korean economy，Journal of Housing Economics，2003（13）：321－341.

[59] Mehra. The wealth effects in empirical life cycle aggregates consumption equation [J]. FRB of Richmond Quarterly Review，2001（87）：113－154.

[60] Poterba，J. M. Stock market wealth and consumption，Journal of Economic Perspectives，2000（14）：99－118.

[61] Skinner，J. S. Is housing wealth a sideshow? Advances in the economics of aging，NBER report，1996（11）：241－268.

[62] Raymond，Y. C. and K. F. Man and L. Choy，The impact of housing and financial wealth on household consumption：evidence from Hong Kong，Journal of Real Estate Literature，2007（15）：429－440.

后 记

今天生活在一线城市的青年人，很多都面临着自己的二元身份。他们既是在一线城市忙碌生活的白领，名字可能是 Jackie 或是 Lucy，也是春节临近时返回三、四线城市探望父母的子女，名字可能是大军或是小燕。这也是我的生活感受，也因此让我提出了本书所研究的问题：为什么一线城市有如此之大的吸引力。这个问题涉及的范围太宽了，政治、经济和文化等方面都能找到一线城市吸引力的原因。攻读博士学位期间，在我的导师北京大学孙蚌珠教授的指导下，我把注意力集中在了服务业的发展上面，并完成了博士学位论文：服务业结构对生产率的影响。

拿到博士学位后的四年里，我将研究的重点放在了服务业结构对城市"塌缩"现象的影响研究上。并且以此为题目申请了科研项目资助，并得到了国家自然科学基金（71403027）、北京市社会科学基金（14JGC101）、全国统计科学研究项目（2014LY064）的资助。2015 年，在项目的资助下，我先后在北京、上海、广州和深圳进行调研，根据一线城市出现的"塌缩"现象，构建了理论模型并做了实证研究。在一线城市"塌缩"问题的研究过程中，我发现大城市的"塌缩"问题往往伴随着周边小城市的"规模锁定"问题和整个城市体系的"扁平化"问题。于是 2016 年，我先后对保定、廊坊和张家口等小城市进行调研，重点分析了小城市的"规模锁定"问题，2017 年，我重点分析了城市体系的"扁平化"问题。除了重点研究的三个问题，我和项目组成员还围绕着三个重点问题研究了其他的相关问题。

将服务业划分为可标准化和不可标准化两大类是本书研究的创新之处，也是区别于其他研究文献的特色。从 Von Thunen（1826）的"孤立国"开始，城市经济学研究方法一般把产业结构划分为农业、工业和服务业三大类。从西方发达国家的城市化进程来看是合理的，因为西方发达国家的工业化和城市化同步，而服务业的发展是城市化完成之后开始的。但是中国的城市化进程、工业化进程、传统服务业发展、现代服务业发展交织在一起，用四十年时间走过欧洲和北美国家数百年的过程。在这个过程中，制造业可以迅速跟上城市化的速度，可标准化服务业和不可标准化服务业的发展却与城市化的速度存在差异，特别是不可标准化服务业在一线城市和三、四线城市的发展存在较大差异，从而导致了城市“塌缩”问题。

本书的意义在于将服务业划分为可标准化和不可标准化两大类，并以服务业的划分为主线，将大城市的“塌缩”问题，小城市的“规模锁定”问题，城市体系“扁平化”问题统一在一个理论框架下。从服务业的视角去寻找城市“塌缩”的原因，能够为解决城市化进程中出现的不平衡、不充分的问题提供理论支撑和政策建议。

随着网络技术的进步，服务业的发展日新月异，新的服务行业和新的服务形式不断出现，对于服务业特征的分析和结构的划分是一个动态的过程，需要根据服务业的发展不断调整和更新，这也是本书所提出的理论分析框架需要不断完善的地方。在本书的理论分析框架下，我将继续深入研究本书提出的问题。